中國現代教育社團史

周谷城題

"中国现代教育社团史"丛书书目

《中国现代教育社团发展史论》
《中华教育改进社史》
《中华平民教育促进会史》
《生活教育社史》
《中华职业教育社史》
《江苏教育会史》
《全国教育会联合会史》
《中国教育学会史》
《无锡教育会史》
《中国社会教育社史》
《中国民生教育学会史》
《中国教育电影协会史》
《中国科学社史》
《通俗教育研究会史》
《国家教育协会史》
《中华图书馆协会史》
《少年中国学会史》
《中华儿童教育社史》
《新安旅行团史》
《留美中国学生联合会史》
《中华学艺社史》
《道德学社史》
《中华教育文化基金会史》
《中华基督教教育会史》
《华法教育会史》
《中华自然科学社史》
《寰球中国学生会史》
《华美协进社史》
《中国数学会史》
《澳门中华教育会史》

推进教育治理体系和治理能力现代化……推动社会参与教育治理常态化，建立健全社会参与学校管理和教育评价监管机制。

——《中国教育现代化 2035》

当前，我国改革开放正在逐步地深入和扩大，激发社会组织活力，在整个社会治理体系建设中具有重要作用。现代教育治理体系的建设，也迫切需要发挥专业的教育社团的积极作用。在这个大背景下，依据可靠的历史资料，回溯和评价历史上著名教育社团的产生、发展、组织方式和活动方式等，具有现实意义和社会价值。总的来说，这个项目设计视角独特，基础良好，具有较高的学术价值、实践价值和出版价值。

——石中英

教育社团组织与中国教育早期现代化，既是一个有丰富内涵的历史课题，更是一个极具现实意义的重大课题。由中国教育科学研究院储朝晖研究员领衔的学术团队，多年来在近代教育史这块园地上努力耕耘，多有创获，取得了可喜的成果，积累了深厚的知识储备。现在，他们选择一批有代表性、典型性、产生过重大影响的教育社团组织，列为专题，分头进行深入的研究，以期在丰富中国教育早期现代化研究和为当代中国教育改革服务两个方面做出贡献，我觉得他们的设想很好。

——田正平

国家出版基金项目
NATIONAL PUBLICATION FOUNDATION

中国现代教育社团史　　丛书主编 / 储朝晖

中华学艺社史

李英杰　文　恒　著

西南大学出版社

国家一级出版社　全国百佳图书出版单位

图书在版编目（CIP）数据

中华学艺社史 / 李英杰, 文恒著. -- 重庆 : 西南
大学出版社, 2022.12
（中国现代教育社团史）
ISBN 978-7-5697-1473-9

Ⅰ.①中… Ⅱ.①李… ②文… Ⅲ.①杂志社 – 新闻
事业史 – 上海 – 民国 Ⅳ.①G219.245.1

中国版本图书馆CIP数据核字（2022）第087232号

中华学艺社史

ZHONGHUA XUEYISHE SHI

李英杰　文　恒　著

策划组稿：尹清强　伯古娟

责任编辑：张　昊

责任校对：张　丽

装帧设计：观止堂_朱璇

排　　版：陈智慧

出版发行：西南大学出版社（原西南师范大学出版社）
　　　　　重庆·北碚　邮编：400715

印　　刷：重庆市正前方彩色印刷有限公司

幅面尺寸：170mm×240mm

印　　张：18.5

插　　页：4

字　　数：344千字

版　　次：2022年12月 第1版

印　　次：2022年12月 第1次

书　　号：ISBN 978-7-5697-1473-9

定　　价：78.00 元

总序

在中国教育早期现代化的历史进程中，无论是清末，还是北洋政府和国民政府时期，在整个20世纪前期传统教育变革和现代教育推进波澜壮阔的历史舞台上，活跃着这样一批人的身影，他们既不是清王朝的封疆大吏、朝廷重臣，也不是民国政府的议长部长、军政要员，从张謇、袁希涛、沈恩孚、黄炎培，到晏阳初、陶行知、陈鹤琴、廖世承，有晚清的状元、举人，有海外学成归来的博士、硕士，他们不居庙堂之上，却念念不忘国家民族的百年大计；他们不拿政府的分文津贴，却时时心系中国教育的改革与发展。是"研究学理，介绍新知，发展教育，开通民智"这样一个共同理想和愿景，将这些年龄悬殊、经历迥异、分散在天南海北的传统士人、新型知识分子凝聚在一起，此呼彼应、同气相求，结成团体，组织会社。于是，从晚清最后十年的江苏学务总会、安徽全省教育总会、河南全省教育总会，到民国时期的全国教育会联合会；从中华职业教育社、中华新教育共进社、中华教育改进社，到中华平民教育促进会、生活教育社、中国社会教育社、中华儿童教育社、中国教育学会……在短短的半个世纪里，仅省级以上的和全国性的教育会社团体就先后有数十个，至于以县、市地区命名，以高等学校命名或以某种特定目标命名的各式各样的教育会社团体，更是难以计数。所有这些遍布全国各地的教育会社团体，通过持续不断的努力，从不同的层面，以不同的方式，冲击着传统封建教育的根基，孕育和滋养着现代教育的因素。可以毫不夸张地说，在传统教育变革和现代教育推进的历史进程中，从宏观到微观，到处都留下这些教育会社团体的深深印记，它们对中国教育早期现代化的贡献可谓功莫大焉！

大约从20世纪90年代开始,中国近代教育会社团体的研究,渐渐进入人们的学术视野,20多年过去了,如今关于这一领域的研究,已经风生水起,渐成气候,取得了相当的成果,并且有着很好的发展势头。说到底,这是当代中国教育改革的需要和呼唤。教育是中华民族振兴的根基和依托,改革和发展中国教育,让中国教育努力赶上世界先进水平,既是中央政府和地方各级政府义不容辞的职责,也必须依靠广大教育工作者的自觉参与和担当。从这个意义上讲,中国近代教育会社团体与中国教育早期现代化研究,既是一个有丰富内涵的历史课题,更是一个极具现实意义的重大问题。中国教育科学研究院储朝晖研究员,多年来在关注现实教育改革的诸多问题的同时,对中国近代教育史有着特殊的感情,并在这块园地上努力耕耘,多有创获,取得了可喜的成果,积累了深厚的知识储备。现在,他率领一批志同道合的中青年学者,完成了"中国现代教育社团史"的课题,从近代以来数十上百个教育社团中精心选择了一批有代表性、典型性、产生过重大影响的教育社团,列为专题,分头进行了深入的研究。我相信,读者诸君在阅读这些成果后所收获的不仅仅是对教育社团的深入理解和崇高敬意,也可能从中引发出一些关于当代中国教育改革的更深层次的思考。

　　是为序。

田正平

丁酉暮春于浙江大学西溪校区

前言

在民国时期成立的民间学术团体众多,但规模如中华学艺社之大者则寥寥无几,因此其存在难以忽视。然而,从整体影响力来看,以留日学生为主要力量的学艺社逊色于留美学生主导的中国科学社,而在具体事件中学艺社的表现也不如目的性更强的一些团体亮眼,如中华教育改进社在争取庚款返还运动中的中心角色。以学艺社这样的地位、体量,自然有不少学者关注,对它进行研究,但总体来说,无论是从数量上还是深度上都无法与对中国科学社的研究相提并论。

这一状况近年来得到很大改观,尤其是以河北大学教授范铁权先生、日本早稻田大学博士潘吉玲女士为代表的学者们近十年来做了大量工作。范先生将学艺社的发展置于科学在近代中国这一框架之中,广泛参考国内史料、总结已有研究,精准地确定了学艺社在民国时期的文化教育事业发展中的位置;潘女士则关注中日间政治、文化、教育互动中学艺社的参与情况,挖掘大量日本史料,对学艺社的部分重要经历进行了全面的剖析。他们的研究成果对于全面把握中华学艺社的历史地位不可或缺,但立足于"研究",这些工作多表现为对特定话题的深入讨论,而仅凭这些话题难以完整串联学艺社自始至终的发展历程,因此本书定位于为学艺社立一"通史",在对具体事项的分析和总体情形的评价上皆不如范、潘二位前辈。①

　　既然并非严格意义上的"研究"，本书正文部分也就省略了对于相关已有研究的介绍，仅在此处略作说明。在上述二位的研究之前，国内已有数篇以中华学艺社为主题的硕士论文，这一话题未能发展成博士论文级别的工作，在一定程度上也是对当时研究水平的反映。与此相对，在20世纪30年代，日本学者实藤惠秀开始关注中国人的日本留学史，大半世纪以来，相关研究已经发展为一个成果非常丰硕的领域。以神奈川大学大里浩秋、孙安石先生为中心的研究会仍活跃在最前线，潘吉玲女士的学艺社研究与其互动也较多。由于这一研究谱系持续时间较长，其关注对象也从中国人在日本留学这一针对性较强的话题扩展到中日间在文化、教育上各方面的互动，其代表就是阿部洋先生对于中国近代教育受到的日本影响以及日本利用庚款设立的对华文化事业的研究。仅从字面来看，这些主题的重要意义已毋庸赘述，更何况二者皆与学艺社密切相关，相关研究工作对理解学艺社发展历程的价值不言而喻。②

　　本书对这些已有研究援引较少，主要是出于尽量还原史实的考虑，因此尽可能地采用原始资料。这当然并不是说已有研究没有用过这些史料，但转引毕竟会引入他人视点，容易丢失必要信息或增添冗余议程。专注于将史实落实到操作层面即集中精力整理、串联史料，不仅仅帮助本书大致梳理出学艺社的整

---

　　① 范先生的研究贯穿整个21世纪10年代，多以论文发表，集大成于《知识传播与学术转型：中华学艺社研究》，人民出版社，2019；潘女士对学艺社部分事业的分析见于论文《中華学芸社の設立：革命から学術救国へ－中国の近代的学術団体草創の一断面－》，《アジア太平洋研究科論集》2014年第27期；《上海学芸大学の設立と挫折——1920年代半ばの教育、政治、对日関係の狭間で》，《アジア教育》2015年第9期；《「对支文化事業」をめぐる日中両国学者の連携－中華学芸社の動きを中心に－》，《アジア教育》2020年第14卷；《中華学芸社とその機関誌『学芸』について》，收录于孙安石、大里浩秋：《中国人留学生と「国家」・「愛国」・「近代」》，东方书店，2019，第187~214页。

　　② 实藤惠秀关注中国留日学生始于战中，当时即有著作《中国人日本留学史稿》，日华学会，1939年；战后实藤氏继续中日交流相关主题开展研究，有大量著作，其代表《中国人日本留学史》被译为中文。大里浩秋、孙安石为中心的研究会对中国留日学生的研究除上引含潘吉玲论文一书外，还有《中国人日本留学史研究の現段階》，御茶の水书房，2002；《留学生派遣から見た近代日中関係史》，御茶の水书房，2009；《近现代中国人日本留学生の諸相：「管理」と「交流」を中心に》，御茶の水书房，2015。阿部洋的研究见于《中国の近代教育と明治日本》，龙溪书舍，2002；《「对支文化事業」の研究－戦前期日中教育文化交流の展開と挫折－》，汲古书院，2004。

体发展脉络和财政状况等细节,而且一些新的发现亦得益于此,如学艺社辑印古书事业中部分古书原本的去向。这些发现虽然意义未必重大,但毕竟有填补空缺之效,相信也对增强本书的趣味性和可读性有一定帮助。

得到写作本书之机会乃承蒙首都师范大学教授白欣先生的介绍。两位作者的专业皆为科学技术史,对民国时期学术社团涉猎相对有限,而2016年接下本书写作任务时作者之一刚取得博士学位不久,作者之二更是尚无从知晓取得学位仍需三年之久,因此,参与这一工作当然是不谙世事鲁莽之举。即便如此,主持丛书工作的中国教育科学研究院研究员储朝晖先生仍愿让我们一试,并宽容我们一拖再拖,不觉竟已近五年之久,其间不厌指点之烦,使我们获益良多,作为后辈实乃荣幸之至。

2019年,本书尚在写作过程中,范铁权先生耕耘多年的《知识传播与学术转型:中华学艺社研究》出版,其深度、广度令人望洋兴叹,致使我们一度怀疑如何继续本书工作。2020年初,终于获得博士学位的二号作者回国迎春,归鄂未几,大疫起,全城封,于是只得在家闭关修书。好在可趁此机会细读日本史料,找出线索,将积攒的文字重新整理,始有本书初稿。本书初稿的审读专家正是范铁权先生,他的肯定令我们如释重负,他指出的问题则正是前面提到的立足于"史"而非"研究"所带来的缺陷。从本书的性质上来说难以在正文部分充分弥补,唯愿上述说明以及调整过的附录能够带来些许改善。此外,成稿后我们又有机缘接触到潘吉玲女士,她拨冗细读书稿并对部分史实表述提出意见,亦极大地帮助提升了本书质量。虽然仅在最后关头得到二位反馈,但能够受教于当下研究中华学艺社的两位重量级前辈的指正,对我们而言无疑是一大幸事,借此机会一并表示感谢。

本书在成书过程中有赖于大连理工大学学生李娅萱、刘卓雅、霍然、杨雨薇、梁中戬、成欣凝、刘针杉所做的资料整理和文字录入等基础性工作,他们的踏实作业使我们能够专注于写作,而无需事必躬亲,不然又不知拖延至何时。同时感谢西南大学出版社的尹清强先生和各位编辑,他们的辛勤付出极大地避免了写作的再三拖延。

　　五年之间,世事、人生多有变化,作者之一虽职业稳定,但五年间按部就班地经历了成婚、怀胎、生子各大人生里程碑事件,育儿一事之大,一人当然无法独揽,多亏家人支持,才能在教学、研究之外照料本书;同样,疫情期间作者之二困于老家,并无收入,坐吃山空大半年而能推进本书的完成也全靠家中长辈隐忍宽容。本书终得付梓,家人要占去大半功劳,在此聊表谢意。

李英杰　文恒

2021年4月

目录

绪　论

　　甲午战争宣告了自19世纪60年代开始的洋务运动的失败,这一方面使清政府部分官员意识到学习国外先进知识的紧迫性,另一方面也加深了部分已经接触到西方文明的知识阶层对国内诸制度的怀疑。虽然两者所设想的中国未来大相径庭,但他们一致认为推行出国留学是应对眼前危机的重要举措。自1898年官派学生赴日本起,数以万计的中国青年前往海外各国留学,这些留学生回国后在中国现代知识体系的形成过程中起到了主导作用。在民国早期动荡的政治局面中,民间社团是归国留学生推动相关事业的主要途径,中华学艺社即为其中具有较大影响力的一个社团。

　　中华学艺社初名丙辰学社,1916年由47位留日学生发起,成立于日本东京,次年起出版《学艺》杂志以推广学术文化。1918年受中日关系波折影响,丙辰学社一度暂停活动,至1920年将总事务所移设于当时的文化中心上海,并于1923年更名为中华学艺社。其后学艺社在国内开展各种事业,在《学艺》杂志外亦编辑、出版多部系列丛书以普及知识、倡导学问。自20世纪20年代中期起,学艺社更是先后建立大学、中学,试图以一己之力促进教育。虽然这方面的尝试皆未取得较大成功,但是通过相关组织和运营,学艺社在国内知识界产生了较大影响。这也使学艺社不断壮大,其注册社员在1936年已发展至867人。

　　这一时期相对稳定的发展受到抗日战争全面爆发的巨大冲击。受到战乱影响,中华学艺社同大量机构一样也被迫辗转流离。在总部转移至重庆的过程中,学艺社的许多重要资料遗失,人事也发生了较大变动。战时的这些困难导致学艺社的各种事业乃至于日常运营近乎停滞,许多社员也因无法继续开展学艺社的活动而投身其他工作。1945年抗战结束后学艺社以上海办事处为中心开展了重整复兴工作,但由于国内局面仍然不稳定,相关努力的成效非常有限。新中国成立后,民间社团亟需重新审视自身定位,学艺社未能在此过程中有效进行调整以适应时代需求,其存在价值也因此渐渐减弱,最终于1958年解散。

在民国时期倡导新文化、兴办新教育的民间社团中,中华学艺社成立时间早、成员人数多、活动时间也长,其发展历程亦能在一定程度上反映这类社团以及民国知识界的整体动向。就成立背景而言,留学生在相关社团的创立中占有中心地位。20世纪10年代国内政治局势剧变,此时正在海外的留学生们回国后面对陌生又动荡的局势难以施展拳脚,所以由他们创立的民间社团在国内起步时多有挫折,1918年学艺社前身丙辰学社暂停活动亦有此原因。为能在国内立稳脚并进一步拓展事业,大多数社团采取了笼络已有社会地位的学人的手段。梁启超、蔡元培等人因此受邀加入过很多相关社团,二人也均为学艺社的名誉社员。

在国内开展事业的同时,留学生也积极利用他们在海外建立起来的关系。知名学人虽然能够帮助社团提升影响力,但日常运营和拓展事业所需要的各种资源仍然基本只能依靠募捐这一方式来筹集。此时国内由各地方军阀把持,冲突不断,国内整体经济状况并不明朗,能够筹集到的资源也极为有限,社团往往同时积极寻求海外援助。适逢20世纪20年代各国酝酿退还庚子赔款,各个社团为能在此中获得经济支持做了大量努力,中华学艺社也积极寻求日本各界的支持,并争取到款项用于兴办教育以及新建社所事业。然而,由于中日间时有摩擦——1918年大量社员回国导致社务暂停即源于此,学艺社往往不能声张其日本背景,在争取日本援助时表现低调,再加上此时日本对华政策心机渐深,学艺社能够获取的资源也相对美国背景的中国科学社较少,因此开展的规模较大的事业在持续性和影响力上大为逊色。

1928年,国民革命军北伐成功后国内局面趋于稳定,民间社团着力推动的学术文化建设在这一环境下取得一定成效。一方面学术专业化推动了大量专门学会的成立,另一方面国民政府的执行力也使得专业人才进入行政,改进教育、翻译名词等事业得以在国家主导下逐渐扩大规模并产生实际影响。然而，学术、教育职能向学会和政府的转移在一定程度上压缩了学术社团的活动空间，学艺社遂在20世纪30年代屡次对自身的组织方式进行调整，以设法充实事业，适应这一新的格局。然而，当时整个社会受到国民政府掌控，社团作为民间力量，其调整的效应毕竟有限，学艺社又长期受制于社内困难的经济条件，虽然进行了各种尝试但依然无法稳固根基以图长期发展。在这种状态下学艺社在应对社会环境剧变上相对无力，1937年开始的全面抗战以及1949年中华人民共和国的成立都对学艺社的运营产生了直接而深远的影响，导致其在战争时期中断活动，在新中国成立后衰败直至解散。

由于社会因素的较大影响力，学艺社的发展历程与民国时期其他民间学术社团的经历有共通之处，但其独特的背景和发展路径也彰显了个性。相比中国科学社专注于科学，学艺社推崇的学术文化范围更广，其杂志《学艺》的西文刊名也选取德语 Wissen und Wissenschaft 而非英语，这些选择与学艺社发起者们在日本的学习经历有很大关系。与日本的密切关系也为学艺社迁回国内后的学术交流提供方便，20世纪20年代中后期每年皆有社员被派往日本进行考察并参与学术活动。这些交流使学艺社有机会接触到大量收藏于日本的汉籍，进而依此开展辑印古书事业。出版是民间社团用来普及知识的主要手段，学艺社自身的背景和所拥资源使其各类丛书在民国时期的大量出版物中别具一格。虽然在出版之外学艺社取得的成就相对有限，但努力兴办教育、探索公众事业也都反映了其针对当时社会环境的一些独特思考和应对。

在民国时期的动荡局面下，民间社团承担了革新中国知识体系的先驱一职。通过这些团体的努力，学术工作愈加专业，相关事业在政府主导下愈加统一化，这些象征新知识体系的特征在战前初现并在战后得到逐步完善。然而，由于民间社团这一组织形式未能制度化，在完成使命后其存续的正当性逐渐消减，1949年以后社团内部也往往对自身的存在价值产生怀疑。就当时的社会状况而言，中华学艺社开办的各种事业或应由国家主持，或脱离国家建设的实际需求，因此其最终解散有其必然性。时过境迁，当下的社会环境与新中国成立初期已截然不同,因此学术文化的定位也发生了变化。大学、研究所等机构林立,学术在今天的地位与民国时期自不可同日而语,但规模的大幅扩张也带来了新的问题,学科间甚至学科内不同方向间的壁垒随着过去数十年的专业化的不断推进逐渐高筑,在这种趋势中学术之于社会的意义反而有暧昧化之倾向。作为最早试图引进近代学术并将其在中国推广的力量之一,中华学艺社的经历对如今学术事业的发展有巨大的参考价值。

中华学艺社诞生的背景

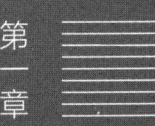

晚清时期学问的形式和内容在极大程度上皆为儒学传统的延续,而民国时期中华学艺社等社团倡导的学术文化则来源于近代西方的知识传统。这两套体系并不兼容,共通点也非常少,因此难以共存。19世纪下半叶,传教士和洋务派官僚的种种尝试即为佐证:虽然鸦片战争之后西方传教士就进入中国积极翻译书籍,但这些新知识难以在科举主导的学问正统中寻求定位而往往被边缘化。洋务派官僚在学习西方知识和技术上更为积极,采取的措施也更多样,但他们的着眼点在于迅速提升中国的军事实力,这种对实用性的强调在为系统地引入新知识上创造的条件相对有限,甚至到甲午战败后,张之洞等高官主张留学时仍在强调"中学为体,西学为用",反映出其对整体引入近代西方知识体系的抵抗。义和团运动后清政府终于有意实施新政,但此时旧制度造成的问题已然积重难返,不容清政府按预定时间表行事。1905年科举制提前被废除,这时新制度尚未完全建立,主导知识体系一时缺位。而20世纪初期革命渐兴,政局混乱一直持续到民国初期,这使得各路学人有机会为各自理想争取新的学问正统地位。

国内的变化也在留学的趋势上得到体现。19世纪末,被派往日本的中国人仍然受到旧制度的约束,很多留学生出国的动机也是希望能在以科举为中心的官僚任命机制中谋得阶衔。20世纪初,清政府确立教育为变法重点并鼓励学人赴日习得近代知识和制度,大批学人因此东渡,促使中日两国对留学政策进行修正。然而科举废除后满清维持政权已然力不从心,留日风潮反而催生了革命的中坚力量。新的留学政策虽然对挽救清政府来说于事无补,但20世纪初期赴日的留学生得以在其中受惠并集中进入日本的正统教育机构中接受教育,同时导致辛亥革命后在日本顶尖大学中学习的中国学生亦逐渐增多。与此同时,美国推动的庚款留学正在起步,赴欧洲留学也渐兴。一时间,在不同国家皆有相当数量的中国留学生系统学习和深入接触西方知识和制度。虽然各国的近代化表现形式有所差异,但皆无碍留学生意识到中国学术传统的种种弊端,当时的中国亟待新的学术文化也成为他们的共识。20世纪初,国内新文化运动已经兴起,但其中心在于宣扬思想而非设计制度,对建立完整的知识体系的指导作用有限,为留学生创立社团并大力推动,在近代学术的基础上重新组织知识体系留出了巨大空间。留日学生创立中华学艺社即源于这一背景。

第一节　旧知识体系的式微

鸦片战争后,受益于清政府与西方国家签订的一系列不平等条约,传教士在华的活动空间逐渐扩大。这些活动虽然以宣扬教义和发展教徒为主要目的,但直接宣教在当时的效果相对有限,因此教会往往利用医疗、出版等事业来间接说服人们相信基督教的力量。早在鸦片战争以前,美国传教士伯驾(Peter Parker)即于1835年在广州开设博济医院,在当地产生一定影响,服务对象甚至包括林则徐。《南京条约》签订后多地开埠,传教士活动的规模和种类皆得到扩充,其中之一即为在口岸城市开办出版事业:1843年伦敦传道会在上海建立墨海书馆,此后宁波、广州等地亦出现教会的出版据点。由于传教士在华的主要目的并非传播西学,他们着重出版的书籍仍为宣传基督教服务,直到19世纪50年代,西学出版物才逐渐增多。

这一时期,由传教士主导出版的部分西学书籍在流传到日本后产生了较大影响,但此时国内的知识正统仍由科举制度主宰,学人对西学并不重视,因此相关书籍的受众极为有限。但是这些出版事业的兴起为徐寿、李善兰、华蘅芳等游离于科举制度之外的学者提供了机会。他们在科举中建树不多,但对机械、数学等知识抱有浓厚兴趣,因此逐渐聚集到当时西学书籍的出版中心上海并参与翻译活动。西学出版物的激增在一定程度上正是受益于这些中国学者的协助。

1861年,洋务运动开始,曾国藩在安庆建设兵工厂时先后邀请徐寿、华蘅芳和李善兰前往协助。此后江南机器制造总局、同文馆等各项事业也都因这些中国学者同外国传教士的合作得以开展并逐渐壮大。值得一提的是,傅兰雅(John Fryer)和徐寿、徐建寅父子在上海的合作:自1868年起,他们在江南机器制造总局附设翻译馆合作翻译了大量科学书籍,1874年起参与筹建了格致书院,1876年又协同创办了杂志《格致汇编》。洋务派官僚以及从事翻译的中西学者也积极设法拓宽传播西学的途径。傅兰雅于1885年在上海创办格致书室,宣传并销售翻译的书籍,1886年起又与王韬一起在格致书院设立考课以吸引学人研读西学,李鸿章等高官也积极参与到命题当中。[1]洋务运动本身亦从19世纪70年代起开始着力培养西学人才,容闳发起留美幼童事业、福州船政局派遣学徒留洋皆为其中一部分。容闳是美国耶鲁大学第一位中国留学生,他回国后提议"政府宜先派颖秀青年,送之出洋留学,以为国家储蓄人才",得到曾国藩、李鸿章的支持,清政府遂于1872年至1875年派出四批留美幼童,共一百二十名,此为官派留学之始。[2]1875年,船政大臣沈葆桢派遣福州船政局学生随顾问日意格赴法学习。与留美幼童不同,这些船政学徒为20岁左右的年轻人,在留洋前接受过部分外语和近代科学技术知识教育,留学目的亦更加明确,即成为具备军舰制造和驾驶技术的技师和驾驶员。在这些努力下,尽管科举制度的知识正统地位仍然牢固,西学——尤其是以"格致学"为代表的科学、技术知识——得以在一定程度上渗透到知识和官僚阶层之中。

1895年,清军在中日甲午战争中落败,士人意识到变法的迫切性,此前对西方技术知识的零散关注遂演变成对引进西学的积极推动。科举制度下八股文的主宰地位为此制造了巨大障碍,教育也就成为1898年康有为、梁启超等人变法诉求的核心。如康有为上奏请求改革科举考试形式,直指八股乃中国战败之

---

① 王扬宗:《傅兰雅与近代中国的科学启蒙》,科学出版社,2000,第29—44、71—98页。

② 舒新城:《近代中国留学史》,中华书局,1927,第6页。

罪魁祸首："然则中国之割地败兵也,非他为之,而八股致之也。"①戊戌变法对此进行了一定回应,除改革科举,还推出了在京师设立大学堂、举办经济特科、创办大中小三级学堂、倡办报纸、翻译西方书籍、鼓励游学等一系列针对教育的改革措施,但由于维新变法不过百日便夭折,这些举措也多半途而废。

此后提倡西学的侧重点转移,以张之洞为代表的清廷官员所推崇的出国留学成为主流。鉴于日本在明治维新中汲取西学的成功经验,再加上中日两国间地理、文化相近,所需费用相对欧美较少,官僚们认为赴日留学效率更高,因而大力鼓励学人前往日本学习,致使1898年至1907年间有大量中国人东渡日本留学。19世纪末义和团运动兴起,清政府又溃败于八国联军,1901年清政府被迫签订《辛丑条约》,为中国半个世纪来的种种屈辱再添一笔。这终于迫使清政府开始推行新政,落实学制改革即为其中一环,教育制度的松动为日本教育人士与机构到中国开办新式学堂提供了空间。同时,清廷官员着手设计新学制以适应近代化需求并取代科举的中心地位,在设计过程中大量参考了日本的经验。新学制最终于1904年在全国范围内实施,一时间教员供不应求,因此聘用了数以百计的日本教习和顾问以填补缺口及传授经验。连同中国赴日留学运动,这些教育文化事业上的来往成为中日关系"黄金十年"的重要组成部分。②

学制改革也包括对废除科举的规划。1903年,袁世凯和张之洞联名上奏,指出"科举一日不废,即学校一日不能大兴,学校不能大兴,将士子永远无实在之学问,国家永远无救时之人才,中国永远不能进于富强,即永远不能争衡于各国",但也认识到"况科举之为害,关系尤重,今纵不能骤废,亦当酌量变通,为分科递减之一法",次年张之洞与张百熙、荣庆再度联名上奏呼吁注重学堂,请求自下届丙午科起递减科举,特意指出照此计划"至第三年壬子科应减尽时,尚有十年",清廷遂准允,是为"癸卯学制"。然而仅过一年,受到1905年日俄战争结果的刺激,科举制度的废止进程被大幅提速:夏末,张之洞、袁世凯等上奏,直言"科举不停,学校不广,士心既莫能坚定,民智复无由大开,求其进化日新也难矣。故欲补救时艰,必自推广学校始;而欲推广学校,必自先停科举始";而清廷

---

① 康有为:《请废八股试帖楷法试士改用策论折》,1898,收录于康有为:《戊戌奏稿》,1911。
② 〔美〕任达:《新政革命与日本:中国,1898—1912》,李仲贤译,江苏人民出版社,1998,第217—218页。

亦表现出了前所未有的果决,旋即下谕要求"著即自丙午科为始,所有乡、会试一律停止,各省岁科考试亦即停止"。[1]1906年本应为科举开始递减之年,不料未待递减即遭废除,旧知识体系的制度支撑就此分崩离析。

　　1904年起付诸实施的新学制在一定程度上取代了科举培养、选拔官员的功能,但清政府并无意摒弃儒学的学问正统地位。新学制下西方近代知识得到大幅强化,其与儒学传统之间的冲突也因此日趋尖锐,预示着儒学传统和其拥护者已穷途末路。很快,清政府在1911年的辛亥革命中被推翻,20世纪初开始的新文化运动又彻底颠覆了儒学所代表的旧知识体系的正统地位。1915年,陈独秀在《青年杂志》(后更名《新青年》)创刊号中撰《敬告青年》一文,认为"近代欧洲之所以优越他族者,科学之兴,其功不在人权说下",因此"国人而欲脱蒙昧时代,羞为浅化之民也,则急起直追,当以科学与人权并重",是为"赛先生"与"德先生"之先声。[2]此后知识人士对革新文化的必要性愈发强调,1917年陈独秀撰文主张"文学革命",以治单独政治革命"于吾之社会,不生若何变化,不收若何效果"之疾。[3]新文化运动的深入进一步削弱了传统学问的地位,但"文化"这一着眼点范围较大,运动在填补学问正统的缺位上并无针对性行动,提倡近代学术遂由以留学生为中心的新一代学人主导,包括中华学艺社在内的综合学术社团应运而生。

第二节　留学日本的起伏

　　在中日甲午战争中战败之后,清政府官员旋即张罗中国人前往日本留学,但起初规模不大。1896年驻日使馆招募了十三名赴日留学生,但由于部分人不

---

　　[1]《张百熙、荣庆、张之洞:重订学堂章程折》、《袁世凯、张之洞:奏请递减科举折》、《张百熙、荣庆、张之洞:奏请递减科举注重学堂片》、《袁世凯、赵尔巽、张之洞等:会奏立停科举推广学校折暨上谕立停科举以广学校》,收录于璩鑫圭、唐良炎:《中国近代教育史资料汇编 学制演变》,上海教育出版社,1991,第288—291、523—533页。

　　[2] 陈独秀:《敬告青年》,《青年杂志》1915年第1卷第1期。

　　[3] 陈独秀:《文学革命论》,《新青年》1917年第2卷第6期。

适应日本环境,最终只有七人完成了三年学业。另外,这些学生没有日语基础,所以无法进入正式的学校就读,而是在驻日使馆与东京高等师范学校校长嘉纳治五郎达成的特殊安排下由后者负责他们的教育。之后,七人中又有唐宝锷、戢翼翚进入东京专门学校(1902年改名为"早稻田大学"),胡宗瀛进入东京农学校(1901年改称"东京高等农学校",今为"东京农业大学")进一步学习,三人皆在1905年清政府第一批授予的七位游学毕业进士之列。①

从最早派出留学生到在制度上承认其学识水平及地位花了近十年之久,足见清政府在推进教育变革上的保守姿态,但"中学为体,西学为用"的框架仍为官员们同时鼓励出国留学提供了合理性。1898年张之洞撰写《劝学篇》,强调"出洋一年,胜于读西书五年",并力荐日本作为首选目的地,认为:

> 至游学之国,西洋不如东洋。一、路近省费,可多遣。一、去华近,易考察。一、东文近于中文,易通晓。一、西书甚繁,凡西学不切要者,东人已删节而酌改之。中东情势风俗相近,易仿行,事半功倍,无过于此。

在张之洞及其他官员的号召下赴日热情逐渐高涨,戊戌变法又进一步动摇了士绅对科举制度的坚持,再加上同一时期访问或驻在中国的日本官绅的不懈劝诱,东渡日本留学在接下来的十年间成为一股可观的潮流。1896年驻日使馆招募的十三人仅为半官方性质,1898年清政府则首次颁布了正式官派赴日留学生的文件——《遴选生徒游学日本事宜片》,以此为契机各省以及中央政府部门开始成批派出公费留学生,而日本较近的距离和相对便宜的费用也吸引了大量民间人士自费前往。1904年清政府开始推动学制变革后,留学日本更是达到巅峰。1905年至1906年间,在日本的中国留学生达八千有余,日本学者青柳笃恒对中国人赴日场景有生动描述:"学子互相约集,一声向左转,齐步辞别国内学堂,买舟东去,不远千里,北自天津,南自上海,如潮涌来。每遇赴日便船,必制先机抢搭,船船满座。"②

虽然这一时期中日间文化交流繁盛,但自1905年起才授予留学归国人员进士称号,由此可以看出,清政府在配套制度的规划上往往缺乏主动性,这也在

---

① 〔日〕实藤惠秀:《中国人留学日本史》,谭汝谦、林启彦译,北京大学出版社,2012,第14—16页。
② 〔日〕实藤惠秀:《中国人留学日本史》,谭汝谦、林启彦译,北京大学出版社,2012,第17、28—31页。

留学事业上得到反映。哪怕是政府派遣的官费留学生回国后大多都没有明确的安排,更遑论大批自费东渡者。清政府在日本设立的为管理留学相关事务的留日学生监督处亦难以一一把握众多留学生的动向,因此不乏以留学为名前往日本但实际却无心于学业的人。胡汉民回忆1904年再赴日本留学的经历时提及相关印象:

> 其时学生全体内容至为复杂,有纯为利禄而来者,有怀抱非常之志愿者,有勤勤于学校功课而不愿一问外事者(此类以学自然科学者为多),有好为交游议论而不悦学者(此类以学社会者为多),有迷信日本一切以为中国未来之正鹄者,有不满意日本而更言欧美之政制文化者。[1]

另一方面,日本既有的正规教育机构也难以接纳大量几乎毫无日语基础的留学生,因此一时间涌现出很多专门为中国人设置的速成教育机构。在这种状态下,留学生的学习质量无法得到保障,反而不少人开始投身于日渐高涨的革命活动。这虽然为日后推翻满清政权打下了基础,却无助于中国人在日本已初具雏形的近代教育制度中系统学习和获得深入训练。[2]

两国政府也觉察到日本留学缺乏章法。注意到速成教育机构林立的乱象,日本文部省于1905年底颁布《关于令清国人入学之公私立学校规程》,不料其中第九条"受选定之公立或私立学校,其令清国人学生宿泊之寄宿舍或属于学校监督之旅馆,须受校外之取缔"和第十条"受选定之公立或私立学校,遇有清国人曾在他学校以性行不良之故被命退学者,不得复令入学"在留学生间造成极大抵触情绪,引发回国风潮。清政府方面亦加强规制:1906年3月学部通电各省限制留日学生资格,8月又停止派遣速成教育学生。这些措施进一步削弱了留日规模,到辛亥革命前在日学生人数降至两千上下。虽然人数大幅减少,但这一时期的留学政策趋于规范化,其代表性事件为1907年中日两国签订协议,约定日本五所高等学校每年共安排165名由中国政府出资补助的留学生入学(其中第一高等学校65名、东京高等师范学校25名、东京高等工业学校40名、山口高等商业学校25名、千叶医学专门学校10名)。与此前的速成教育乱

---

[1] 胡汉民:《胡汉民回忆录》,东方出版社,2013,第12页。
[2] 〔日〕实藤惠秀:《中国人留学日本史》,谭汝谦、林启彦译,北京大学出版社,2012,第46—52页。

象不同,这几所学校皆为日本中高等教育中的优质机构,尤其是在东京的三所学校更是通往当时日本顶尖帝国大学的敲门砖。在这一"五校特约"的安排下,中国留学生得以成批进入正规学校并接受高质量乃至更高等级的教育。①

"五校特约"于1908年正式开始实施,而此时美国推动的用义和团事件赔款资助中国人赴美留学计划也几近就绪,第一批庚款留学生于1909年派出。两年后清政权被推翻,此前针对赴日留学的种种限制失效,而国内政局风起云涌导致鲜有人关注留学政策,监管缺失下赴日留学再度成为风潮。这时国内教育已能为留学打下一定基础,中国学生多能直接进入日本各大名校就读,有更多机会接触到日本引入的近代学术。然而,由于"五校特约"中的学校皆为高等学校,其在日本教育制度中的层次低于大学,而庚款赴美学生则直接进入大学,因此大规模赴日留学虽先行十年,但留日学生集中接受大学教育却略晚于留美学生,近代学术于是几乎同时对两者产生深刻影响。而辛亥革命后,学问正统的空缺此时尚未得到填补,留学生便开始利用其在国外的见闻和体验有组织地推动近代学术在国内的传播和发展。留美学生于1914年筹办《科学》杂志并于次年建立中国科学社,中华学艺社的前身丙辰学社则于1916年底成立,次年主办的《学艺》杂志开始发行。在中国近代学术的早期发展中,这两个社团于成员人数于事业规模皆有重要地位,但其成立时所在国度特定的社会环境以及学术体系的差异不可避免地塑造了两者不同的发展轨迹。在北洋时期政局的持续混乱中,社团为发展事业在寻求资源时又往往将目光转向国外。中华学艺社既成立于东京,其海外人脉自然集中于日本,学艺社的发展历程也就因中日关系在频繁摩擦中不断恶化直至触底而充满荆棘。

---

① 〔日〕实藤惠秀:《中国人留学日本史》,谭汝谦、林启彦译,北京大学出版社,2012,第66—68页。

丙辰学社时期(1916—1923)

　　1916年12月,中华学艺社前身丙辰学社由部分留日中国学生发起并成立于东京,学社名称取自当年干支。这些留学生在学习过程中认识到学术之于国家进步发达的重要性,并期望能够通过建立学社来推动近代学术在中国的发展。为了实现这一目标,丙辰学社在社章中规划了多种事业,但成立初期由于人员流动和经济拮据,主要活动仅为出版杂志《学艺》,而社务不稳定也为杂志流通制造了一些困难。《学艺》虽然服务于学社提倡学术的目标,但收录的文章涵盖题材较广,其中以政治、法律主题的文章较为醒目,反映出社员对时局的关注。

　　1918年中日关系生变,丙辰学社社员在爱国热情下纷纷归国,一时间人员散乱导致社务无法正常开展,主要事业《学艺》每季的出版发行也受到波及。1919年秋国内有志社员组织重整社务,至1920年《学艺》得以继续出版并改为月刊,丙辰学社也在上海设立事务所,在国内有了立足之地。此后学社逐渐壮大,为了使运营能够适应这一变化,1922年底各事务所组织修改社章,在扩展事业的同时将学社更名为中华学艺社,为在国内的进一步发展打造了制度框架。

第一节　丙辰学社的初创

中华学艺社前身丙辰学社于1916年(农历丙辰年)12月3日在日本东京召开成立大会。[①]据此时已经回国、后来才加入学社的姜琦回忆：

溯诸本社历史,本社是最初在前清宣统年间仅仅五六个同志(我也在其列)在日本东京五六张席之下宿房间里面,以研究学问为目的所组织之一个不定名的学社;至民国六年,(即丙辰)才发表为丙辰学社,当时纯然以"学"为单位;后来又由"学"扩充到"艺",遂改名为中华学艺社。[②]

宣统(1909—1911年)之后辛亥革命导致大量留日学生回国,但已于1908年起实施的"五校特约"计划未受革命影响,到1916年,在日本顶尖高等专门学校及公立、私立大学就读的中国留学生人数已相当可观。姜琦此时已经回国,但同人规模却较早前的五六人大为增加。至丙辰学社正式成立时,发起人竟达47名之多。这些人来自东京高等工业专门学校、东京高等师范学校、千叶医学专门学校、东京帝国大学、早稻田大学,其中的三个高等学校皆在"五校"之中。发起人除就读学校相对集中外,部分人在出国前就是同乡或亲属。但就成立组织而言,47人显然是较为庞大的一个群体,他们在成立丙辰学社过程中各自扮演的角色等具体细节尚不足以从现有史料中得知。学社的成立动机和试图实现的目标则通过出版这一早期主要事业得到体现,在学社主办的杂志《学艺》中有具体描述。[③]

[①]《中华学艺社概况》,载民国时期文献保护中心、中国社会科学院近代史研究所:《民国文献类编·社会卷51》,国家图书馆出版社,2015,第309—310页。

[②] 姜琦:《我也对于本社有一个希望》,《中华学艺社社报》1931年第3卷第4期。该刊封面标题由马公愚题写,为"中华学艺社社报",但印刷体文字凡提及刊名几乎皆用"中华学艺社社报",故以后者为准。

[③] 范铁权:《知识传播与学术转型:中华学艺社研究》,人民出版社,2019,第27—35页。

表2-1　丙辰学社创始人

张育海	杨俊生	杨　凯	许泽霖	周昌寿	李兴相
柳金田	傅式说	崔士杰	何邦著	夏彭年	陈　淯
罗　鼎	周文昶	王兆荣	都怀尧	吴永权	陈启修
杨栋林	杨梓林	陈文祥	文元模	蒋继尹	杨景辉
曾天宇	宓　齐	萧扬勋	黄伦芳	高　炯	刘基森
冯元亮	蹇先器	高维魏	何熙曾	郑贞文	林　骙
周　豫	屠孝寔	甘浩泽	叶　毅	潘炳华	邓绍先
邹宗孟	严智钟	林大勋	陆造时	高　铦	

　　《学艺》第一卷第一号于1917年2月付印并于4月出版。从丙辰学社成立到第一期《学艺》杂志编辑完成仅过了三个月,可见该刊物在学社初创时的中心地位。杂志的首任编辑长吴永权在第一号卷头撰写《发刊词》,开篇即指出文化的重要性:"群治之隆替,恒视其文化如何以为衡。"紧接着他进一步将文化进步同学术发展联系起来,并以西方文明为例证:"十八世纪以来,自然科学大昌,其研究方法应用于精神科学,而精神科学因以大明。自时厥后,两者连镳而前,泰西文化为之大进。群治之隆,遂有一泻千里之势。"相反,中国文化之衰败则源于学者仅关注"政事人事"而无意"自然现象之研究",其文章也往往"率意为辞,鲜具伦脊",因而"学术之不昌,文化遂无博大光明之象"。针对这种状况,《学艺》杂志明确"以昌明学术、灌输文明为宗旨",要求"即言政之文,亦本学理以为言,徵实情而立论"。在《发刊词》最后,吴永权点明办刊目标在于"出其研究所得,以求海内之是正,藉行其文章报国之志",反映了丙辰学社"学术报国"的理念。[1]

　　这些目标和志向也在1917年8月付印、9月出版的《学艺》第一卷第二号刊载的《丙辰学社宣言书》得到进一步阐释。[2]宣言书虽未署名,但早在第一号中杨栋林即在《说学艺》中自称宣言书亦为其所撰。[3]宣言书响应了吴永权对中国学问传统的批判,并认为政府在发展学术中的职责"充类至尽,不过表彰学人而

---

① 君毅(即吴永权):《发刊词》,《学艺》1917年第1卷第1号。

② 《丙辰学社宣言书》,《学艺》1917年第1卷第2号。

③ 适夷(杨栋林):《说学艺》,《学艺》1917年第1卷第1号。

止",更重要的是"吾人善自为之"。鉴于学术发达与否将成为评判国家强弱以及社会文明程度的重要标准,"吾人以后进之国,若于此时不谋所以急起直追之术,虽幸存残喘于今日数世,而后宁有幸哉?"杨栋林因此认为"纠合同志、建设学社"是他们的必然使命。

宣言书接下来陈述了成立丙辰学社的具体动机和目标。首先,杨栋林指出学校教育在培养人才上的局限性:"盖学校仅能授人以规矩,不能使人巧也",而"欲得精博之学者、切用之人才,非求诸学校以外不为功"。国内现状则是学生一毕业即开始工作,往往不能胜任职务,造成社会对学生群体的评价下滑,反而使"国人之欲从事事业者,几无一可信之途"。成立丙辰学社就是针对这一现状,通过在学校教育之外设"穷理研精之集会"来培养符合社会实际需求的人才。其次,杨栋林强调只有将学人聚集起来互相讨论才能推动学问进步,并引欧美学术团体为例:"欧美学者于凡百科学莫不有社,比较观摩,挈其短而取其长",才有学术的发达。建立丙辰学社即为效法西方学社来推动中国学术发展。第三,杨栋林提及明朝东林党与当下的学社的类比,认为两者都是在世风不昌的时代能够坚持自身立场的组织。对学人来说,在当时的乱世中"纳诸进德修业之正轨,此诚吾辈读书识字者之责,而非异人之任也",成立丙辰学社便为实现这一抱负提供了平台。

《学艺》第一卷第二号同时刊载了《丙辰学社社章》,对学社的目的、组织和运营进行了详细规定。[①]社章分为纲领、社员、社务、机关、经费、附则六章,共75条。第一章纲领共3条,确定了学社名称为"丙辰学社",规定学社以"不分畛域、不拘党见,专以研究真理、昌明学术、交换智识"为宗旨,并"量力次第举办有关学术事业",以期达成这一目标。第二章社员共11条,规定了入社标准和社员的权利、义务。按照此时的规定,学社成员分正社员与名誉社员,其中正社员除了本社创立人外,新加入者必须有本社正社员二人以上作为介绍人,并经过理事认定。对于"捐助款项于本社者,投稿本社杂志登载至三期以上者,本社延聘演讲者,本社刊布其著述或编译者,对于本社有各种襄助之盛举者",则可"公推为本社名誉社员",以显示对他们的尊崇敬仰、感激铭记之意,并"备本社之咨询"。

---

① 《丙辰学社社章》,见《丙辰学社社报》,《学艺》1917年第1卷第2号。

第三章社务规划了学社举办的各类活动:

第十六条 发行杂志 本社按期刊行杂志以为发表研究所得之机关

第十七条 举行讲演 本社按期由理事推荐社员或延聘名人讲演学术及种种问题

第十八条 刊布图书 本社随时搜罗各种稿本无论著述编译皆量力代行刊布

第十九条 搜集书物 本社尽力搜求古今东西各种图书器物以供同人等阅览参考之用

第二十条 本社编辑讲演刊布阅览各事宜之细则及其程序另以专则订定

第二十一条 本社除举办上列各事项外当随时扩充事业以图发达

第四章机关规定了学社的组成机构,包括社员总会、执行部、评议部三个部分。社员总会由全体正社员组成,是学社的"最高机关,有造立意思及监督社务之全权"。社员总会由理事召集,理事缺员或托故不召集时由评议部代行召集,分"通常总会"与"临时总会"两种。通常总会定于每年岁首召集一次;临时总会的召集必须出于以下三种原因之一:其一,理事认为必须者;其二,评议部议决者;其三,社员十人以上联名要求者。总会开会前,应"由理事或评议部通知开会日期及所议事项",并由理事或评议部根据"远道者须一月以前、近处者须于七日以前通知"这一原则酌定发信日期。总会设"议长"一职,以评议长充任,但评议部被纠劾时议长须另行改选。同时,总会须"全体正社员三分之一以上到会始得开议",并且"总会提议事件须有到会者三分之一以上投票认为应议者始得付议,凡议案须将通知所列事项仅先付议"。对于议案的表决,"以投票者之过半数决之",若"赞否同数",则由议长采决。表决权可以"以书函代行",并规定"当议事项与正社员私人有关系"时,该社员无表决权。

执行部"以理事一人、副理事一人及总务、编辑二科组织之"。理事可以代表学社,"有督理本社社务之全权";副理事"平时襄赞理事,擘画社务,理事旷职或缺员时代行其职权"。理事、副理事由社员总会从正社员中分别票选,必须由全体正社员四分之三以上投票,占票数三分之二以上的最多数者当选,如果选举三次尚无当选人,"就第三次得票最多数二人中决选之,以得票占比较多数者为当选人,票数相同时以抽签法决之"。理事及副理事任期皆为一年,可以连任;当任期中失职或辞职时,"由社员总会议决得令其退职",但议决时同样"须有社员总会全体四分之三以上之投票、得三分之二以上之同意方得有效"。

执行部之下的总务科设总务干事一人,副总务干事一人,庶务干事若干人,会计及书记各二人。其中总务干事由执行部理事兼任,副总务干事由副理事兼任,庶务干事及书记由理事从正社员中选任,而会计由社员总会从正社员中选出,"以占票五分之一以上之最多数者二人为当选人,缺员或退职时以次多数者充任"。总务干事指挥各个部门和人员"宗理本科一切事务",副总务干事平时辅佐总务干事整理事务,总务干事缺员或旷职时代行其职权,其余干事"办理本社一切庶务",并且"凡支社未成立之地,由理事量设分驻干事若干人,代表本社经理社务";书记管理学社的文录钤记,对外文件须由书记与理事连署才有效;而会计掌理学社的出纳存放事宜。上述总务科各员任期都是一年,可以连任,在任期中因事辞职时,经理事及评议部同意,可以听其退职。

执行部之下的编辑科由编辑长一人、编辑员若干人组成,编辑员的人数由理事与评议部及编辑长随时斟酌决定。编辑员由理事与评议部从正社员中推举,然后通过编辑员互选,选举出编辑长。编辑长"宗理本社编辑事务",编辑员分担编辑事务,任期均为六个月,可以连任,除编辑长外还可以兼任其他职务。编辑科各员因事辞职时,同样"经理事与评议部商定后得任其退职"。

评议部由评议长一人、评议员若干人组成,评议员的人数由社员总会临时酌定,至少五人,最多不超过二十人,由社员总会从正社员中投票选出,必须获得总投票三分之一以上才能当选,不足额时另行补选,评议长由评议员互选。评议部有"纠劾全体社员、监视总会议场、检查各部职员、稽核本社会计、审判社内一切权限上纷争"之权,由评议长代表本部处理相关事务,议事时"以评议员之过半数决之赞否",当票数相同时则取决于评议长。评议部各员任期也为一年,可以连任,当缺员或有人退职时,由候补者充任。

第五章经费规定本社正社员入社时须交纳2元以上的入社金,此后每年须交"经常社费"2元,可分两期交纳或按月交纳。除了会员交纳的会费以外,当学社遇有特别需用时,可以经理事与评议部协议后,由执行部临时设法募集。学社经费由会计造具预算表,交社员总会审定,每年决算须经评议部检查后报告社员总会。该章亦规定学社"所有存款除举办社务外不得支用";当学社"遇有不得已事故须解散时",所余财产"永储为奖励学业之资金,社员不得分受";同时,学社的各项职员概不支薪(但公用开支及雇员薪工不在此限)。

第六章附则规定"本社章须有社员总会全体三分之一以上之同意始得变更",各项细则由各部自行订定,但实施前须通知各社员,同时暂设事务所于日本东京,变更社址及设支社时,须由社员总会议决。同时还说明,如果正社员减少至三人以下,或者正社员全体同意,则学社解散。

社章确定了学社的组织和运营框架,它同《学艺》杂志的发刊词以及丙辰学社的宣言书一起为学社的早期发展奠定了基调。丙辰学社的活动即在这些纲领指导下展开。

第二节　丙辰学社的早期活动

虽然丙辰学社的目标明确,运营规范也较为具体,但早期以日本为中心活动时社员皆为留学生,他们较强的流动性造成学社的组织人员难以稳定。1916年12月学社成立时选举出第一任理事陈启修、副理事杨栋林,以及编辑长吴永权,三人次年即毕业回国,导致学社在成立不久后就不得不更迭要员。《学艺》第一卷第二号首次刊载职员表时理事已然是王兆荣,傅式说和文元模分任副理事和编辑长。①

虽然社章规定的社务范围较广,但成立伊始人员流动等不安定要素使丙辰学社难以大规模开展活动,成立后第一年出版《学艺》杂志几乎是学社的唯一事业,除此之外还于1917年发行了一册由姜琦编著的《中国国民道德概论》,其中

---

① 中华学艺社总办事处:《中华学艺社概况》,中华学艺社总办事处,1932年,第51—55页;《丙辰学社社员职录》,《学艺》,1917年第1卷第2号。

缘由尚不明确。《学艺》第一卷为季刊,采用竖排版,上文已提及第一号中有《发刊词》阐明杂志创办目的,此外社员杨栋林(适夷)撰写《说学艺》一文对杂志涵盖的内容进行了详细解释。"学艺"一词由德文 Wissen und Wissenschaft 翻译而来,杂志的封面即印有德语原文,并有 Wissen und Wissenschaft 的保护者鹰的画像。选取德文直接源于丙辰学社发起人的日本留学经历——日本在近代化过程中引进西方知识和技术时分领域选取了各自处于领先位置的国家作为学习对象,其中科学和医学选的是德国。Wissen und Wissenschaft 直译为"知识与科学",但杨栋林认为这种译法"义有未尽",因此意译为"学艺"二字,并对其做了进一步说明。

首先,对于"学",杨栋林指出中国的传统学问"未尝以建宗树艺,分别部居为事,只可称之曰知识",而他提倡的则是将这些知识联系起来的一套体系:"若夫科学,乃指有组织、有联络、有统系之知识而言。"这里对"科学"的理解比较宽泛,不仅包括近代实验科学,也包括哲学、历史、文学等成体系的人文和艺术知识系统。对于"艺",杨栋林则强调其美学内涵:"吾国今日渐知重视工作,而美之一道,则不讲久矣。"[1]这一阐释已经脱离了德文 Wissen und Wissenschaft 的范畴,杨栋林在说明时借用的也是英文 art,可见这一理念并不简单直白,而其在《学艺》杂志实际发表的文章中也往往难以得到体现。1920年杂志发行第二卷第一号时杨栋林面对读者质疑也坦承艺术稿件较少。[2]

对"学"的广义理解则在《学艺》的出版中得到了充分体现。这部分源于杂志较为宽松的投稿要求,即在第一期投稿注意事项中明言:"本志以研究学术、阐明真理为宗旨,凡来稿与此旨相合者,无社员与投稿者之别,皆一律欢迎。"而在刊载这一声明之前《学艺》创刊号已然收到大量投稿,有的稿件因此不得不等到下一期。从第一年出版的两期的目录可以看出,所刊登的文章内容十分广泛,涵盖自然科学和人文社会科学的各个领域。其中关于政治、法律的内容较多,反映出受第一次世界大战、袁世凯恢复帝制失败等事件影响当时海内外学

---

① 适夷(杨栋林):《说学艺》,《学艺》1917年第1卷第1号。
②《通信》,《学艺》1920年第2卷第1号。

人关注的重点。自然科学方面,除了普及文章也有专业性较强的研究。除发表文章阐述见解、普及知识之外,《学艺》还不定期地在杂志后的附录《丙辰学社社报》中向本社同人及一般读者报告社务。同时,杂志还设有通信栏目来反映读者对杂志和学社的意见和建议,编辑亦在栏目中进行回复。

表2-2　1917年《学艺》目录

第一号(1917年4月出版)		
栏目	题目	作者
撰著	发刊辞	君　毅
	说学艺	适　夷
	国宪论衡	陈启修
	论两院制	郑孝思
	中华民国地方制度商榷书	杨适夷
	欧洲大联邦国论	陈启修
	代议政治平议	王宏实
	中国之军事政策	崔士杰
	吾国纺绩工业之前途	重　民
	中日贸易与日本产业发达之关系	陈启修
	经济浅说	守　素
	国民教育析义	许崇清
	南华道体观阐隐	屠孝寔
	周期律说	郑贞文
	晚近锌工业之发达及其用途	陈季云
	最近德国军用之化学武器	南　公
	文明患	杞　人
	连种病之研究	高维魏
	有机杂物肥料之化学研究	周建侯
	森林与人生	林　骙
译丛	潘加勒科学论	载　道
	庶民政治与外交秘密	陈启修
	水之电气化学作用	高　铦

续表

第一号（1917年4月出版）		
栏目	题目	作者
译丛	宇宙观与人生观	耐盦
评论	批判蔡孑民君在信仰自由会之演说并发表吾对于孔教问题之意见	许崇清
	对德外交之公正批评	陈启修
杂俎	废疾篇	拙攞
	诸葛铜鼓歌	林思进
	无题二十首	吴虞
	意难忘 Unvergessbare Worte［小说］	君毅
	秘密手 The exploits of Elaine［小说］	希声
来件	反对宪法草案第十九条第二项之意见书	马君武
附录	中华民国最近四年岁入岁出比较表	
	原质名称、符号及原子量一览表	
第二号（1917年9月出版）		
撰著	中华民国临时约法上之总统任免权与国务员之副署	王宏实
	晚近刑法之政治化	吴君毅
	对外贸易政策之原理与关税问题之关系	邹宗孟
	经济浅说（续前）	守素
	国民之统一与国语之统一	罗重民
	中国之绵丝业	周建侯
	哲学新义	许崇清
	宇宙	高铦
	周期律说（续前）	郑贞文
	晚近锌工业之发达及其用途（续前）	陈季云
	矿山探检筌蹏	梁上椿
	连种病之研究（续前）	高维魏
	有机杂物肥料之化学研究（续前）	周建侯
	森林与人生（续前）	林斁
译丛	议会之质问权	王宏实
	外交与庶民政治	吴君毅

第二号(1917年9月出版)		
	战争中德意志之粮食计画及农业整埋	周建侯
	"重力法则"发现之由来	江 铁
	宇宙观与人生观(续前)	耐 盦
	最近化学界之新思潮	南 公
评论	孔道与国宪	陈启修
	再批判蔡子民先生在信教自由会演说之订正文并质问蔡先生	许崇清
	临时参议院与国际评议员会	王宏实
通讯	致许崇清先生书	蔡元培
	致蔡子民先生书	许崇清
杂俎	废疾篇(续前)	拙 攡
	徐伯林与其飞船之历史	鹏 飞
	消极革命之老庄	吴 虞
	抱影庐陈言	陈启修
	傺行路难 十八首庚子年作	杨楙林
	都门感事怀人集定公句十二首	蜀南愚公
	自题饶舌录集定公句一首	蜀南愚公
	丙辰年日本逗子海岸销夏杂诗	吴君毅
	春柳诗四首	子 涤
	意难忘Unvergessbare Worte(续前)	吴君毅
	与某君论联邦书	王宏实
来件	以美育代宗教说	蔡元培
	代拟三宝瓏侨民上参议院请愿书 附荷兰属地殖民籍新律	韩希琦
附录	丙辰学社社报	

《学艺》杂志虽然主要面向国内读者,但第一卷的印刷和发行皆在日本。第一号由上海中华书局总代理,在各省的各大书坊销售。中华书局是当时出版物主要的流通渠道之一,所以这一安排看上去为《学艺》在国内的流通提供了便利,但第二号即不再由中华书局代理,而是通过社员的人脉由上海四马路的新

学会社和泰东书局、北京各大书局、身处贵州毕节的杨樨林以及在四川成都的宓齐、吴虞在各地代派。由于杂志在日本成品,物流稳定下来也花了一些时间,部分在成都派发的第一号由社员直接从东京带回,第二号才换成邮寄。①

《学艺》第一卷一至三号均售银5角,无论从定价还是发行量来看都无法满足丙辰学社的开支。杂志从第一号即刊登启事筹款,并公示了已经捐款的十九人,其中包括梁启超、蔡元培、范源濂等社会名流,第二号再加四人,同号刊载的社员职员录中名誉社员一项皆由这二十三人构成。

《学艺》第二号发行后不久,1917年12月1日,为纪念成立一周年,丙辰学社在东京本乡的基督教青年会馆举办了周年纪念讲演会。讲演会延请日本政治学家吉野作造、吉田熊次、金子筑水以及美国著名经济学学者蒲莱士(William Hyde Price)进行演讲。当时各学校考试期将近,教师和学生都很少有闲暇,但都定时来到会场,参加活动的中国留学生不下百余人。演讲会从下午一点开始,理事王兆荣致辞,然后由吉野作造演讲"战后欧洲之新形势",金子筑水教授演讲"东西文明之比较",时任东京帝国大学讲师的蒲莱士用英文演讲"The War and Social Economy",社员罗鼎进行现场翻译。蒲莱士的演讲开始不久黄昏已至,大家趁日光尚明先拍摄合影以为纪念再继续演讲。演讲持续到五点半时,大家毫无倦色,吉田博士同样神采奕奕,随后登台演讲"国民道德之原理",但由于时间所限,不能畅所欲言,很多演讲内容只能略述一二,社员们都觉得意犹未尽。社员罗纪本来要在会上演奏七弦琴,但时间已然不够。散会后,学社社员四十余人在神田的中华第一楼聚餐,"至十时夜阑,始尽欢而散"。②

在周年纪念讲演会上吉野作造、金子筑水所做报告由社员翻译后见刊于1918年5月付印、出版的《学艺》第三号,而蒲莱士的报告则以英文原文刊出。此前4月丙辰学社因改选产生了新一届机构职员,王兆荣连任理事,周昌寿为副理事。连任编辑长的文元模亦在第三号撰文《丙辰学社成立周年感言》,援引十八世纪德国的经历,指出中国当前的危机也是重大历史机遇,学人在其中将

---

① 范铁权:《知识传播与学术转型:中华学艺社研究》,人民出版社,2019,第40—43页。
② 《丙辰学社社报》,《学艺》1918年第1卷第3号。

起到重大作用,再次确认了学社的使命。[①]

文元模对当前危机的判断一语成谶。《学艺》第三号于5月8日出版后不久,日本政府勾结段祺瑞政府于5月19日签订《中日陆海军共同防敌军事协定》,打着共同防御俄国革命的幌子,企图用政治贷款控制北京政府,同时侵占东北及外蒙。"五七"国耻纪念(1915年5月7日,日本向中华民国提出签订"二十一条"的最后通牒)刚过不久,消息传至日本,留日学生亦群情激愤,纷纷开会讨论,用传单将消息传达各省留学同乡会和各校中国学生会,大家奔走相告,情绪激昂,认为《中日陆海军共同防敌军事协定》是将祖国陆海军大权拱手送给日本人,祖国将继朝鲜之后沦为日本的附庸。在"国之不存,学将焉用"的氛围下,大家决定辍学归国从事反帝救国运动。丙辰学社亦有响应,社员曾琦发起"留日学生罢学归国"行动,得到众多社员配合。社员雷震回忆:

> 此时无论是官费生抑或自费生,又无论是已经入学或正准备入学的学生,都不能安心读书,犹如滔天大祸快要临头似的。其悲恸的心情,正如丧考妣。大家不仅在私下谈论,见面就问到事情发展到了什么地步,而且三三五五,到处集会,商讨应付办法。这样或明或暗、半公半私的酝酿了两个多星期之后,留日学生总会乃召集全体留学生大会,决议"罢学归国",要求留日学生全体即日回国,以后不再留在日本读书,表示要与日本断绝文化的关系,以抗议日本的无理勒索。[②]

留日学生救国团随即成立,丙辰学社理事王兆荣被推举为总干事长。救国团于5月率领大批学生回国进行救亡运动,在北京积极宣传"抗日拒约",并联络各大专院校学生游行示威,后又去往上海开展工作,包括创立《救国日报》等。[③]在此情形中王兆荣自然无法兼顾社务,而随救国运动回国的丙辰学社社员亦不在少数,至1919年,社员散处各地,鲜通消息,学社的活动也陷入停顿。

---

① 文范邨(文元模):《丙辰学社成立周年感言》,《学艺》1918年第3号。

② 傅正:《雷震全集》第10册,桂冠图书股份有限公司,1989,第415页。

③ 范铁权:《知识传播与学术转型:中华学艺社研究》,人民出版社,2019,第43—45、55页。

第三节　从东京到上海

　　1919年10月,丙辰学社创始人之一郑贞文赴山西太原参加全国教育会联合会,归途经过北京时,遇陈启修、吴永权、杨栋林、屠孝寔等社员,一起商议整顿学社的措施,北京和上海社友推郑贞文为临时总干事,负责复兴社务。当时时局、人事变迁,《学艺》的出版"几到弩末",而郑贞文于一年前受商务印书馆经理张元济之聘在商务印书馆编译所的理化部任编辑,于是,郑贞文利用这层关系与张元济和编译所所长高梦旦协商并签订协议,改《学艺》为月刊,一年除暑期停刊两个月外共出版十期。学艺社负责刊物的编辑供稿,商务印书馆负责排印发行。学艺社不收稿费亦不出印刷费,杂志销售的盈亏由商务印务馆负责。为配合新的出版周期,在社员公推下陈承泽与郑贞文分任《学艺》社会科学和自然科学编辑主任。[1]

　　1920年3月,时隔近两年《学艺》第一卷第四号终于出版,售价大洋六角,次月第二卷第一号即由商务印书馆出版发行,由此杂志改为横排版。丙辰学社的核心成员郑贞文、周昌寿、何崧龄、林骙、江铁等都在商务印书馆任职,此后出版杂志这一中心社务也就获得了较为稳定的支持,在北洋时期基本可以保证每年出版一卷十期。其发行规模也得益于商务印书馆的流通渠道,在北京、天津、奉天、济南、太原、西安、南京、杭州、南昌、汉口、长沙、成都、福州、广州、桂林、贵阳、香港,以及境外的新加坡皆有代售。

　　《学艺》改为月刊后,办刊宗旨仍为:

　　　　从科学、艺术两方面,发阐自然及人生诸问题;以现在为立脚地,企图创造未来之文化,但仍不蔑视过去历史;发挥独立之主张,不受任何方面之支配及影响;对于各种问题,以研究的态度,发为切实之言论。[2]

---

　　①《通讯·复徐巽先生函》,《学艺》1920年第2卷第5号;郑贞文:《我所知道的商务印书馆编译所》,收录于中国人民政治协商会议全国委员会文史资料研究委员会:《文史资料选辑 第五十三辑》,文史资料出版社,1964,第141、157页。
　　②《本志特别启事》,《学艺》1920年第2卷第1号。

因改编月刊导致每卷(年)版面增多,有社员对质量产生质疑,郑贞文回应时强调杂志仍立足学术:

> 我们将《学艺》改做月刊的意思,原不是因为看见外面新出版的杂志很多,也来随声附和。就是因为许多新出版的杂志,大抵是偏着鼓吹感情和消极破坏的方面。我们想要从根本上着手,输入一点科学和艺术的真正智识,来帮助文化的改善。但是我们志愿很大,能力很小,恐怕不能达到目的。极盼望国内外的同志,把这个杂志看作大家发表学术的机关,不吝寄稿子给我们。到了我们编辑人自己不要做文章,专替学者和艺术家,经理收稿发稿的事务,那便是我们最后的目的。[1]

《学艺》的复刊,标志着丙辰学社的重新活跃。1920年5月,丙辰学社社员在上海、北京、东京、京都相继开会,选举出四地的干事,基本上把国内和日本的社员重新团结起来,并且进一步吸收新社员。1920年9月学社在上海租下宝通路顺泰里三街18号成立事务所,并于10月16日召开第一次会议。姜琦、傅式说、高维魏从杭州,李寿彤、高炯从南京,王兆荣、邓萃英从北京赶来参加,推举郑贞文、王兆荣为驻沪干事。不久,东京、北京事务所亦相继成立,白鹏飞、许崇清被推举为东京干事,吴永权、杨栋林为北京干事。[2]一切社务由三个事务所商议进行,但上海事务所实际上在之后承担了主体工作。《学艺》杂志恢复出版以及三处事务所的成立,使丙辰学社在国内落地生根,有了扩大规模以及施展影响的基础。至1920年11月,社员逐步增加到209人,扩张很快波及到海外,1921年4月发行的《学艺》第二卷第十号报告在法国巴黎添设了驻欧干事。[3]

改编后的《学艺》杂志也反映出学社要员关于发展学术的一些新思考,如郑贞文发表在第二卷第三号中的《学术界的新要求》一文。[4]之前丙辰学社仅笼统强调学术的重要性,但对于其在新环境下的具体形态却少有涉及,郑贞文的论述弥补了这一缺失。文章开篇先界定文中所说的学术即"有秩序有组织的知识","与德文的 Wissenschaft 相当",随后郑贞文对当下对学术的要求进行了剖

---

① 《通讯·复Y.W.君信》,《学艺》1920年第2卷第2号。

② 《丙辰学社特别启事》,《学艺》1920年第2卷第5号。

③ 《丙辰学社社报》,《学艺》1921年第2卷第10号。

④ 郑贞文:《学术界的新要求》,《学艺》1920年第2卷第3号。

析:其一为追求学术自由,抵抗、消除压迫,其二为谋求学术自立,为人类进步做贡献。这二者的实现根本上取决于"学术的基础从何培殖"。为此,郑贞文针对国内现状一方面主张学术研究者之间去除"学阀派别的观念"而坚持求知精神,另一方面呼吁国内大学扩充设备,教授亦勿忘学术研究,同时号召在大学之外组织具备研究和发表功能的学术团体。最后,郑贞文指出建立奖助学术机制的必要性。

为回应这些新要求,需要尽可能大范围、大规模地推动学术发展,而这并非仅凭某个民间社团一己之力就能实现,更何况丙辰学社此前社务一度陷入停顿,此时刚有复苏迹象。郑贞文坦承:"我们'丙辰学社',碌碌无所贡献,污了'学术团体'的名称,我要先行自首。"丙辰学社在开展事业上的力不从心大多源于资源有限,经营困难。1921年是学社成立五周年,上海、东京、京都事务所皆于12月5日开会庆祝,此时集中讨论的两个问题皆事关学社经济。一是《学艺》杂志的分配问题。《学艺》杂志第一卷为季刊,当时凡社员皆免费赠送一册,后从第二卷第一号起改为月刊,成本增加,而且社员人数亦增多,学社负担不起免费赠送的费用,因此随后不再赠送,而改为每人发特价券一张,让社员自行订购。但是学社社员散处各地,甚至远在日本欧美,回国向商务印书馆订购杂志有诸多不便,因此学社随后决定恢复赠送的旧规。二是经费问题。原来规定每个社员入社时缴纳社费2元,平时每年再缴纳常年社费2元。这显然不够支撑学社运营,所以才有梁启超、蔡元培等社会名流捐助。《学艺》改为月刊后,学社增加了一种杂志维持捐,由社员自由认纳。1920年9月上海事务所成立,租赁房屋、开办图书阅览室等支出项目日益增加,决定取消杂志维持捐,而另设特别社费,每月国币5元,仍由社员自由认纳。但即便如此学社经费仍然不敷使用,各地社员也都呼吁增加社费。对比中国科学社等团体,丙辰学社每年2元的社费也偏低,因此自1922年起,常年社费上调为每年3元。①

虽然这些调整仍然不足以令学社在经济上完全自立,但《学艺》杂志的稳定出版使丙辰学社得以逐渐壮大,这也在学社组织上得到体现。1922年,学社在

---

① 《丙辰学社社报》,《学艺》1922年第3卷第8号。早在丙辰学社成立之前,科学社1916年公布的总章规定的常年社费就已经达到了4元,而入社费相比丙辰学社的2元以上更是高达10元,见《中国科学社总章》,《科学》1916年第2卷第1期。

上海、北京、东京各增设干事两人,三地干事皆各达到四人。依投票选举,上海干事为范寿康、郑贞文、李希贤、周昌寿,东京干事为龚学遂、刘文艺、杨敬慈、危诰生,北京干事为吴虞、李贻燕、王兆荣、周建侯,此外还在各地添设干事。后来又在各地设事务所来开办社务。1922 年底,丙辰学社在海内外事务所总数计22 处,在册社员增加至 399 人。①

　　面对学社的扩张以及国内知识界的变化,社员意识到原有社章已经过时。1922 年 11 月 11 日,东京事务所召集社员在东京神田中国青年会召开东京社员大会。会议由杨敬慈主席报告东京社务及北京、上海本社情况后,讨论本社此后应办事务,其中即有"社章宜加修改"一决议,公推上海事务所干事组成起草委员会,并提出五条建议:

　　(甲)社名改作"中国学艺社"
　　(乙)删除"名誉社员"一项
　　(丙)社务内增加"刊行丛书"一项
　　(丁)删除"评议部"一项
　　(戊)《宣言书》宜删去②

　　12 月 2 日,北京事务所借撷英馆开六周年纪念会,王兆荣主席报告社务,亦提出修改社章及讨论进行事宜,决定"对于周君昌寿等提出修改社章一案,因现章于社务进行,诸多不便,大体均认为有修改之必要,惟时间短促,未及即议,应将草案分配各社员研究签注,汇交上海干事,然后另行正式提出",同时为便利进行社务,委托上海干事郑贞文为临时首席干事。同月 10 日,上海事务所举行六周年纪念会,"于讨论改订社章及一切进行方针外,并议诀在新章未经通过以前,暂以上海事务所代行总事务所职权,同时公选郑贞文君为首席干事,暂行总干事职权"。24 日,东京事务所召开六周年纪念大会,讨论社章草案,东京社员

---

　　①《丙辰学社社报》,《学艺》1922 年第 3 卷第 10 号;《丙辰学社事务所一览》,《学艺》1923 年第 4 卷第 7 号;《新入社员名录》,《学艺》1923 年第 4 卷第 7 号。事务所所在地包括:日本(东京、京都)、英国(伦敦)、德国(柏林)、美国东部(纽约)、美国西部(旧金山)、美国中部(芝加哥)、上海、北京、天津、南京、苏州、武昌、广州、长沙、福州、成都、昆明、杭州、南昌、沈阳、四平。
　　②《丙辰学社社报》,《学艺》1922 年第 4 卷第 6 号。

全体一致通过选举临时总副干事的提议,由郑贞文担任临时总干事、周昌寿担任临时副总干事。31日,武昌事务所举行茶话会讨论社务运营事务,参会社员共13人,大致赞成社章草案。[①]

一系列的商议后,1923年2月发行的《学艺》第四卷第八号刊出《改订丙辰学社社章草案》,主要变更点如下:

一、更改社名为"中华学艺社"

更改社名,久成问题(理由详后),东京社员会主用"中国学艺社",上海社员会主用"中华学艺社",因"中华"为国名,故从之。

一、废评议会以地方干事代其职权

被选评议员,势不能同在一地,难以开会。地方干事,系由地方社员公举,可以代表一区域之社员意见。且系执行社务之人,对于兴革事宜,较有把握。

一、废理事长名称改用总干事

同称干事,无阶级痕迹。各地方机关,同称事务所,不加"分""支"等字,亦同此意。

一、改总干事选举法

旧章理事长之选举,须得社员四分之三以上之投票,又须得票三分之二以上,方为当选。规定过严,每因社员未投票之故,致理事长不能选出。兹改为得票比较多数者,即可当选,以救此弊。

一、废名誉社员制

旧章名誉社员资格规定甚宽,势至于滥,且名誉社员之待遇,颇有问题,不如竟废,俟募集基金时另定名誉报酬方法。

一、废社员总会改为年会

社员散处各地,即开总会,难得多数出席,不能代表全体之意见,故改为恳亲性质之年会。[②]

---

① 《丙辰学社上海事务所社务报告》,《学艺》1923年第4卷第7号;《社报·北京事务所报告(其一)》,《学艺》1923年第4卷第8号;《社报·东京事务所报告》,《学艺》1923年第4卷第8号;《社报·武昌事务所报告》,《学艺》1923年第4卷第8号。

② 《改订丙辰学社社章草案》,《学艺》1923年第4卷第8号。

在《中华学艺社社章》的草案正文中又对一些细节做了说明：

第一条　本社定名为中华学艺社。

说明：本社原名"丙辰"，除纪念创立岁次外，无所取义。然干支纪年，原系旧习，自改新历，早不通用。数十年后，恐无能道丙辰距该时为若干岁者，则并纪念创立岁次之意，亦将不存；一也。立社之初，社员不过数十，今则几臻十倍，多数社员对于"丙辰"岁次，不能发生情感；二也。本社既以昌明学术促进文化为宗旨，则对外国之关系，自不能不预顾及，"丙辰"二字，无从翻译；三也。名以副实，"丙辰"不足以表本社之内容，四也。《学艺》杂志，销行较广，社会上多误以为"学艺杂志社"所发行，反鲜有知"丙辰学社"之存在者，故不如迳以"中华学艺社"为名，将来发行丛书，设立图书馆，皆可以"学艺"二字冠之。顾名思义，殊觉适当。

……

第二十条　本社设总事务所于上海，设事务所于各省区及各外国。

说明：总事务所地点，为立社之一大要素，不能不明白规定。北京为行政首都，上海为交通孔道，各有利便，难加轩轾。但就事实而论，全社事务由上海事务所代办，已非一日，故总事务所仍以设在上海为妥，将来如发现有较适当之处，再行议移。[①]

此外，还在机关中新设委员会及研究所：

第四十一条　对社务进行上，总事务所干事会议认为有设委员会必要时，得征求地方事务所干事过半数之同意后组织之。

说明：关于发行丛书，募集基金，搜集图书等事，非集群力不能办者，应设委员会。

……

---

① 《改订丙辰学社社章草案》，《学艺》1923年第4卷第8号。

第四十三条 本社对于研究讨论各科学术,得设各科研究会,其规则另定之。①

新社章草案公布后,社员即陆续致函表明意见。至1923年6月10日,投票完全赞成者238人,附带条件赞成者10人,已超出旧章规定"本社章有社员总数全体三分之一以上之同意始得变更"所需之数,因此从当年6月11日起丙辰学社即改名为中华学艺社,一切社务按新社章规定进行。②6月1日出版的《学艺》第五卷第二号即改发行者名为"中华学艺社"。

1923年6月初,学社临时总干事郑贞文东渡日本商议社务,列席10日举办的东京事务所社员会。到会的60余人以庆祝改名等学社的新进展为由联谊,会上亦对社务发展进行讨论,并达成数项决定:

1.《学艺》杂志内容仍以现在之程度为标准,不必降低;但过于专门之著作,另刊论文集,不在《学艺》杂志上发表。

2.随时发刊专号,如社员中见有某种问题可以发行专号时,即由发起人招募同志,分任题目,议定办法,负责募稿;一面通知《学艺》编辑处,分函专习此科之社员,广征稿件,以底于成。

3.随时刊行小册子,或用"学艺汇刊"名义,或用"学艺小丛书"名义,请总事务所酌定。

4.利用暑假联合社员随地举行演讲会,详细办法,由总事务所拟定。③

此后郑贞文前往京都并参加6月24日京都事务所召开的社员会。共有33名社员出席该会,议定12月3日为学社成立纪念日,6月11日为改名纪念日,由总事务所规划刊发纪念号;由京都同人组织《学艺》杂志发行"亚丹斯密专号",预计十月出版;筹备《学艺》于第六卷起分文理二类,均为月刊。④

---

① 改订丙辰学社社章草案》,《学艺》1923年第4卷第8号。
②《社报》,《学艺》1923年第5卷第2号。
③《改订丙辰学社社章草案》,《学艺》1923年第4卷第8号。
④《社报·东京事务所报告》,《学艺》1923年第5卷第3号。

7月间,长沙、武昌、杭州、上海等事务所也各自召开社员会讨论运营办法等事项。与此同时,根据新社章之规定,上海事务所于7月12日起开始向社员寄发正副总干事选举票,至11月11日期满,计收到选票197张,郑贞文以144票当选为总干事,周昌寿以88票当选为副总干事。①12月9日,上海社员在东亚酒楼白云厅召开成立七周年纪念会,到会者有林骙、林赤民、郑贞文、孙倬章、滕固、郭沫若、顾寿白、陈掖神、余祥森、钱鹤、江铁、周昌寿、周桂徵、范寿康、郑尊法、何崧龄、赵惠民、张乃燕、宋虞琪等二十余人。席间讨论次年年会计划,暂定地点于杭州,时间为春季或成立纪念日6月11日,交由总事务所干事会会议决定。

12月15日,总事务所发表报告总结地方事务所调整情况:撤销上海、苏州、南京事务所,合设江苏事务所于南京,撤销保定、天津事务所,合设一直隶事务所于天津,在贵阳增设贵州事务所。此外报告还公布了部分地方事务所的干事变动。地方的调整就绪后,中华学艺社于12月30日召开第一次总事务所干事会议,总干事郑贞文和副总干事周昌寿遵照社章第四章第三十五条,推举总事务所各科干事:

庶务科干事	何崧龄　林　骙　郑尊法
文牍科干事	江　铁　陈掖神
会计科干事	周桂徵　费敏士
编辑科干事	范寿康　郭沫若
交际科干事	陈启修　许崇清　艾　华　杨梓林　曹慕管　刘海粟
	吴瀚涛　温晋城　潘炳华　林　本　李濂钵②

1924年1月1日,各科干事同时就职,总事务所也在上海正式成立,并呈报教育部准予立案,中华学艺社及其新体制至此初步成形。

---

①《中华学艺社事务所一览》,《学艺》1924年第5卷第8号。
②《社报》,《学艺》1923年第5卷第7号。

更名后的初步发展（1924—1927）

　　1923年实施一系列改制措施后,1924年伊始中华学艺社在教育部正式立案,其上海总事务所亦投入使用。既然学社活动自此以国内为中心开展,其运营不免在当时政局多变下受到种种影响。国内战事频起,民间社团大多无法倚仗官方支持,只能自食其力。适逢20世纪20年代,各国酝酿返还庚子赔款,为寻求稳定的经济基础,许多社团便努力争取返款,其核心诉求即为发展教育文化事业。中华学艺社也参与了国内相关议事和活动,并利用其留学背景积极游说日本政商界以图能在庚款一事上有更大发言权。然而从1915年的"二十一条"和1918年的军事协定即可看出,日本对华政策多受短期利益驱使,对于将主导权交予中方,日本的态度十分消极,因此学艺社在争取和运营返还庚款上的影响力远不如中国科学社。

　　作为学术团体,学艺社坚持与政治保持一定距离,但在改制酝酿、实施新事业的过程中不免受到上述外界因素的影响,如按新社章规定本应自1924年起每年召开年会以汇报社务、交流学术,进一步增强社员的身份认同感和相互联系,但竟在举办一次后不得不多次取消。在发行《学艺》杂志的基础上,学艺社扩大其出版范围,编辑发行"学艺丛书"和"学艺汇刊"等系列,但出版计划多受政局干扰,尤以20世纪30年代中日冲突加剧后为甚。此外,观察到国内中等教育逐渐发达,而高等教育发展相对迟缓,1924年改制伊始,学艺社便决定自行兴办教育,于次年在上海创立学艺大学,但筹款活动受到1924年第二次直奉战争的影响,在日本募捐更是受制于1925年五卅运动造成的冲击。学艺社虽以学术团体之身份在面临国内纷争时暂且得以置身事外,但面对中外矛盾时仍需坚持其民族立场,而这又与从日本获取援助产生矛盾。学艺社员以从事教育文化事业为多,自然无需介入外交,但努力维持各方关系的平衡亦非易事。

这些努力收到了一定成效,学艺社也因此成为中日间学术交流的主要参与者之一。日本最终用庚子赔款设立"对支文化事业"(后称"东方文化事业")并试图以此增强在中国知识界的影响力,日方学者访华时多与学艺社有接触,而1925年起学艺社作为主体每年组织赴日学术视察团,进行学术交流、参观工厂学校等。1926年泛太平洋学术会议在东京召开,学艺社亦派员出席,会上遇中国加入太平洋科学会议行政委员会一事。学艺社虽长期保持与日交流的渠道,但毕竟在国内专注学术而不事权位之争,加上会议之前不久学艺社总干事、副总干事辞职,社务无人主理,此事遂由中国科学社主导。1926年秋,北伐战争打响,学艺社内外皆流年不利,社务一时停滞。

第一节　改制前后的社内情形和社外局势

1918年后大批丙辰学社社员陆续回国,1920年重整社务后学社运营中枢转移到国内,社员在国内从事的行业以及社员的社会角色对学社事业的影响也就愈发显著。《学艺》杂志第二卷起由商务印书馆出版正是源于骨干社员的社会关系,有超过半数的社员于1923年回到国内工作,其从事的行业达到十余种:

表3-1　1923年5月社员职业统计表①

职务	人数	比例(%)
专门教授	100	31.25
技师	59	18.44
官吏	42	13.13
校长	24	7.5

---

①《丙辰学社之回顾》,《学艺》1923年第5卷第2号。

续表

职务	人数	比例(%)
大学教授	16	5
医师	16	5
编辑	14	4.4
实业经理	14	4.4
中学教员	9	2.81
新闻记者	5	1.56
工厂长	5	1.56
议员	5	1.56
银行业	5	1.56
研究所长	3	0.94
律师	3	0.94

　　学社干部、职员亦仅在业余时间从事学社活动,如1924年新体制实施后的首任总干事郑贞文和副总干事周昌寿的主业皆为商务印书馆编辑。这种组织方式导致学艺社基本只能依靠社员费运营,而该项收入不足以支持学艺社开拓新事业,因此学艺社在拉拢国内知识界人士募捐的同时,积极参与20世纪20年代初国内教育文化团体争取各国返还庚款的活动,并着重发力于同日本方面的交涉。

争取庚款

　　20世纪初期,美国在退还了部分庚子赔款之后,《辛丑条约》的其他签约国也开始酝酿返还庚子赔款一事,日本亦于1918年初开始讨论赔款的处置方案。秋季,时任外务大臣的后藤新平于9月21日私下通知驻日公使章宗祥,告知他日本政府有意放弃对庚子赔款的请求权。至1922年,荒川五郎等12人于2月7日向日本帝国议会提出《关于义和团事件赔偿金返还的建议案》(「義和団事件赔偿金還付ニ関スル建議案」），建议将日本的庚子赔款，一部分归还中国充当留日学生学费，一部分补贴日本在华学校、医院及文化事业。3月6日众议院议事，荒川五郎登坛申辩此案。6月19日，中国外交总长颜惠庆以财政困难为由请求各国再次延期庚款支付，日本政府遂于夏期对庚款一事进行集中讨论，最终未同意继续延期，但确立了返还庚款的意向和将款项用于补助中国留日学生、在中国从事教育医疗活动的日本团体以及其他文化事业的方针。[1]

　　1922年2月中华教育改进社组建"筹划全国教育费委员会"，返还庚款便是其重要目标之一。民间团体的这一举动刺激北洋政府教育部亦成立"退款兴学委员会"，于是形成民间各势力加上政府多方一起争取庚子赔款及规划其用途的局面。筹划全国教育费委员会于1922年7月开会讨论如何推动日本归还庚款并初步规划将该款用于设立博物馆和图书馆；1923年2月，北京的留日学者组织成立留日毕业同学会，重要议题之一为退还庚款之用途；教育部亦于同月24日任命专员赴日考察教育事宜并交涉庚款事宜，而学艺社直到这时才参与到相关活动中。同年3月21日，丙辰学社社员张季鸾、胡政之、殷汝耕三人宴请日本驻上海总领事船津辰一郎和驻沪日本新闻记者团，同席者中多有学社社员。[2]席上提及日本返还庚款一事，丙辰学社发表"关于退还庚子赔款及文化提携之意见"：

　　　　吾辈均系久在贵国留学之人，而于两国文化之提携，希望尤切。此次贵国政府，将以庚子赔款，在敝国振兴文化事业一案，提交国会之主旨，吾辈深表满腔之赞同，且有莫大之属望。贵国政府之具体计划如何，虽不得而知，自吾辈曾在贵国受教育者思之，关于将来此项资金之运用，以为容纳敝国有识之意见，并将其事业之一部分，委之敝国学术团，以图适当有效之运用，极为切要。就中最感急切者，则为在敝国

---

　　① 王树槐：《庚子赔款》，"中央研究院近代史研究所"，1974，第239—241、483—485页；阿部洋：《「对支文化事業」の研究―戦前期日中教育文化交流の展開と挫折―》，汲古書院，2004，第178—190页。亦见JACAR（アジア歴史資料センター，日本亚洲历史资料中心）：Ref.B05015001600，《東方文化事業関係雑件 第一巻（H-0-0-0-1_001）》（外務省外交史料館）。

　　② 何树远：《中华教育改进社与民国教育界（1919—1928）》，博士学位论文，中山大学，2008，第71—73、90—92页。

文化中心之地,设立完备之学术研究所,并设一大图书馆,以图真挚研究所之便利一事。吾辈兹特进此议于贵国朝野人士与学术会之诸先辈,幸谅察之云云。传闻关于设立图书馆大学等之计划,不日发表具体案,彼时当向日本朝野开陈其希望焉。[①]

船津氏和日本记者表示知晓意见,并电达日本当局及各大新闻机构。[②]

但日本政府此时已在单方面快速推进此事,1922年至1923年,外务省、大藏省内已经就预计收支和日本东亚同文会、同仁会、日华学会等潜在补助对象进行了调查讨论,其结果体现于《对支文化事业特别会计法》。该法案于1923年3月20日由众议院通过,25日由上议院通过,30日公布,4月1日开始实施。[③]法案规定了事业资金来源为中国支付的庚款、解决山东悬案条约中规定的购回矿山用的现金以及购回公产、盐业、铁道交付的国债,大致年预算不超过250万日元。法案也规定了事业资金的用途,包括:中国之教育、学艺、卫生、救恤及其他文化事业;面向在日中国人实施的与前项同种之事业;日本方面开展的针对中国的学术研究事业。法案实施第一年即1923年度的预算也随之确定:共计支出149万8535日元,其中事业费137万624日元(补贴中国留学生41万8000日元、演讲视察费用11万2624日元、补助青岛学校医院等机构共54万日元、救恤费30万日元)。[④]

3月21日(丙辰学社社员于上海宴请船津总领事同日),教育部特派专员朱念祖抵达东京,另一位专员陈延龄则于4月11日抵达。4月12日,二人出席丙辰学社东京支部举办的新闻记者招待会。[⑤]至此,日本方面特别会计法案已经迅速通过并付诸实施,而秋冬期间与该法案同时酝酿的配套行政制度——外务

---

① 《丙辰学舍对于日退赔款之希望》,《大公报》天津版1923年3月23日。(注:原文标题中即"丙辰学舍"。)

② 1923年3月23日,日本《朝日新闻》东京版朝刊于第二版登载此消息:《研究所図書館が欲しい 我文化事業に希望》;《大阪毎日新聞》亦于同日与教育专员朱念祖抵日一事一同报道:《団匪賠償金で図書館と博物館とを第一に建てて貰ひ度い》。

③ 王树槐:《庚子赔款》,"中央研究院近代史研究所",1974,第486—487页。

④ JACAR:Ref.B05015071900,《予算関係雑集 第一巻(H-2-1-0-2_001)》(外務省外交史料館)。

⑤ 《団匪賠償金で図書館と博物館とを第一に建てて貰ひ度い》,《大阪毎日新聞》1923年3月23日;《对支文化事業と支那側の希望 朱念祖氏と丙辰学社》,《朝日新聞》東京版朝刊1923年4月14日。

省下新设对支文化事业局以及对支咨问委员会——也初具雏形,中国方面因此开始生疑:"最奇者,日本对于此次退还之赔款,处处欲传亲善之美名,宗旨暧昧,名为对华文化事业,而处处又不忘情于南满山东之日本殖民事业。"[1]为确保日本返还庚款切实为中国文化事业所用,丙辰学社和教育部专员合意加强对日主张力度:

(一)关于此次退还赔款之处理,主张由两国组织同数之委员会处理之;

(二)委员务由民间有力团体(如教育会及学术团体)及两国知名之学者充之;

(三)为便于研究者起见,使其巩固而持久,希望创设图书馆、学术研究所、博物馆等;

(四)吾国感学问之饥荒,故急须培植大学人才,希望在我国交通便利之地,创设完善之大学。[2]

博物馆本不在丙辰学社最初主张中,应为朱念祖综合中华教育改进社所设筹划全国教育费委员会之提案。[3]

4月19日,丙辰学社东京事务所干事刘文艺和龚学遂前往外务省递交学社关于庚款的意见,强调该资金如何运用将决定是否能真正巩固中日两国国民之亲善关系并发展中国文化,指出可以效仿美国先例设立委员会,两国各出同等人数之委员对款项进行管理。外务省官员水野梅晓回应日方组织的咨问委员会并无决定权,中方亦可自行组织同等委员会并将具体方案提交给日本政府,而不必执着于日方委员会是否有中国人参加。刘、龚二人于会面中草拟了中方委员会委员名单:

| 教育改进社(北京) | 汪大燮 | 熊希龄 | 顾维钧 | 陶孟和 | 朱念祖 |
| 丙辰学社(上海) | 郑贞文 | 陈启修 | 陈大齐 | 张炽章 |

①《日本对于退还庚子赔款用途之意见 朱念祖与丙辰社之主张 留日学生之后援》,《大公报》天津版1923年4月24日。

②《日本对于退还庚子赔款用途之意见 朱念祖与丙辰社之主张 留日学生之后援》,《大公报》天津版1923年4月24日。

③何树远:《中华教育改进社与民国教育界(1919—1928)》,中山大学博士论文,2008,第93页。

广东　　　　　　　　　许崇清①

许崇清虽为丙辰学社社员,但因此时在国民党势力据点的广东教育界任职,其立场更多地代表广东方面。其后朱念祖与陈延龄一同亦于1923年成为中华学艺社社员,由此可见国内争取庚款各方势力之错杂。②

1923年5月,"对支文化事业"配套的行政机关正式定名为"对支文化事务局"。6月,丙辰学社准备更名为"中华学艺社",上海事务所干事郑贞文东渡日本商议社务,顺道造访日本朝野人士,讨论返还庚款运用具体办法。主张:

> 先于上海、北京两处,设立图书馆、博物馆、研究所,上海方面以研究自然科学为主,北京方面以研究文化科学为主,并拟于数年之后,分期筹设图书馆于各省省会。③

6月中旬教育部特派专员先后回国,《大公报》报道此事时,两国各自组织委员会这一主张得到反映;报道同时提及学艺社活动在日本造成一定反响:"对于此次退款问题,屡由该社东京事务所,发表意见,议论精到,颇引起日本政府及舆论界之注意。"④7月19日,受日本外务省派遣来华视察文化事业并讨论庚款相关事宜的对支文化局事务局事务官冈部长景和东京帝国大学医科学长入泽达吉博士抵达上海,学艺社郑贞文、林骙、郭沫若、范寿康等社员当晚在上海设宴招待,受冈部之托亦邀名誉社员蔡元培同席。席上就庚款一事交换意见,蔡元培表示完全赞同学艺社设图书馆、博物院、研究所之主张。⑤

然而此时国内在日本返还庚款一事的发言权上的争夺已趋白热化,江苏省教育会、教育改进社、日本人组织的中东协会、罗振玉和王国维筹备的东方学

---

① ④ JACAR：Ref.B05015310600,《協会関係雑件 第一巻(H-4-2-0-7_001)》(外務省外交史料館)。

② 《新入社员名录》,《学艺》1923年第5卷第3号。陈、朱二人登记期数相邻,疑为同时受劝入社。

③ 《附对于日本庚子赔款兴办文化事业本社同人发表意见的经过》,《学艺》1923年第5卷第3号。陈延龄、朱念祖即名列同期《学艺》中之《新入社员名录》;该文提及二人3、4月赴日时即声明其社员身份,有误导之嫌。

④ 《日人对于退还庚子赔款之态度 朱陈两代表接洽情形 主张两国各组委员会 留东学界之积极进行》,《大公报》天津版1923年6月21日。

⑤ 何树远:《中华教育改进社与民国教育界(1919—1928)》,中山大学博士论文,2008,第95页;《日本调查文化委员到沪》,《申报》1923年7月21日。

会、北京大学等势力皆踊跃活动,提出各自对返还庚款用途之设想。学艺社则利用其在日本成立的背景维持对日联络,1923年9月1日,日本发生关东大震灾,学艺社随即派遣代表林骙、张炽章二人前往救济慰问。林骙7日由上海登船东渡,10日"抵大阪即投慰问文一篇于朝日新闻,十三日抵东京,吾国内地赴日各代表中最先抵灾区者,以林君为第一人"。①林骙与东京社员一起调查统计了中国留学生受灾情况,并同留日学生代表商讨了救济方案。学艺社员中受灾者亦有二十有余,其中区杜社员不幸身亡。

12月,日方咨问委员会正式定名"对支文化事业调查会",同月朱念祖再次赴日交涉庚款事宜。1923年12月29日至次年2月6日间,朱念祖和驻日公使汪荣宝一起同对支文化事务局长出渊胜次数次协商,最终形成《关于对华文化事业的非官方协议会备忘录》(「对支文化事业ニ関スル非公式协议会ノ覚书」),通称《汪—出渊协议》,其内容如下:

一、日本方面举办对华文化事业时应将中国方面有识阶级之代表的意见十分尊重

二、庚子赔款项下之资金主用于为中国人所办之文化事业,至对于日本在山东所已设学校、病院、及其他现时日本各团体在华经营之文化事业,其补助专就关系山东项下之资金支出之

三、在北京地方设立图书馆及人文科学研究所

四、在上海地方设立自然科学研究所

五、办理前二项事业应支经费随后另定之

六、将来庚子赔款项下资金有赢余时再举办下开各事业

(甲)就适当地点设立博物馆

(乙)在济南地方设立医科大学,以病院附属之

(丙)在广东地方设立医学校及附属病院

七、对于第三项至第六项所开各事业设评议员会,以中日两国人组织之,其员数各评议会约二十名,中日两方各十名,由两方协商另选中国人一名为会长

---

① 《社报》,《学艺》1923年第5卷第6号。林骙在中华学艺社代表之外亦兼上海中华教育团代表,其文于9月23日见诸报端:《大震灾を見舞ふ》,《朝日新聞》大阪版朝刊1923年9月23日。

八、北京图书馆及研究所之用地由中国政府免价拨给

九、救恤费之名义应从速改为慈善费或其他名称①

　　针对这一协定,学艺社于1924年2月20日第二次干事会议决定发表《第二次关于日本对华文化事业之意见》,对协定内容表示大体赞同,尤其提及"北京之设立图书馆及精神研究所、上海之设立自然科学研究所等点,完全与本社提案相符,自无异议",但同时也对"分年在各省省会分设规模较小之图书馆"这一主张未被采纳表示遗憾。②

　　学艺社这一态度未能得到广泛的响应,国内争取日本返还庚款的各方势力继续为控制各项事业主导权活动,部分团体更是对日本政府各部门继续把持款项及其运作产生怀疑。为把握中方态度,1924年3月底至5月间对支文化事业特别委员服部宇之吉、小村俊三郎,以及对支文化事务局事务官朝冈健、属员岛田才二郎先后访华,同中方各团体协商庚款运用事宜。③服部本为交换讲演来华,于3月19日抵达上海,点名要求接洽中华学艺社,学艺社于15日至17日在杭州召开第一次年会,接到日本驻沪总领事通知后于21日中午宴请服部。④此时,总干事郑贞文正好为学艺大学募捐一事前往日本,由副总干事周昌寿致欢迎词,双方就日本对华文化事业交换了意见,同席社员有王兆荣、林骙、傅锐。当晚,服部前往上海商科大学,次日上午前往国立自治学院分别演讲,后来范寿

---

①　JACAR:Ref.B05015116300,《日支共同委員会関係一件／汪－出渊協定(H-2-2-0-1_1)》(外務省外交史料館)。

②《社报·中华学艺社第二次关于日本对华文化事业之意见》,《学艺》1924年第5卷第9号。

③　何树远:《中华教育改进社与民国教育界(1919—1928)》,中山大学博士论文,2008,第102－106页;JACAR:Ref. B05015014800,《東方文化事業部関係人事雑件 第二卷(H-1-3-0-1_002)》(外務省外交史料館)。

④《中华学艺社公宴服部博士》,《申报》1924年3月22日。服部本计划17日抵沪停留四天,又改变主意决定先赴杭州,两天后再回沪,而学艺社17日正好在杭州开会、18日尚有社员在女子中学演讲,两者之间似有关联;但最终服部晚于计划两天抵沪,此时学艺社年会已经结束,服部按照原计划在上海停留至23日赴杭。见《日本服部博士来华讲演》,《新闻报》1924年3月12日;《日本服部博士来华演讲再志》,《新闻报》1924年3月14日;《日本服部博士延期抵沪》,《申报》1924年3月18日;《服部博士昨日赴杭》,《申报》1924年3月24日。

康将这两场演讲内容译出并刊载于《学艺》杂志。[①]

继服部之后,学艺社于4月5日宴请专为协商返还庚款一事来华的朝冈,但此番日方来华就庚款一事协商的进展并不顺利。[②]由于国内各方意见不一,日方代表拜访一处得一种表态,协商迟迟无法进展。国内诸团体也迅速意识到这一点,教育改进社牵头于4月22日召集各方开会,以期能一致发声。商讨结果为《教育界对日文化之宣言》,直指现行还款运用办法性质为日本内政,没有中方参与的空间,要求由中日两国学者组成理事会独立支配运作款项,中华学艺社为签署宣言之一员(此事社报未报)。而在日本方面看来,款项控制权亦为底线问题,因此继续协商已经没有意义,而寻求绕过民间团体直接同中国政府达成协议。1925年5月4日,两国官方就成立中日文化事业总委会签订协议,随即在教育界引起争议,此后国内诸势力依各自立场开始自行其是,有如教育改进社公开反对日方移用庚款并在其单边既定框架下运作之团体,亦有设法利用日本庚款之团体,这一局面导致中日间愈发无法相互信任。从日方于1924年底和1925年7月将"对支文化事业"先后更名为"文化事业部"和"东方文化事业"来看,中方的参与有所影响,但在种种争议中委员会基本无法发挥作用。[③]学艺社总干事郑贞文名列中方委员亦未能为学社发展带来实质利益。1928年国民政府成立后,东方文化事业开始由日方单边运作,至20世纪30年代中日矛盾加剧后沦为日本在华殖民事业的附庸。

国内竞争加剧局面下,中华学艺社自1924年后未再就日本退还庚款一事公开发表过意见,1924年、1925年,郑贞文为兴办学艺大学赴日奔走筹款时虽拜访过对支文化事务局官员,但更多地是着力于争取民间支持(后文详述)。而每有学艺社员赴日活动,日本的中央和地方政府都密切关注其动向,这也从侧面反映了日方对中国的戒备,正因为日方存在如此心理,所以说将庚款退还于中方管理自然从一开始就毫无可能。然而东方文化事业初期,中日协定尚存,其推进仍需中方参与配合,于是在选定人员时倾向于有留日背景的人士,而学

---

① 《服部博士将往各校演讲》,《新闻报》1924年3月20日;服部宇之吉讲,范寿康译:《孔孟的根本思想》,《学艺》1924年第6卷第1号。学艺社宴请服部一事则从未在《学艺》杂志社报中提及。

② 《学艺社公宴日本文化代表》,《新闻报》1924年4月6日。

③ 何树远:《中华教育改进社与民国教育界(1919—1928)》,中山大学博士论文,2008,第100—117页;《教育界对日文化案之宣言》,《申报》1924年5月2日。

艺社可谓留日学生之大本营,其成员因此不可避免地参与东方文化事业的发展中。1925年7月,为筹建和管理上海自然科学研究所的文化事业,上海委员会名单确定,中方委员十人即包括郑贞文、余岩、章鸿钊、文元模、朱家骅、严智钟六名学艺社社员。[1]然而,由于中日长期互不信任,这种表面上的合作亦未能持久。1926年12月上海委员会第一次总会上中日委员间分歧巨大,一度导致谈判几近决裂,但最终还是达成协议并确定了若干研究课题,由日中双方委员共同负责,其后尚不足两年,中方委员即因1928年济南五三惨案全体辞职。上海自然科学研究所于1931年落成后虽有社员参与其活动,但学艺社已不再以官方名义公开介入相关事宜。[2]1925年起学艺社受到东方文化事业资助,每年派遣学术视察团赴日(后文详述),20世纪30年代兴建新社所(详见下章)时亦未大肆声张资金来源。

在淡出日本退还庚款之争的同时,学艺社开始关注其他各国的还款。1920年代,各国退还庚款开始实质化,1924年5月,国内各方对日本还款议论正酣,美国方面返还庚款余额的法案在国会通过并由总统批准,英国方面也在推动还款。针对这一情形,中华学艺社于6月29日召集总事务所干事会议,集中讨论各国退还庚款的用途,发表《中华学艺社对于各国退款兴学意见书》:

> 庚子之役,我国赔款达四万五千万两。率先归还一部,作我国兴学育才之资者,美也。近则退款之议,列邦叠有所闻,日本则将次第举办各种文化事业矣,美国则已决定退还赔款余数以兴学矣,俄亦承认退还赔款作教育经费矣,英则国会二读通过,而法比两国亦在讨论进行中。其决定之程度与处理之方法,虽彼此互有参差,而其欲运用此巨款以促进我国文化则一也。惟若何设施,而后确能使我国文化收促

---

[1]JACAR:Ref.B05015187600,《上海自然科学研究所関係雑件／設置関係 第一巻(H-3-2-0-2_1_001)》(外務省外交史料館)。除郑贞文、文元模外其余四人都未尝密切参与过社务,章鸿钊实际上更多的是代表中国科学社,朱家骅、严智钟也因各自在教育、卫生界的地位知名。

[2] 第一次总会情形见《申报》1926年12月7日(第十版)、8日(第九版)、10日(第八版)、11日(第十版)相关报道;JACAR:Ref.B05015181700,《上海委員会関係雑件／第一回委員会決議事項実施関係(H-3-2-0-1_8)》(外務省外交史料館);梁波、翟文豹:《日本在中国的殖民科研机构——上海自然科学研究所》,《中国科技史料》2002年第23卷第3期。

进之效,诚为第一步应行研究之重要问题。本社同人,窃以为一国之文化,一方固甚有赖于大规模之研究所、图书馆、博物馆等之创设,借作海内外学者集合攻究之资;而他方文化之发展,甚贵乎普遍的水平的,而不贵乎局部的阶级的。去年本社对于日本在华建设文化事业之意见,除在京沪设置图书馆与研究所外,另有分年建设各地图书馆之条,即本斯旨。换言之,即国家的文化事业与地方的文化事业,二者不可偏废也。因之今后列邦退款兴学之际,其设施之准,本社信为最有效且最平允者,莫若折为二端:

一、以额之三分之一,用于国家的文化事业。(但设置地点,不仅限于北京,自不待言。)

二、以额之三分之二,分配于各省,作地方的文化事业之用。(其分配之标准,容后拟定。)

至款项之保管,事业之范围,设施之次第,以及其他管理监督等项,应如何规定,均须详加论究,绝非片言或一方所能臆断者。本社现正组织各国退款与兴学研究委员会,从事斯役,期以研究所得,与世商确。若夫怀酬报之心,持偏私之见,则决非本社所敢赞同者矣。海内明达,幸俯教之。①

虽然各国退款皆以用于教育文化事业为前提,但国内其他行业团体仍有意分一杯羹,如美国政府于1924年5月决定还款后,苏浙太湖水利局和中华道路建设协会皆请求拨款以充治水筑路之用。8月19日,教育改进社继4月为日本返款一事组织会议之后再次召集教育学术团体讨论反对庚款筑路,学艺社交际干事王兆荣正好在北京,于是受到邀请参加。集会决定发表宣言坚持庚款须直接用作全国教育基金,王兆荣自觉不宜擅自代表学艺社签字,便电告上海总事务所。上海方面先回复"本社现正组织各国退款兴学研究委员会,应缓发表意见",后来总事务所开会决定"仍持不加入之议",王兆荣遂发函于教育改进社声明此立场。此间美国哥伦比亚大学教授孟禄(Paul Monroe)来华协商美退还庚

---

① 《中华学艺社对于各国退款兴学意见书》,《学艺》1924年第6卷第2号。

款的管理运作方案,此事得以迅速推进,中美双方基本就组织董事会管理款项及委员任命办法达成一致。教育界闻讯于8月31日在北京紧急召开会议,并于次日由中华教育改进社召集全国教育学术团体联席会议,讨论委员产生方式并推举委员人选。王兆荣受邀参加9月1日会议,但显然并无太大发言权,会议推举的中方委员候选人中亦无学艺社代表。①

9月,管理美国返款的董事会正式定名为"中华教育文化基金委员会",由中方十人、美方五人组成。中方委员中除以外交官知名的颜惠庆、顾维钧、施肇基三名政府官员外,其余皆为京津和江苏教育界代表人物,这在很大程度上是相关团体多年耕耘与美关系的结果。中华学艺社在这一方面毫无实绩,因此在美国返还庚款一事上存在感不强,1924年9月6日北京事务所设宴招待孟禄时对庚款一事也停留于泛泛之谈,仅表达将来能同国外学术团体互相联络之希望。②1925年1月16日孟禄经过上海,学艺社亦不过以上海教育学术团体一员之身份推举五名代表出席联合公宴而已。③1925年秋,学艺社派员赴日视察即受惠于日本对华文化事业,此后学艺社对各国退还庚款一事保持低调。1926年,东美事务所与其他三个在美团体联名号召将各国庚款十分之一用于设立奖学金,同期学艺社组织干事会讨论对英美庚款宣言案,决定暂缓发布,而对于奖学金一案亦仅在《学艺》杂志上刊载倡议文而并未表态。④

面对国内以中华教育改进社为首的各团体对返还庚款一事激烈讨论的局面,学艺社始终保持克制。即便是对日本还款,学艺社也往往单独行事,虽有参与发表主张和与日方沟通等活动,但并未主动联合其他团体以提升发言权;对他国还款则虽有意组织委员会进行研究,但最终并未多言,总体上没有表现出

---

① 杨翠华:《中基会对科学的赞助》,"中央研究院近代史研究所",1991,第6—12页;《社报·总事务所报告》,《学艺》1924年第6卷第4号。

② 《社报·北京事务所报告》,《学艺》1924年第6卷第3号;《社报·北京事务所招待孟禄博士记略》,《学艺》1924年第6卷第4号。

③ 《社报》,《学艺》1925年第6卷第7号。

④ 《社报》,《学艺》1926年第7卷第8号。该倡议文刊于1926年6月21日发行的《申报》第十六版;《中华学艺社近闻》,《申报》1926年6月24日。

较大的野心。这在一定程度上是因为学艺社一方面本身立足于发扬学术,另一方面总干事郑贞文和副总干事周昌寿皆为商务印书馆编辑,在教育界影响有限,参与相关议事时主张似乎也并不强烈;此外也有刚重整社务不久,正处于改制和开展新事业的阶段,无暇顾及围绕庚款的种种纷争的原因。尽管学艺社此时尚未从社务停顿中完全恢复元气,但由于聚集了大量留日学生,学艺社成了一个不可忽视的存在,因此其他社团发起的种种讨论往往会波及学艺社。在参与教育界争取庚款一事上学艺社为坚持自身立场固然有取舍之余地,但国内政局变动却不可避免地对学艺社的运营产生影响,最显著者当为年会。

组织年会

早在1922年年底,丙辰学社上海事务所拟新社章草案时即"废社员总会改为年会",其具体条款(第四十四条)"本社每年举行年会一次,报告本社进行状况,由总干事召集之"随草案一起于次年6月通过。1923年12月9日,上海社员召开成立七周年纪念会时,暂定次年年会于春季或6月11日更名纪念日,并暂定在杭州召开。其后王兆荣前往杭州,将这一意向传达给杭州事务所,杭州方面表示赞同,并请总事务所在各校开学以后、香市(农历2月12日开始,1924年为3月16日)以前这段时间内择定会期。[1]总事务所干事会随即议决"于三月十五、十六、十七三日,假杭州省教育会开年会"。[2]时至3月,国内外代表和社员三十余人从各地赴杭,连同杭州社员共六十人参会。15日开会当日,总干事郑贞文为学艺大学募捐一事(后文详述)已动身前往日本,副总干事周昌寿致开幕辞,并对学社成立及经过情形、学社成立后之事业、学社对于庚子赔款退还之意见、创设学艺大学情形进行报告。总事务所方面,林骙、周桂徵、范寿康分别报告了庶务、会计、编辑诸事务,最后王兆荣详细说明了筹办学艺大学和募捐一事,最后到会的各地方社员报告了各地情形。次日中午在杭社员于省教育会欢迎外地来杭社员;下午起至18日上午,社员应浙江省教育会及杭州中等以上各学校之邀前往各机关演讲:

---

[1]《社报·杭州事务所报告》,《学艺》1924年第5卷第8号。
[2]《社报》,《学艺》1924年第5卷第8号。

表3-2　中华学艺社第一届年会日程①

3月16日(周日)				
下午	浙江省教育会*			
	聂汤谷	最近之德国		
	周昌寿	相对性原理		
	郭沫若	文学之社会性		
晚上	第一中学校		宗文中学校	
	杨栋林	我之历史观	范寿康	人生观的重要问题
	钱宝琮	中西音律比较	余祥森	德国文学的派别
	安定中学校		盐业中学校	
	康纪鸿	中国政治生活之改造	聂俊	德奥盐业的视察
	顾寿白	人体之防御装置及其作用	高炯	电与实用
3月17日(周一)				
上午	农业学校			
	林骙	新农业家的使命		
	何熙曾	中国之基本产业问题		
下午	女子职业学校			
	郑坦	近世的三大不太平		
	康纪鸿	康健国民体格		
3月18日(周二)				
上午	女子中学			
	聂汤谷	欧洲风俗与资本主义之关系		
	殷汝耕	我之文艺观		
* 据郭沫若回忆,3月16日下午的讲演原本只有聂、周二人,但因听众寥寥而改期至次日,并加上郭之名以期能增加吸引力。报上刊登之年会日程确无郭沫若之讲演。②				

① 《社报·总事务所报告》,《学艺》1924年第5卷第10号。

② 郭沫若:《创造十年续篇》,收录于《郭沫若全集:文学编 第十二卷》,北京:人民文学出版社,1992年,第193—201页;《中华学艺社在杭举行年会》,《新闻报》,1924年3月17日,第三张第三版。

　　杭州年会上,初步确定了第二届年会于青岛或武昌举办的意向,经1924年秋第二次直奉战争,1925年春学艺社决定于武昌召开年会,会期为10月28至30日;武昌方面已经借定武昌商科大学讲演厅为会场,寄宿舍可为社员所用。有了第一届年会的经验,学艺社在准备工作上更显熟稔,在此阶段已开始募集社员演讲题目,并同交通部商定社员参会乘京汉、京奉、京绥、津浦四路火车,往返一律免费(名额为一百人,标准为二等)。9月18日武昌事务所开会确定了年会细节,总事务所方面也初步明确了大致到会人数(约有百名)以及演讲题目。①然而10月中旬,孙传芳于浙江起兵反奉,迅速占领江苏南部,武汉方面亦有所响应。面对局势突变,学艺社于10月20日的总事务所干事会上决定延期举办年会,并于10月23日在报上刊登延期通知。②

　　最终第二届年会未能召开。1926年秋,学艺社总事务所直接决定于广东举办第三届年会,并推举上海方面13人、广州方面8人共21人为筹备委员,由广东许崇清担任筹备主任。中山大学和广东省政府皆表示欢迎,后者还捐款千元赞助。筹备委员会于9月29日、11月13日和21日商议具体事项,确定会期为1927年"正月中旬起三日间"(大致为2月16至18日),与第二届年会一样征集社员演讲并安排交通,同招商局议定社员可免费乘船由上海往返广州。③然而,1926年,中国民党自广东开始北伐,至1927年初战事推进至上海附近,2月9日学艺社北京社员开会,提及招商局轮船受到时局影响无法直接驶往广东,而日清公司轮船头等舱位又不够,即决定改期举办年会。④国民党通过北伐战争于1927年在南京建立政权,1928年得以统一国内政局,而适逢学艺社改革社务,第四次年会直到1930年才得以成功举办。

　　①《社报》,《学艺》1925年第6卷第10号;《社报·总事务所报告》,《学艺》1925年第7卷第2号;《社报·武昌事务所报告》,《学艺》1925年第7卷第2号。
　　②《社报》,《学艺》1925年第7卷第3号;《中华学艺社年会延期启事》,《新闻报》1925年10月23日。
　　③《社报》,《学艺》1926年第8卷第1号;《社报》,《学艺》1926年第8卷第2号;《社报》,《学艺》1926年第8卷第3号。
　　④《学艺社京社恳亲会》,《晨报》1927年2月10日。学艺社总干事郑贞文、副总干事周昌寿于1926年9月末辞职,按社章接替者应分别为王兆荣和范寿康,但二人皆不在沪,因此总事务所方面一时无人主事,而王兆荣此时应恰在北京(于12月12日出席北京事务所举办的学艺社十周年纪念大会,见《社报·北京事务所报告》,《学艺》1926年第8卷第3号;又于12月19日在京出席平民教育总会会议,见《京平民教育总会之宣传大会》,《申报》1926年12月23日),疑为北京社员开会可决定年会改期事项之由。

不问政治

年会遭遇的重重困难反映出北洋政府军阀混战时期学艺社在国内开展事业不可避免地受到时局牵连。学艺社对时有发生之战事固然无能为力，但即便是面对有发声机会的政治议论也仍然选择尽量回避，这很大程度上是因为学艺社立足于学术的纲领，在社员的身份认同上有较深浸透。很多社员皆在参与社务的同时以别的身份进行政治活动，相互观点多有分歧，而在进行学艺社活动时则竭力不将这些政治立场带入。1924年秋，第二次直奉战争结束后，国民党配合孙中山由广东北上商政，发起国民会议运动，但当时部分团体对国民党主导的这一运动持怀疑态度。在上海，《孤军》杂志社同人与《醒狮》周报社（即中国青年党）于11月联席开会，针对各路军阀倚仗自身背后国外势力挟持民意长期纷争这一局面讨论对策，亦认为团结国民议政为第一要务，但对国民党所宣传之"国民会议"有所保留，故避开该词而另起名为"国民代表大会"，寻求先从上海，再至全国组织有力团体发起全国团体联合会，并以此召集国民代表解决国事。[1]《孤军》和《醒狮》双方皆有学艺社员，《孤军》更是一直以来由社员主理（该志由陈承泽创办，陈去世后由何崧龄主导），但社员在是否应当介入国事这一问题上产生分歧。社员赵曾俦作为《醒狮》一方在联席会上提议邀中华学艺社加入各团体，而同席作为《孤军》一方的王兆荣当即明言反对，随后同为《孤军》一方的罗益增却又以社员身份致函学艺社，力说学艺社"应加入各团体，共负救国责任"。[2]

罗益增信中仅表示先由各团体协商"一比较有力的救国办法"，而只字未提对国民党主导的国民会议一事之怀疑。学艺社方面干部平时问政不多，似乎未能察觉其中隐情，郑贞文复函将两者混同，直接断定此函件为"发起召集国民会议事"，并表明学艺社的初步立场：

> ……当于十二月十二日召集总事务所干事会议，经各干事详加讨论，对于赞否意见各有所述。除赞成者意见与尊函主张略同不必赘陈

① 《两团体对于时局之意见》，《新闻报》1924年11月29日。

② 《通讯·社员罗益增君来函》，《学艺》1924年第6卷第6号。

外,综合反对者之意见,略谓:学艺社本身乃学术团体,毫无政治意识,社员入社之条件亦在于是。夫以毫无政治意识之团体而令其加入政治运动不可,故即社员中有热心政治之人,亦可以其个人资格参加,不必使学艺社加入。且社员中有各种政党党员,平日对于政治意见多不一致,其平日之所以能合作而无意见者,实因学术本身乃超越一切之故。今者加入政治运动,则社员本身必先生纷纠,或且因此而危及学社,况国民会议能否成立,本不可知,即使能够成立,而对于中国能有多大贡献,亦复疑问。为学社计,更不合冒此危险,以作效果不可必期之事。且此事在社章规定范围外,总事务所尤不敢竟行决定云云。讨论结果,反对加入者占三分之二以上之多数,本已否决,特因兹事体大,故更议定提出于各地方事务所干事征集意见,以昭慎重……①

总事务所将看法公布于《学艺》并向地方征求意见后的一年间,海内外各地事务所的回函中,无一赞成加入国民会议运动,其中不乏措辞严厉者:

……本社对于国民会议依照学理发表意见主张可也,实事运动不可也。国家之危亡莫甚于无信人者,且无见信于人者,本社自始至今,凡所事事无一非救亡者,若舍其平时就(救)亡之策,而趋于一时风尚之途,恐国之亡未救,而本社又将救亡之不暇矣。②

当时在国民党、共产党运动下努力推动举行国民会议的团体林立,仅上海就有"国民会议促成会""全国民治协会""国民会议协商会"等。③情况如此错综复杂,学艺社本身又有不问政治之原则,因此自然有保持距离之本能,亦无须理解《孤军》《醒狮》诉诸"救亡"和质疑孙中山这些较为激进的主张和姿态。

当然,在当时内政外交皆多有纷乱的社会状况下,学艺社坚持立足学术不问政治的立场有其界限,如1925年五卅运动时,学社在与上海其他学术文化团

①《通讯·复罗益增君函》,《学艺》1924年第6卷第6号。
②《社报·吉林事务所来函》,《学艺》1925年第6卷第7号。
③孙永年:《我对国民会议之怀疑》,《醒狮》1925年1月17日。

体一同以"上海学术团体对外联合会"之名发表宣言一事上就毫不含糊。[1]和之前国民会议的国内党派纷争属性不同,租界英国警察开枪致国人死亡一事在国家层面的重大意义毫无置疑之余地,日本西部事务所直言:

> ……此次上海外人惨杀同胞案,此地社友皆异常愤恨,谓本社原为纯粹学术团体,本不当干预政治,但此次则非前次之国民会议可比,乃祖国危急存亡之秋,故此地社友对于此次之惨杀案,敬向总事务所提出下列之数种意见,祈总事务所裁酌之。
>
> 1.作速请全体社员分头募款以救济罢业工人及死伤同胞。
>
> 2.速组织调查委员会,实地调查此次之前因后果,以便作外交部交涉之参考。
>
> 3.速刊行浅近宣言,分布于各处同胞。[2]

对于五卅运动,社员态度也并不完全一致。据何崧龄回忆,事件次日,他与林骙二人在商务印书馆遇杨贤江向全国呼吁征求文化界联合签名,即代表《孤军》和学艺社签名。从时间上来看,这应是学艺社加入上海学术团体对外联合会之经过,但何崧龄回忆"那时学艺社的实际主持人是主张不问政治的,事后为此秘密地把我和林植夫(即林骙)的干事职务开除了"。[3]此时学艺社的总干事郑贞文、副总干事周昌寿皆为何、林二人在商务印书馆的同事,而主持学艺大学一事的王兆荣亦为《孤军》同人。可见,即便在社外亦有共事的情形下,一旦涉及政治议题,学艺社社员乃至干部之间意见常有分歧。中日冲突加剧前的20世纪20年代,社会事件与自身学术报国的核心使命尚未发生不可调和的冲突,为了社员能够齐心运营学艺社,学艺社整体不涉政治也就成为当然选择。

既然置身于政治议题之外,学艺社的社务重心自然是学术活动。虽然日本

---

①《上海学术团体对外联合会宣言》,《东方杂志》1925年五卅事件临时增刊;该宣言最初刊载于商务印书馆同人专为事件创办的《公理日报》1925年6月3日创刊期。

②《社报·日本西部事务所报告》,《学艺》1925年第7卷第1号。

③何公敢(即何崧龄):《忆〈孤军〉》,载中国人民政治协商会议福建省委员会文史资料研究委员会编《福建文史资料》第13辑,1986,第142页。学艺社方面记述为"总事务所庶务科干事何崧龄林骙二君函请辞职"(见《社报》,《学艺》1925年第7卷第1号)。

返还庚款因初期日方单边推进造成种种争议,但这一阶段学艺社对受该文化事业资助的纯学术交流活动仍持欢迎态度:除上文提到的公宴服部宇之吉之外,学艺社还于1924年4月24日欢迎了日本全国教育视察团。[1]而对于非日本政府文化事业支持的交流,学艺社因无需顾虑而姿态则更显积极:1924年6月日本著名女声乐家关鉴子访问上海;6月11日,刚更名的中华学艺社联合上海女子青年会、爱国女学校、神州女学校于17日在上海青年会公会堂为其举办独唱会,并请章太炎题字赠与。[2]学艺社参与的国际交流亦不局限于日本方面:1924年4、5月间泰戈尔访华,丙辰学社与上海二十多个团体于4月17日开会欢迎。[3]次年春,德国学者孔威廉(William Cohn)来华研究美术文献,德国事务所干事曾天宇发函望学艺社方面予以招待。孔威廉4月8日到上海后即拜访学艺社,其后11日学艺社又与上海美术专门学校联合开会欢迎并举办讲演会,会后陪同孔威廉参观展览,晚上又宴请其夫妇二人。[4]

当然,那时国外学艺界人士来访频度毕竟不高,组织接待自然也不是学艺社的主要活动。曾天宇介绍孔威廉一函中提起介绍外国人入社一事,学艺社总事务所与地方事务所几经讨论最终不了了之,可见国际交流在这一时期的次要地位。[5]1923至1924年改制前后学艺社的工作中心是尝试以立足学术这一定位发展事业,这一阶段学艺社的主要活动如扩大出版、兴办大学、组织赴日视察团皆以此为轴展开。上述社内外情形不可避免地对这些事业产生了影响,这种影响有时是决定性的。出版事业受惠于部分干部社员任职于商务印书馆,虽然受到时局影响但终究得以继续开展;兴办大学则因为学社在兴办教育上毫无经验,再加上国内外政治局势的重重干扰,始终未能建立基础,仅维持一年即告暂停;组织赴日视察团则源于学艺社淡出庚款之争后日本方面的主动邀请,相对稳定的经济支持也使得这一活动成为学社常规社务。

---

[1]《学艺社欢迎日本视查团》,《新闻报》1924年4月25日。

[2]《社报·总事务所报告》,《学艺》1924年第6卷第2号。

[3]《各团体今日欢迎诗哲太戈尔》,《申报》1924年4月17日。

[4]《社报》,《学艺》1925年第6卷第9号。

[5] 讨论的详细经过见范铁权:《知识传播与学术转型:中华学艺社研究》,人民出版社,2019,第74—77页。

第二节　扩大出版事业

1922年到1923年间虽然是丙辰学社更名中华学艺社以及改制的过渡时期,但有志社员同时也在筹划扩大学社的出版事业。《学艺》第4卷第6号公布的1922年11月丙辰学社东京事务所召开社员大会时提出的社章修改建议里即提出"社务内增加'刊行丛书'一项",次号刊载《发刊有系统的丛书的意见书》一文,对这一计划的动机和实施方法做了说明。撰写意见书的为四位留欧社员:陈大齐、戴夏、曾琦、吴永权。他们指出引入西洋学术在当下十分必要,而国内学人往往不通西文,因此需要通过介绍和翻译引入西洋学术。包括《学艺》在内的杂志由于形式限制,并不适合系统地介绍知识,现有的丛书也大多不具系统性,对读者知识水平和理解能力的要求并不切合实际,因此发行丛书的人应当同时负起"供给基础智识的责任"。意见书提议:

> ……发行一种由浅入深、由略入详、有系统的丛书。丛书的主旨是普及学术,发行的理想,是造成一部大丛书,将来成书之后,无科不备,深浅都有;浅的合讲,讲得较略,深的分讲,讲得更详。务使读这部丛书的人得以循序渐进。初读时关于某门科学还是一点智识没有,及读了他的概论一册,已能知道此门科学的大概情形,及至把这门科学有关系的书籍读完,则成了一个专门的学者。

并列举丛书可满足三种需求:

(一)可以做有志者的自修书,
(二)可以备学者检查用,以代百科辞典,
(三)可以做学生的参考书。

内容方面,意见书指出中国"固有学术也自有其价值",因此提议也可以仿照西洋学术的方法把对国故进行分门别类作为丛书的一部分。

意见书接下来对如何编撰这套丛书做了说明。首先,就可行性而言,丛书规模虽大,但学艺社已"为国内最大学术团体之一……全体社员倘能合力进行,似乎不难成就"。至于具体编撰方法,意见书列举大纲对丛书名("学艺丛书")、内容(由浅入深、由略入详)、定价(各号一致)、篇幅(每号五万字上下)、用语(白话或浅显的文言)、格式(书末附索引)、运营(设丛书委员会)等具体事项做了规定。①

意见书虽然公刊于1923年1月,但撰写人于1922年10月就已经在丙辰学社内提出,上海事务所拟定发刊学艺丛书简章后分送至各地事务所于年末对相关事项进行讨论。②如1922年12月24日东京事务所召开六周年纪念大会时对"学艺丛书"简章以及意见书提出建议:

……

(丙)学艺丛书简章。

宗旨一条,科学与文科并列,似嫌不妥,不如改作"以有系统的方法介绍各种学术为宗旨",否则全删去。

(丁)陈戴四君意见书中,如限定字数,似嫌太板,如翻译名作,万不能增减,以求削足适履,且五六万字,亦嫌过少。

各科由浅入深,但不必限制一定步骤。

……③

12月31日武昌事务所开茶话会时亦提及刊行"学艺丛书"一事,虽"一致赞成,惟对于办法大纲第四条,字数拟请再加伸缩余地"。④

这些意见反馈到上海事务所,再加斟酌后随1923年5月《学艺》杂志改卷号公布《发刊学艺丛书简章》:

一、本丛书定名为学艺丛书,为本社丛书之一。

二、本丛书以普及学术阐扬文化为宗旨。

三、本丛书为本社各专门丛书之基础,编著标准,以用通俗的态度说明学

① 《发刊有系统的丛书的意见书》,《学艺》1923年第4卷第7号。
② 《社报·上海事务所报告》,《学艺》1923年第5卷第1号;中华学艺社:《中华学艺社经过情形》,1924年3月15日,沪档Y4—1—586。上文提到学艺社第一次年会于1924年3月15日召开,同期总干事郑贞文赴日为学艺大学募捐一事,《中华学艺社经过情形》一册应为配合这两个场合而出。
③ 《社报·东京事务所报告》,《学艺》1923年第4卷第8号。
④ 《社报·武昌事务所报告》,《学艺》1923年第4卷第8号。

术,使适合于中学毕业程度者之参考为原则。

四、本丛书各号字数各约八万字左右,以期定价一律制本一律,如内容丰富不能收容于--号中者,可分作数号。

五、丛书内容或著或译均可,如系翻译,缴稿时应将原文附缴,文字用白话或浅显之文言,并采用新式标点,科学术语及外国地名人名,于译名外须附原名。

六、编著者不限于本社社员,编著者认定编著某书后应即将书名报告委员会,分别登录,以免他人重复编著,自认定之日起,定于半年以内缴稿,如遇不得已事情不得不展限时,应向委员会声明理由得缓缴三月,如第二次逾限,委员会得暂时取消其登录,以便他人选著同样之书。

七、丛书原稿由委员会校阅,或由委员会请社内外学者校阅,但委员会认为无校阅之必要时,可不必移付校阅即行付印。

八、本丛书出版事宜由商务印书馆担任,订明契约照定价抽版税百分之十五,其中本社得百分之六,以充本社基金,编著者得百分之十至十三,倘由校阅者删改者,校阅者得百分之一至三,其标准由委员会定之。①

1922年12月的上海社员大会(应即前文提到的上海事务所六周年纪念会)已经推举意见书作者之一陈大齐为丛书委员长,而此时委员会的25位成员也终于得到确认:

委员长　陈大齐
委员　　陈启修　李书华　文元模　许崇清　吴虞　　吴永权　屠孝寔
　　　　王兆荣　杨栋林　杜国庠　何崧龄　赵修乾　钱宝琮　杨树达
　　　　白鹏飞　戴夏　　周豫　　艾华　　郭开贞　成濑　　杨梓林
　　　　傅式说　范寿康　周昌寿　郑贞文②

1923年5月15日学艺丛书委员会在北京大学召开成立会,推选杜国庠为书记。③6月郑贞文赴日时,东京和京都的社员会上即有社员分担"学艺丛书"若干

---

①《社报·发刊学艺丛书简章》,《学艺》1923年第5卷第1号。
②《社报·学艺丛书委员会委员》,《学艺》1923年第5卷第1号。
③《丙辰学社发行学艺丛书》,《新闻报》1923年5月25日。

种,7月8日上海社员会亦然。①1924年11月30日发行的《学艺》第6卷第5号(康德诞生二百年纪念专号)首次刊登"学艺丛书"出版广告,显示丛书第一、二册——屠孝寔编写的《名学纲要》和陈大齐翻译的《儿童心理学》——已经出版,同时有九册"在印刷中明年即可出版"。②直至1937年抗战全面爆发前,学艺丛书共出版25种,皆由商务印书馆出版,篇幅多在200页上下:

表3-3 "学艺丛书"系列一览

序号	书名	作者	初版出版时间
1	名学纲要	屠孝寔 著	1925年1月
2	儿童心理学	(德)R. Gaupp 著 陈大齐 译	1925年1月
3	近世生物学	王其澍 著	1925年9月
4	英语发音学	魏肇基 著	1928年8月
5	蒸汽机	刘振华 著	1926年6月
6	普通地质学	张资平 编	1926年2月
7	遗传学概论	王其澍 著	1926年12月
8	铁冶金学	胡庶华 编	1926年5月
9	社会学纲要	张资平 编	1931年4月
10	遗传与环境	(美)Edwin Grant Conklin 著 何定杰、张光耀 译	1930年12月
11	两宋思想述评	陈钟凡 著	1933年10月
12	行政法总论	白鹏飞 编	1927年7月
13	极大极小问题	王邦珍 编	1926年11月
14	哲学导论	罗鸿诏 编	1934年2月

---

① 《社报·东京事务所报告》,《学艺》1923年第5卷第3号;《京都事务所报告》,《学艺》1923年第5卷第3号;《上海事务所报告》,《学艺》1923年第5卷第3号。

② 丛书第一、二册的版权页皆显示出版时间为1925年1月,而《学艺》第6卷第5号中《社报·北京事务所报告》的日期为1924年12月7日。《新闻报》1925年1月17日第一张第三版为该期所做广告,推测标称11月30日发行的《学艺》实际问世有所推迟。两册丛书的实际问世应为1925年3月,见《新闻报》1925年3月26日。

续表

序号	书名	作者	初版出版时间
15	轨迹问题	王邦珍 编	1930年9月
16	定量问题	王邦珍 编	1928年7月
17	认识论入门	罗鸿诏 著	1934年2月
18	比较教育	陈作梁、刘家塸 编	1934年5月
19	中国大赦考	徐式圭 著	1934年9月
20	会计学纲要	瞿荆洲 著	1934年9月
21	肺结核疗养新术	（日）远藤繁清 著 文介藩、彭丰根 译	1934年10月
22	近代几何学	王邦珍 编	1934年11月
23	中国田赋问题	刘世仁 著	1935年12月
24	经济本质论	周宪文 著	1937年6月
25	农畜饲养学	（德）Oskar Johann Kellner 著 刘运筹、崔廷瓒 译	1935年9月

　　整套丛书时期跨度较大，其间调整、波折也较多。例如刘振华编写的《蒸汽机》例言中的落款为1923年7月28日，为所有作者中最早的（此时发刊丛书简章公布仅过去三个月），但在出版前并没有收录于学艺社的丛书宣告广告中，疑为后来追加调整之结果。该书到1926年才得以面世。而更有极端者如魏肇基编著的《英语发音学》，1924年已经交稿，但由于符号图版较多，商务印书馆排印竟花了四年之久。①较长的出版周期跟不上学艺社出版计划的变动，丛书的出版序列明显缺乏一贯性。1926年至1930年出版的王邦珍编写的三册数学书皆在《学艺》杂志首次刊印的丛书广告中被宣传，而1926年又出现在"数学丛书"的广告中，最终出版时又回归"学艺丛书"；王邦珍与林肇弗合编的《方程式论》也在最早的广告中，后来在"数学丛书"的广告中以"印刷中"出现，然最终似不了了之。

　　学艺社自身出版计划的调整尚且对丛书的一贯性有如此影响，更遑论外界

---

① 魏肇基：《英语发音学》，上海：商务印书馆，1933年4月版，改版序、序言。

变化带来的后果。1932年一·二八事变中,在出版事业上与学艺社全面合作的商务印书馆遭到轰炸,已经入社付印的原稿皆遭焚毁,导致丛书出版计划大乱。1931年4月《社会学纲要》出版,两年之后丛书方得以继续出版,其后不过几年,中日间又爆发全面战争,部分书稿因此湮没于动荡的局势中。陈之达编写的《铁筋混凝土》长期以"印刷中"宣传,原本排的出版序号(11)到1933年分派给了一·二八事变后最先出版的分册《两宋思想述评》,至1937年7月抗战全面爆发前,出版的最后一期《学艺》中仍然标称其在"印刷中",但最终未见成书。①此外,一·二八事变前明言"印刷中"的《铁路运输原理》《高等代数学》《纯正气象学》《放大照相学》四册未再提及,疑为夭折,而学艺社自己统计的已在排印中者更有十数种终无问世之日。②

这些出版过程中的波折也对丛书内容的一贯性造成影响。一·二八事变前出版的分册大致符合《发刊学艺丛书简章》中"本丛书为本社各专门丛书之基础"之要求,分担者在编写时也对此定位有所意识,多数皆明言成书可充教科书之用;丛书的选题也大都独立于《学艺》杂志上刊登的文章。1933年后出版的一些分册则偏离了这些方向,如陈钟凡的《两宋思想述评》和徐式圭的《中国大赦考》两册专门性较强,并不完全符合丛书的"基础"定位;另外,这两册皆基于作者在《学艺》上刊载的文章:《中国大赦考》连载于《学艺》第9卷第2号至4、5号合刊(1928年3月—12月),《两宋思想述评》连载于第10卷第5号至第12卷第3号(1930年12月—1933年4月)。这种将连载文章汇集成书的形式不仅偏离了"学艺丛书"的定位,而且同中华学艺社主导的另一套出版物"学艺汇刊"发生了重合——1932年4月学艺社统计一·二八事变前的出版计划时,《中国大赦考》正是被包括在排印中的"学艺汇刊"之列。

与"学艺丛书"不同,"学艺汇刊"从一开始即设计为集《学艺》杂志稿件中质量高且篇幅过长者成书。1923年5月12日("学艺丛书"委员会于同月正式成

① 见1931年4月出版的张资平《社会学纲要》书后"学艺丛书"广告;《中华学艺社出版物·学艺丛书》,《学艺》1937年第16卷第3号。
② 《沪变影响本社出版物之损失》,《中华学艺社社报》1932年第4卷第2/3期。

立),东京事务所在东京神田中国青年会开会时提出建议:"《学艺》杂志中之宏篇佳作,宜选印为单行小册,以饷读者。"①前文提到次月10日举办的东京事务所社员会上除部分社员认领"学艺丛书"分册外,讨论事项中亦包括刊行"学艺汇刊"或"学艺小丛书"这一提议。实际上学社在收到东京事务所5月的提议后已经开始着手操办"学艺汇刊"系列,且为了方便流通、使用,丛书各册封面皆有"Aus Wissen und Wissenschaft"(来自学艺)字样,因此出版进度非常快:第一、二册版权页上标明的出版时间分别为1923年5月和6月,而学社正式更名为中华学艺社不过6月11日。8月发行的中国科学社《科学》杂志刊登了"学艺汇刊"第一册——周昌寿的《相对律之由来及其概念》的出版广告,而学艺社自身则在10月发行的《学艺》第5卷第6号封底对丛书进行了广告宣传:

> 《学艺》杂志发行以来历有六年,现已出至第五卷,其前诸卷虽未完全售尽,然所余亦已无几,又都残缺不能汇成整部,致购者多感不便,其中佳构不在少数,苟任其散失,未免可惜,用特择其精者汇成小册分别发行,又有一部分投稿,因其分量过多不适于《学艺》登载者,亦归入此汇发表,统其名曰《学艺汇刊》,兹将已出版及在印刷中各册列举如下:——
>
> (1)相对律之由来及其概念　周昌寿著　定价大洋三角五分　已出版
>
> (2)教育哲学　范寿康著　定价大洋三角五分　已出版
>
> (3)杜里舒及其思想　费鸿年著　印刷中
>
> (4)德国文学史　余祥森著　印刷中②

此后,丛书规模迅速扩大,至1927年北伐战争前共出版了13种,短暂中断后至一·二八事变之前达到30种,至全面抗战结束后有迹可循的分册共出版了41种,该丛书与"学艺丛书"一样,皆由商务印书馆出版:

---

① 《社报》,《学艺》,第5卷第2号,1923年6月。

② 《科学》1923年第8卷第8期;《学艺汇刊出版广告》,《学艺》1923年第5卷第6号。从两期杂志的内容来看,《科学》的实际问世时间约为9月(该期为年会专刊,科学社年会召开于8月10日—14日),而《学艺》实际面世则最早也要等到11月(该期中有通讯落款晚至1923年11月13日)。因此推测这两册实际出版时间为9月,亦参考《新闻报》1923年9月19日。

表3-4 "学艺汇刊"系列一览

序号	书名	作者	初版出版时间
1	相对律之由来及其概念	周昌寿 著	1923年6月
2	教育哲学大纲	范寿康 著	1923年5月
3	杜里舒及其学说	费鸿年 著	1924年11月
4	诗论	潘大道 著	1924年5月
5	内燃机关	刘振华 著	1924年7月
6	社会教育概说	马宗荣 著	1925年1月
7	西洋音乐浅说	黄金槐 著	1928年8月
8	原子构造概论	（日）竹内洁 著 陆志鸿 译	1926年1月
9	地质学者达尔文	张资平 著	1926年1月
10	短篇小说集（一）	*	1926年2月
11	中国财政史略	徐式圭 著	1926年2月
12	唯物史观研究	*	1926年2月
13	国故论丛	*	1926年5月
14	自然科学之革命思潮	*	1926年7月
15	古算考源	钱宝琮 著	1930年6月
16	现代图书馆序说	马宗荣 著	1928年3月
17	性论	*	1928年1月
18	现代图书馆经营论	马宗荣 著	1928年3月
19	石油与石炭	*	1928年8月
20	电子与量子	*	1930年10月
21	生物地理概说	（日）横山又次郎 著 张资平、黄嘉今 译	1931年3月
22	法制论丛	*	1928年11月
23	支配铁路货车概要	曾世荣 著	1928年5月
24	胶质化学概要	（日）大幸勇吉 著 高铦 译	1930年11月
25	算术原理	王邦珍 编	1931年4月
26	威格那大陆浮动论	（日）竹内时男 著 蔡源明 译	1931年4月
27	中算史论丛（一）	李俨 著	1931年6月

续表

序号	书名	作者	初版出版时间
28	中算史论丛(二)	李俨 著	1935年12月
29	中算史论丛(三)	李俨 著	1935年12月
30	实用无线电浅说	张敏成 著	1931年4月
31	法律思想史概说	(日)小野清一郎 著 刘正杰 译	1931年8月
32	儿科医典	熊悛 著	1931年5月
33	中国教育史略	徐式圭 著	1931年12月
34	物质波与量子力学	(奥)A.HAAS 著 章康直 译	1934年11月
35	细胞之生化学	(日)柿内三郎 著 于景让 译	1935年3月
36	中国田制史略	徐式圭 著	1935年5月
37	矿物颜料	万希章 编	1935年11月
38	中国上古天文	(日)新城新藏 著 沈璿 译	1936年1月
41	机械装置及管理法	黄恢权 编	1933年3月
52	中算史论丛(四·上)	李俨 著	1947年2月
53	中算史论丛(四·下)	李俨 著	1947年2月

* 中华学艺社取不同作者的类似主题稿件编辑而成。

与"学艺丛书"基本由各作者自行负责不同,在"学艺汇刊"的编写和出版中,学艺社的编辑科占据了一定主导权,尤其是部分主题有多名作者在《学艺》杂志上论及,学艺社直接取来汇编成册。丛书收集的稿件来源也并不限于《学艺》杂志,如费鸿年的《杜里舒及其学说》中有两章发于《东方杂志》第20卷第8号(杜里舒专号)——该刊同由商务印书馆印行,可见学艺社与这一主要出版社的合作中亦在资源方面获得不少便利。另外,由于学艺社在筹划"学艺汇刊"时仅限定了稿源为《学艺》杂志,因此这一系列的选题比"学艺丛书"宽泛,但篇幅短了一半,基本在百页上下。

由于"学艺汇刊"的大量分册都留用了已在《学艺》杂志上发表的文章,其较短的出版周期在1932年一·二八事变之前基本保障了丛书各分册的出版顺序,但也存在部分例外。一种情况是连载周期超出了出版计划预期。如黄金槐的

《西洋音乐浅说》在《学艺》上的连载始自1924年6月(第6卷第2号),至1925年3月(第6卷第8号)已完成大部分,最终成书中《作者序》的落款为1925年9月,据此可以推测这时该分册在系列中的出版序列(编号为7)已经确定。但最后一章则于1926年2月方刊载于《学艺》(第7卷第6号),这导致该书的最终出版时间晚于序列在其之后的分册。由于延迟期间已有近十种分册出版,《西洋音乐浅说》实际出版时,其编号被误标为与同期出版分册相近的"17",造成与《性论》一册重复。另一种情况则可能源于分册作者的不同想法。如1923年"学艺汇刊"最早的广告中宣布在"印刷中"的《德国文学史》,由于作者余祥森对书稿不尽满意,该书未能按计划出版,而是在大幅充实内容后于1933年以商务印书馆独立发行的"文学丛书"之一《德意志文学史》出版。另如《古算考源》,就其之后分册的出版时间来看,本来最晚也应出版于1928年,但作者钱宝琮1928年夏作的《序》中提到学艺社并未告知集其论考以"汇刊"出版一事,于是"去冬请收回从事修订,则以早经发排,不及有所增改。爰将样本校读一过,作校正与增补七条",导致该书最终的出版时间晚于后续分册。①

同"学艺丛书"一样,"学艺汇刊"的出版也受到一·二八事变的极大影响。1932年1月29日商务印书馆被焚时,李俨《中算史论丛》的二、三册已在排印中,其中收录的《中国数学史导言》一文原为《学艺》杂志百号纪念增刊收录稿件之一,该增刊本计划于1931年12月学社成立纪念日时出版,但出版周期未能赶上,已收集的稿件皆毁于次月事变中,不得不重新征集,增刊到1933年3月方得以出版,而李俨所著论丛的后续分册则等到1935年底才终于问世。②"学艺汇刊"系列受到的影响也在一·二八事变前后的出版分册数目上得到体现:一·二八事变前的1931年就有8册出版,而从1933年到1937年间总共只有8册问世。此后由于战乱,出版事业再次停顿,李俨于1937年上半年完成的《中算史论丛》第四册一直等到战后1947年才分为上下两册成书出版,其系列编号从相对靠前的"41"变为"52""53"。导致这种跳跃的原因——或是有大量分册最终未能出版,或是出版间隔过长导致编号如《西洋音乐浅说》一样发生错误,或是其他状

---

① 钱宝琮:《古算考源》,商务印书馆,1930,序。
② 《〈学艺〉筹备出百期特刊》,《中华学艺社社报》1931年第2卷第6期;郑贞文:《百期复刊述感》,《学艺》1933年百期纪念增刊;李俨:《中算史论丛(二)》,商务印书馆,1930,序。

况——已无据可考,但中华学艺社的出版事业自20世纪30年代起受到中日间冲突的持续冲击这一点毋庸置疑。

除了这些外部影响,由于"学艺丛书"和"学艺汇刊"这两个系列本身规模和时间跨度都较大,其间发生种种变故亦在所难免。这其中当然有作者方面的因素,如本应作为"学艺汇刊"规划的分册最终却以其他名义出版的余祥森的《德意志文学史》和马宗荣的《现代图书馆事务论》。后者为马氏编写的关于现代图书馆的五部论述中的第三册,前两册《现代图书馆序说》与《现代图书馆经营论》于1928年作为"学艺汇刊"第16、18册出版。其余三部由于马宗荣一时无暇整理暂且搁置,但1932年学艺社整理出版计划时已经包括《现代图书馆事务论》和《现代图书馆教育论》,前者已经部分连载于《学艺》杂志第8卷第4、5号(1927年1—2月),但最终于1934年问世时却是由世界书局印行。[①]

但是,出版事业上的变动在更大程度上是源于学艺社内部组织的调整。1927年两个系列皆无分册问世尚可归于北伐战争之故,但1929年的出版荒则要归咎于学艺社自身的社务停滞。社内情形的变化对丛书的连贯性亦产生了影响:丛书里徐式圭的《中国大赦考》在一·二八事变前的出版计划中本属"学艺汇刊",1933年交给商务印书馆发排时仍然遵循这一安排,次年却作为"学艺丛书"分册出版。[②]此外在"学艺丛书"和"学艺汇刊"的基础上学艺社还尝试创设了一些规模较小的系列,如上文提到的一度在广告中出现并包括部分"学艺丛书"分册的"数学丛书"。虽然这一子系列最终没有实现,但同期出现在广告中的"文艺丛书"却得以出版。从封面和版权页设计来看,"文艺丛书"明显脱胎于"学艺丛书",但发行周期明显缩短:"文艺丛书"的全部三本分册——郭鼎堂(即郭沫若)的《塔》、张资平的《雪的除夕》和《不平衡的偶力》——于1925年12月至1926年3月间先后出版,而1923年即开始筹划的"学艺丛书"仅有四册问世。三本分册皆为短篇小说集,其中部分已经在包括《学艺》在内的杂志上刊行过——这一与"学艺汇刊"重合的特征也在很大程度上使得"文艺丛书"系列能够迅速地问世。

---

① 《沪变影响本社出版物之损失》,《中华学艺社社报》1932年第4卷第2/3期;马宗荣:《新序》,《现代图书馆事务论》,世界书局,1934。

② 《学艺汇刊发排二种》,《中华学艺社社报》1933年第6卷第3/4期。

另一个系列的第一册性质亦与"学艺汇刊"相近。1925年年中,张颐用英文撰写的 The Development, Significance, and Some Limitations of Hegel's Ethical Teaching(简称 Hegel's Ethical Teaching,汉译《赫氏伦理探究》)以"论文集"面世。①该书预先连载于《学艺》第6卷第1—6号(1924年5月—12月),其内容基于张颐(字真如,又名唯识,英文表记为 Wyszie Shionyu Chang)对黑格尔的长年研究。张颐于1913年考取了四川省公费出国留学的资格,入美国密西根大学学习哲学,1918年开始执笔以黑格尔的伦理学说为主题的博士论文,于1919年6月以 The Significance and Some Limitations of Hegel's Ethics 为名提交了论文并取得学位。1919年10月到牛津大学后,张颐本计划开展其他主题的研究,但在 J. A. Smith 教授的建议下,他继续进行并大幅扩展了读博期间的研究,于1923年提交了与后来出版成书同题的学位论文。论文在《学艺》杂志连载时,J.A.Smith 专门作序,在评价张颐对"哲学的进展做出了贡献"的同时也期待这一研究能够将西方思想介绍给中国人。②

"论文集"系列在1927年新增了魏岩寿的英文书 Researches on Microörganisms(《微生物学研究》),与张颐一册为整篇论文不同,该书收集了魏氏1925年后的四篇研究论文。③此后论文集系列虽未有新书问世,但1932年学艺社统计一·二八事变前的出版计划显示姜琦的《现代教育哲学的研究》和郑贞文的《中国化学史之研究(一)》已在排印中。④虽然这一系列规模较小,但因为两册皆用英语出版,所以在国际上有一定影响力,尤其是张颐的论文出版后有数位海外学者先后发表书评;魏岩寿的论文集则被纳入日本负责皇室事务的宫内厅下书陵部图书寮文库藏书。⑤

总体来看,图书出版为1922—1923年丙辰学社筹划改制以来即开始酝酿并付诸实施的事业,较早的起步奠定了其在中华学艺社发展中的核心地位。"学

---

① 《新闻报》于1925年6月29日头版刊登了该书的出版广告。

② 见连载开始时张颐《自序》以及 Smith 所作《序》,《学艺》1924年第6卷第1号;张桂全:《黑格尔论集》,线装书局,2009,第234—235页。

③ 从内容来看,四篇论文内容皆未在期刊上完整刊载过。见商务印书馆出版广告,《申报》1928年3月14日。

④ 《沪变影响本社出版物之损失》,《中华学艺社社报》1932年第4卷第2/3期。

⑤ 张桂全:《黑格尔论集》,线装书局,2009,第239页。图书寮文库中魏岩寿论文集详见:https://shoryobu.kunaicho.go.jp/Toshoryo/Detail/2000015140000(2021年4月20日查阅)

艺丛书"和"学艺汇刊"作为学艺社最早发行的两个系列成为整个出版事业的基础,并在较早时期即衍生出"文艺丛书"和"论文集"两个较小的系列,其中用英文发行的后者的受众遍及海外。这些系列皆依学艺社主要社员在商务印书馆供职这一关系而成,二者在书籍出版上的合作延续了《学艺》杂志采取的方式,盈亏由商务馆负责,学艺社不收稿费,亦不付印刷费。学艺社因此不必操心出版费用问题,也得以在接下来二十多年的外部环境的不断冲击下维持出版"学艺丛书"和"学艺汇刊"两个主系列,而且利用在这一过程中积攒的经验择合适时机开创其他系列(详见下章)。与这些后来逐渐积累的成绩相对,出版事业起步阶段的诸多调整反映出学艺社早期运营经验尚浅时的各种摸索,其中也不免有诸如"数学丛书"这样失败的尝试。显然,外部环境变化和自身经验不足对出版事业有较大影响;实际上,这两个因素影响了学艺社开展活动的方方面面,而在出版事业之外鲜有商务印书馆这样稳定的外部支持,因此学艺社的其他事业受挫折较多,影响也更深远,其代表就是在兴办教育上的尝试。

第三节　开办学艺大学

1924 年伊始,新体制刚实施,中华学艺社即筹划建立大学。这一事业源于王兆荣、何崧龄提出的《拟在上海创办学艺大学建议书》:

> 我们的学社年来渐形发达,社友人数现在已有八百余人之多,我们应当在这时候,根据本社"昌明学艺"、"促进文化"的宗旨做些本社对于社会应做的事业。弟等考虑之下,觉得目下在上海创办学艺大学(拟先办专门部,但兹事体大,自应俟委员会成立后,详细讨论)一事,无论就社会的需要言,无论就本社的发展言,都是极为紧要。

> 先就社会的需要讲,现在我国的中等教育逐渐发达,中等学校的毕业生年多一年,而国家因财政窘迫之故,对于高等教育,不能有与之相应的设施;所以许多中学毕业生往往于升学方面感觉困难。进一步说,就是现今我国已设的大学里面,对于学生能够养成急公好义的精

神和传授明确实在的知识的也是罕见。因为这两层理由,创办学艺大学实为本社对于现下社会应尽的义务。

次就本社的发展讲。本社在社章中所规定的主要社务,共有五项:(一)发行杂志,(二)举行讲演,(三)刊布图书,(四)设图书馆,(五)设研究所。而本社自成立以来,为时已满六载,所举办者不过发行《学艺》杂志一项,至刊布"学艺丛书"一节,还在进行,尚无显著的成绩。弟等顾念前途,以为本社此后果能创设大学一所,则一面既可集中多数社友的才力共图进展,他面又能把社章所规定的各项次第举办,真是所谓一举而两得了。

上述两项就是弟等筹建议本社创办学艺大学的理由,此外如地址问题及经费问题,在本建议当然也是重大的要件,不得不为诸社友申说一下。地址所以拟定上海,是因为上海在聘请教员上及招集学生上有多大的便利。至于经费一项自然最为难题,弟等再三筹虑,以为唯有本社出而征募捐款的一法。倘征募以后得有相当的款项,则视款项的多少,再定办学的范围,决不愿有大学的虚名,无大学的实际。为此建议,敬请诸社友公决![1]

王兆荣于1918年领导留日学生回国进行救亡运动,后于1920年入北京法政专门学校任教务长,1923年又出任安徽省公立法政专门学校校长,而何崧龄则为商务印书馆编辑。究竟是何原因让二人在此时联名进言创办大学一事已无从考证,但王兆荣早在丙辰学社时期即担任理事,二人在学艺社改制后又皆为总事务所下属干事(王兆荣于1924年1月增补为交际科干事),其建议书的分量不言而喻。1924年1月20日学艺社召开第二次总事务所干事会议,参会干部全体赞成并通过建议书,同时提出《筹办学艺大学委员会简章》,任命王兆荣、何崧龄、范寿康、郭开贞(即郭沫若)、周昌寿为委员,准备征求地方事务所干事同意。鉴于建议书提案以募捐方式征集学艺大学经费,会议便以此为契机组织募捐委员会,但其服务对象扩大到全社社务。同学艺大学一样,会议提出《第一届募捐委员会简章》,由王兆荣、何崧龄、郑贞文、周昌寿等共25人任委员,征求地

---

① 王兆荣、何崧龄:《拟在上海创办学艺大学的建议书》,《学艺》1924年第5卷第9号。

方事务所同意。[1]

募捐在社内和社外进行。社内由总事务所发文《向全体社员劝募办学特别捐启》，拟分10元、20元、50元、100元、200元以上五种捐款数目，并附列24名特别捐发起人的已捐款额，共计3950元。社外则组织分队劝募，上海方面设15队、京津7队、地方各省13队、面向华侨外国人7队，共计42队。[2]虽然正式募捐于1924年4月1日开始，但此前学社已经开始宣传。3月24日，在杭州举办的第一次年会结束后一周，学艺社招待日本前来交流的服部宇之吉刚过三天，《申报》《时报》即刊载学艺社开办大学之计划，其中学科设置如下：

表3-5 学艺大学筹划初期学科设置[3]

甲 专门部(四年)	乙 大学预科(二年)	丙 大学本科(四年)
一 法科	一 文科	一 法科
㊀ 法律科		㊀ 法律科
㊁ 政治经济科		㊁ 政治经济科
二 文科	二 理科	二 文科
㊀ 文学科		㊀ 国文学科
㊁ 哲学科		㊁ 英文学科
		㊂ 哲学科
三 理科		三 理科
㊀ 数学科		㊀ 数学科
㊁ 物理化学科		㊁ 物理科
		㊂ 化学科

3月26日《时报》刊载学艺社募捐办法，募捐时间定为4月1日起，上海至6月30日，外地至7月31日。办法同时对各募捐队下达指标，并规定奖励：

募捐计算分数，以国币一元为一分，每队以两千分为及格，对于捐

---

①《社报·第一届募捐委员会之组织》，《学艺》1924年第5卷第9号。

②《社报·向全体社员劝募办学特别捐启》，《学艺》1924年第6卷第1号；《社报·总事务所报告》，《学艺》1924年第6卷第1号。

③《中华学艺社之办学计划》，《申报》1924年3月24日。

款人之纪念赠品,定为下列五种:㈠捐款在五十元以上者赠银章一,㈡捐款在二百元以上者赠银盾一,㈢捐款在五百元以上者赠银爵一,㈣捐款在千元以上者赠银鼎一,㈤捐款在五千元以上者赠特别纪念品临时决定;对于经募人之纪念赠品,定为下列五种:㈠经募捐款在二百元以上者赠银章一,㈡经募捐款在五百元以上者赠银盾一,㈢经募捐款在千元以上者赠银爵一,㈣经募捐款在五千元以上者赠银鼎一,㈤经募捐款在万元以上者赠特别纪念品,临时决定。①

面向国外的募捐行动则更为迅速。3月中旬总干事郑贞文不赴学社年会而直接前往日本,17日抵达神户,其后前往东京并出席了23日东京事务所的恳亲会,会上即提到筹办大学一事并商议了东京方面的募捐办法。②郑贞文在东京时亦前往外务省拜访了对支文化事务局事务官冈部长景——冈部于1923年7月访华沟通庚款运作事宜时曾受学艺社宴请——提及筹款兴学一事并呈送了上文提到的两种简章以及募捐委员会名单。从郑贞文回国后寄给冈部的信中可以看出,冈部对开办大学一事表示赞同,但此时庚款运作方式尚在争议中,其访日的活动重点更多地放在争取在日华人的支持上。3月27日郑贞文回到神户,当天即与三名留日学生社员在神户领事馆副领事李家驷陪同下前往大阪拜会当地中华总商会会长张友深和副会长王大华,希望能够争取捐款,为学艺大学创设基金。但当地的中国商人因1923年日本关东大震灾已经捐款甚多,再加上近来贸易不振,所以对劝募反应并不积极,未当场答复。一行人晚上回到神户下榻,次日即在神户继续拜访中国名士。为方便进行募捐活动,郑贞文从上海携带了《中华学艺社经过情形》和《中华学艺社创办学艺大学计划书》两种小册子分发给在日华人。③

与此同时,学艺社也在游说驻上海的外国机构。1923年4月22日,日本全国商业会议所联合在京都开会,上海日本商业会议所提出议案,建议联合会以及各地商业会议所积极援助学艺社的劝募活动。同年5月,上海日本商业会议

---

① 《学艺社募捐办法》,《时报》1924年3月26日。
② 《社报·东京事务所报告》,《学艺》1924年第6卷第1号。
③ 这两种小册子郑贞文也送呈了冈部长景。郑贞文在日募捐情形见 JACAR:Ref.B05016116600,《文化施設及状況調査関係雑件/施設計画関係 第一巻(H-7-1-0-4_3_001)》(外務省外交史料館)。

所书记长安原美佐雄归国出席全日本商业会议所书记长会议,其"最重要之使命"即代表上海所提出《中华学艺大学援助案》。安原在游说时提及返还庚款一事因日本政府单边政策导致种种误解,如果日本实业家方面肯出资援助学艺大学,"殊为对华文化事业之最有意义"。安原提案得到"满场一致可决",并引起日华实业协会注意。6月17日,日华实业协会于事务所开会商议捐助事宜,安原列席,在日本政治经济界地位举足轻重的涩泽荣一以协会会长身份出席。此外安原还在名古屋、京都、大阪、神户、长崎各地募捐,其目标颇具野心:"欲在东京大阪各募集十万,其他各地募集五万。"然而成果并不尽如人意,除东京方面表示有捐助意向外各地皆以需要商议为由未明确答复。①

尽管如此,学艺大学一事引起多方关注,早先不愿解囊的驻大阪中国商人的态度发生转变,6月间在中华总商会和南帮公所的干部斡旋下捐款约700圆。②6月30日、7月9日,日华实业协会开干事会时继续讨论捐助事宜,并于9日推举协会干事5名为特别委员以负责此案。同期,山东省政商届人士酝酿筹办青岛大学,日本驻青岛总领事堀内谦介于7月1日密函外务大臣币原喜重郎,建议由日华实业协会及相关民间人士或对支文化事业出资赞助,对支文化事业局长出渊胜次遂于14日发函询问涩泽荣一的意向。8月9日,涩泽回信表示学艺大学宗旨符合协会方针,以正在积极推动援助该大学为由婉拒了青岛大学方面的请求。③

在此期间,学艺大学的筹备工作也在有序推进。5月8日,筹备学艺大学委员会将拟定好的《学艺大学董事会规程（草案）》提交至学艺社总事务所,后者又将其发往各地事务所征求同意。有14个事务所回复,其中完全同意或文字略有修改者11个,筹备学艺大学委员会遂依此于10月8日开会对文字略加修改,10日正式公布。规程中规定学艺大学董事会设董事9人,其中学社总干事、副总干事、大学校长3名为当然董事,其他6名通过社员投票选举。第一届董事在

①《日商会书记长返沪》,《申报》1924年8月4日;《涩泽荣一伝记资料》第55卷,涩泽荣一伝记资料刊行会,1964,第285页。

②JACAR:Ref.B05016116600,《文化施設及状況調查関係雑件／施設計画関係 第一卷（H-7-1-0-4_3_001）》。

③《涩泽荣一伝记资料》第55卷,涩泽荣一伝记资料刊行会,1964,第292—295页。

全体社员中公选,选举票同规程一起寄送给社员。①筹备学艺大学委员会开会的前一天,日本方面日华实业协会于10月7日开干事会,提及社员何熙曾代表学艺社前往东京募捐一事。此后协会在11月12日开干事会时再次议及援助学艺大学一事,会议文件包括一份与全国商业会议所联合会和日华学会联名的劝募书。这份文件介绍了学艺社及相关事业,说明了成立学艺大学和募捐的缘由,并表明了对这项事业的支持,以期被劝募者能够积极援助。11月20日,这3个团体又在东京商业会议所开会磋商劝募书内容和募捐方案。②

日本方面的募捐初有进展,但国内方面并不顺利。至1924年7月,学艺社原定募捐期限将至,各募捐队队长纷纷发函表示难以如期结束,募捐委员会遂于7月14日开会决定将期限延至10月31日,并于8月初登报告示。③夏季水灾四起,9月又爆发第二次直奉战争,募捐活动已无法顺利开展,到了10月募捐委员会直接将期限延至次年3月。④1925年2月上旬,日商内外棉会社的中国工人同日本资方之间爆发冲突,中方在该社上海多间工厂大规模罢工,随后扩大到其他日资工厂,此事一直未能得到妥善解决,最终触发五卅运动。上海日本商业会议所于2月20日电函日华实业协会,报告已有9个社共30个工厂无法运转,请协会与外务大臣沟通,以向中方抗议并要求中国政府解决问题。此举正触及有意捐助学艺大学的日本实业家利益,日华实业协会次日即回电询问可否寻求学艺社率先尽力交涉并以此作为捐助条件。⑤

上海日本商业会议所是否将此建议付诸实施已不得而知,但罢工一事显然继续拖延了日方兑现其捐赠的意向,而学艺社在经历多事之秋之后已无暇等待,遂继续推动成立学艺大学。2月22日下午一点,中华学艺社在总事务所召集干事会议对学艺大学董事选举开票,郑贞文、周昌寿、何崧龄、范寿康、林骙等十人出席。根据得票数,除当然董事总干事郑贞文(90票)、副总干事周昌寿(81)二人外,确定王兆荣(184)、范寿康(152)、何崧龄(130)、陈大齐(79)、文元模(78)、林骙(68)6人为董事,吴永权(62)、陈启修(60)、汪兆铭(50)、何熙曾

① 《社报·总事务所报告》,《学艺》1924年第6卷第4号。
② 《涩泽荣一伝记资料》第55卷,涩泽荣一伝记资料刊行会,1964,第299—309页。
③ 《中华学艺社募捐延期启事》,《新闻报》1924年8月1日。
④ 《中华学艺社募捐延期启事》,《新闻报》1924年10月31日。
⑤ 《涩泽荣一伝记资料》第55卷,涩泽荣一伝记资料刊行会,1964,第320页。

（48）、江铁（47）、屠孝寔（43）6人为候补董事。[1]5月6日起，学艺大学分五天召开第一次董事会议，郑贞文当选为董事长，王兆荣则当选学艺大学校长成为当然董事，遂将吴永权递补为董事。此前2月10日教育部发临时执政令任命王兆荣为四川省教育厅厅长，王不赴任而专注于学艺大学一事。[2]董事会议通过了《学艺大学章程》和《学艺大学董事会细则》，前者对大学的具体实施方案进行了说明。《章程》总纲如下：

第一条　本大学由中华学艺社创办，以陶成坚洁人格，昌明中外学艺为宗旨，定名为学艺大学。

第二条　本大学学生在在学期间应专心一志于人格之涵养及学艺之研究，以备他日国家社会之用，不得置身任何党籍及参加一切政治运动或社会运动。[3]

其中第二条在1924年初期规划阶段并没有明言，疑受到1924年底参加国民会议运动相关争论的影响。学制上，学艺大学计划设文、法、理、工、农、医各科，本科外亦设预科及专修科；修学年限本科为四年，预科为二年，专修科为四年。大学职员除校长外还设训导主任、事务主任、学艺图书馆主任、各科主任、体育主任、校医各1人，舍监若干，皆受校长直接管辖。董事会决议大学开设第一年先设法科预科（分法律及政治经济二系）、文科下设文学专修科、理科下设数学专修科和理化专修科，并附自然科学师范科。[4]

第一次董事会议召开前不久，在东京帝国大学留学的社员吴瀚涛从上海回到日本继续开展募捐活动，在各处奔走时分发一册用日文撰写的《中华学艺社的略历及创立学艺大学预算案》（《中華学芸社の略歴及創立学芸大学予算案》），日华实业协会于3月23日就此事致信东京商业会议所。同日，上海日本商业会议所致函日华实业协会，说明直奉战争及之后的政局混乱导致学艺社不得不暂停募捐活动，而现在各项工作又重新展开，敦促协会给予支持、援助。31日，协会将此函转发东京商业会议所和日华学会，并补充说明之前磋商的援助

---

①《社报》，《学艺》1925年第6卷第8号。

②《江苏教育公报》1925年第8年第2期。

③《社报·学艺大学董事会第一次开会报告》，《学艺》1925年第6卷第9号。

④《社报·学艺大学章程》，《学艺》1925年第6卷第9号。

学艺大学一事因各地商业会议所改选议员暂时搁置,现将其重新提上日程。5月23日,协会召开常任干事会,会上议及援助一事。参会者中二人出席了两天后召开的六大商业会议所联合会,对此事进行说明并请各方积极援助,参会情况随后反馈于27日召开的协会干事会。[①]月底,拖延已久的日商劳资矛盾激化,五卅运动爆发,再次影响协商进程。

5月初,刚在上海出席完学艺大学董事会议的郑贞文此时恰好也在东京,他在拜访外务省对支文化事业局官员时同样呈送了一册学艺社略历和学艺大学预算案。预算案对学艺大学创立前四年的计划进行了详细说明,其中创立费设想为一百万元:

表3-6 《创立学艺大学预算案》中创立费详目

项目	费用(元)
土地(每亩500元,共200亩)	10万
建筑	15万
室内设备	5万
图书	5万
器械标本	5万
永久基金	60万
合计	100万

当时的私立大学多以基金方式运营,学艺大学前四年的预算中每年的预计收入含有4万8千元的基金利息,其他收入则来源于学费和寄宿费——按照每年招收240名学生的规模逐年递增(每年级学费共19200元,寄宿费14400元,合33600元,到第四年总共四个年级的费用再加上基金利息共182400元)。最初招收专修科学生,待时机成熟开设大学本科并停收专修科学生,再过三年最后一批专修科学生毕业后关闭专修科。建筑费也计划利用利息分四年用完,除

---

①《渋沢栄一伝記資料》第55卷,渋沢栄一伝記資料刊行会,1964,第318—319、384—386页。

每年新建宿舍(19200元/年)外,还分别于第一年和第三年建造本馆(5万元)和分馆(3万元)。宿舍采用上海常见的木制二层住房,按10名学生住一幢,每幢800元计算;本馆和分馆皆计划为三层,二、三层用作教室,本馆一层用于办公,分馆一层则为演讲厅。①

6月28日,学艺大学召集临时董事会对计划第一年开设的科系进行了修正。法科预科下法律与政治经济二系变更为法律学与政治经济学二系;专修科更名为专门部,设文科专门部(分文学和社会学二系)和理科专门部(分数学和理化学二系),后者第一年暂缓开设。②7月3日,《新闻报》刊出消息:学艺大学因尚不及购地置屋,先租定旧中国公学大学部所在静安寺路赫德路三百二十号为校址,并聘请郭沫若和范寿康分任文科和预科主任。③7月5日至9日,学艺大学在《新闻报》上刊出招生广告:

> 本校由中华学艺社创设,以陶成坚洁之人格、昌明中外之学艺为宗旨,筹办以来一年有半,现准于九月开始先设法科预科(内分法律及政治经济两系)及文科专门部(内分文学及社会学两系),并已聘定郭沫若先生为文科主任、范寿康先生为预科主任。凡旧制中学毕业、新制高中第一年修业及同等学校毕业者均可投考。招收额数各系至多一百二十名。报名自七月十日起至八月八日止,地点在静安寺路赫德路口三百二十号本校或上海闸北宝通路顺泰里十八号中华学艺社。报名时须缴存毕业证书、最近四寸相片一张及试验费二元,试期八月十日及十一日。简章函索即寄。
>
> 校长王兆荣④

次周,14日至18日,亦以同一文案在《申报》上进行广告。19日至31日又交替在两报上做第二轮广告(19日未在《申报》广告,24日则独在《申报》广告)。

---

① JACAR:Ref.B05016116600,《文化施設及状況調查関係雑件/施設計画関係 第一卷(H-7-1-0-4_3_001)》。

②《学艺大学临时董事会》,《学艺》1925年第7卷第1号。

③《学艺大学觅定校址》,《新闻报》1925年7月3日;《学艺大学择定校地》,《新闻报》1925年7月14日。

④《学艺大学招生》,《新闻报》1925年7月5日。

8月1日《新闻报》报道外地来函索取简章者,"日必数十",而现在离考试日期只剩十天,"赴校报名者,亦日形踊跃"。[①]赶在10日和11日入学考试之前学艺社继续加大宣传力度,在2日至8日的两份报纸上几乎每天皆刊载招生广告(仅3、5两日未在《申报》刊载)。

由于广告宣传时值暑期,大量学校同时在进行招生宣传,学艺大学的广告往往要与数十所大学共享同一版面,其中不乏圣约翰大学等已经有相当知名度的私立大学。三轮广告下来,效果并不尽如人意,学艺大学又于8月14日至9月4日交替在《申报》(8月14日至9月3日间隔日)和《新闻报》(8月15日至9月4日间隔日)上进行第四轮宣传,此时将招生名额调整至各系60名以下,报名时间自8月15日至9月4日,试期则为9月5日及6日。显然这一努力的收效仍然有限。9月初,学艺社开始想尽办法解决生源不足这一问题。紧接着第五轮广告从9月5日开始,《新闻报》至16日、《申报》至17日,每天刊载《学艺大学添招免/半费学生》广告:

> 目下时局日就不安,社会经济甚形窘促,青年学子往往抱出拔之才而无升学之望。中华学艺社社员胡霖、许崇清、杨梓林、聂俊、吴永权、潘大道、殷汝耕、文元模、何熙曾、屠孝寔诸先生有鉴于此,各认年捐五百元嘱托本校破例添招免费半费学生,以为广罗英才之地。有志之士盍兴乎来。(名额)免费生法科预科及文科专门部各十名,以试验成绩优异者补充之;半费生六十名。(办法)免费生学费全免,半费生学费减半。(班次)甲、法科预科分法律及政治经济两系;乙、文科专门部分文学及社会学两系。(资格)旧制中学毕业、新制高中第一年修了及同等学校毕业者。(报名)即日起至九月十七日止。(试期)九月十八日十九日。(地点)上海静安寺路(赫德路口)三二〇本校。简章函索即寄。
>
> 校长王兆荣[②]

夏季招生期间学艺社事务所亦迁往学艺大学校址,同时学艺社也利用校舍

---

① 《学艺大学近讯》,《新闻报》1925年8月1日。
② 《学艺大学添招免、半费学生》,《新闻报》1925年9月5日。

成立学艺图书馆,由此实现了早在初创丙辰学社时即在社章中规定的"搜集书物"这一社务。①早先学艺社在交涉日本返还庚款运用时屡次提出设立图书馆,终因庚款一事纷争太多不了了之,而现在成立学艺大学,师生必然需要参考书籍,因此配合设立学艺图书馆自然也就成为当务之急。图书馆由学艺大学文科主任郭沫若主持,成立初期藏书较少,学艺社便向社内外广泛征集寄赠乃至寄存,并对寄赠者许诺酬谢:

(甲)凡寄赠图书价值在一万元以上者,本馆当请雕刻名家,塑立寄赠者胸像一尊陈列馆内,此外赠阅本社所出版之学艺丛书及学艺杂志全套。

(乙)凡寄赠图书价值在五千元以上者,本馆当绘寄赠者肖像一帧留存馆内,并酌赠学艺丛书五十册,及学艺杂志二十年。

(丙)凡寄赠图书价值在一千元以上者,本馆酌赠学艺丛书二十册,赠阅学艺杂志十年。

(丁)凡寄赠图书价值在百元以上者,本馆赠阅学艺杂志五年。②

此时学艺杂志不过发行到第7卷,"学艺丛书"的第三册还在印刷中,学社对自身今后发展的期望和野心可见一斑。

但眼下学艺大学的进展旋即为这一积极姿态带来冲击。9月26日,学艺大学举行开学典礼,据《新闻报》报道,董事教职员及学生共有一百余人出席,而郭沫若则回忆出席者"不上五十人",其中"预科和本科合计起来,所得到的报名学生还不上三十位"。③无论具体数字为多少,学生人数远不及预期是毋庸置疑的。教员除登载在广告上的校长和预科(范寿康教逻辑、美学、日语)、文科主任(郭沫若教文学和文学史)外,还有楼桐孙教法律、常云湄教经济学和德语、周昌寿教自然科学、曾琦教国文、商务印书馆《英文周报》主编周由廑教英语、陈寅恪之弟陈登恪教历史、李剑华教社会学、方光焘教语言学以及曾仲熊教英语。④另据郭沫若回忆,曾琦教国文为兼职,同样是兼职的还有教数学的何鲁;郭还回忆

---

① 《中华学艺社移入学艺大学》,《新闻报》1925年8月9日。

② 《社报·寄赠图书条例》,《学艺》1925年第7卷第1号。

③ 《学艺大学开学》,《新闻报》1925年9月28日;郭沫若:《郭沫若全集·文学编》第12卷,人民文学出版社,1992,第255—256页。

④ 山崎百治:《中華学芸社》,《支那研究》1926年第10期。唯曾仲熊一人来历无其他史料佐证。

了学艺大学的环境：

> 校址是租定在静安寺路西头的一座公馆里,位在民厚北里背后西
> 手的街角上,在那儿与静安寺路交成十字的那条小街名,我可忘记了。
> 公馆相当宽大。进门后,沿街一带是一列三层楼的房子,楼下作为办
> 事室,二楼作为讲堂,三楼是图书室。隔着一个宽阔的草场,又有第二
> 栋,是一列二层建筑,楼下礼堂兼食堂,楼上学生的自修室兼寝室。在
> 这前后两栋之间,右手是一带平房,沿着那忘记了名字的街。左手是
> 一条有屋顶的通道。①

学艺大学的具体教学活动已无据可考,但考虑到教员学生人数以及校舍规
模,大概也无特别事项值得提及。开学之后,争取外部捐助的活动仍在继续,其
中上海日本商业会议所的姿态尤为积极。1925年10月19日,会议所致函日华
实业协会以汇报学艺大学近况,援引其发展计划(新建校舍后增设法科专门部和
理科,并设置医学专门部及附属医院)、已有支持(北京政府已有意向每年援助十
万元)力说该大学未来之有望,而现在急需捐助以新建校舍,敦促协会募金捐助。
信中还提到月末由副总干事周昌寿带领的中华学艺社学术视察团(后文详述)访
日时亦将顺便募捐,希望协会给予方便。协会收到信后遂于10月27日转给会长
涩泽荣一,次日又通知涩泽于10月30日为紧急商谈此事召开干事会。②

上海日本商业会议所如此卖力的背后想必有学艺社员的种种努力,虽然尚
不知两者间具体互动如何,但就现实来看信中的种种证言有相当美化的成分。
日方尚未作出反应,学艺大学已然在经济上难以支撑;学术视察团在日本奔走
交涉亦未能带来任何实质上的改观。郭沫若回忆"仅仅在开办了三个月之后,
经费便不能支持,十一和十二两个月的教职员薪水便不能不拖欠了",不久郭便
借与董事林骙的矛盾辞职,第一学期结束后便不再担任学艺大学教员。③12月
情况已见艰难,学艺大学便准备招收插班生以图有所改观。12月13日《新闻
报》报道此事时只字不提学艺大学之困境,反而着重强调其对学生要求严格,教
员有实学,并追求设备完善,"因此目下颇得社会之信用,日来各地学生向该校

---

① 郭沫若:《郭沫若全集:文学编》第12卷,人民文学出版社,1992,第255—256页。
②《涩泽荣一伝记资料》第55卷,涩泽荣一伝记资料刊行会,1964,第386—388页。
③ 郭沫若:《郭沫若全集:文学编》第12卷,人民文学出版社,1992,第271—272页。

函请入学者不少"①。这一情形并没有在实际招生结果中得到反映:起先插班生考试设于1月17日,学艺社于1925年12月25日至30日以及1926年1月8日至13日在《新闻报》和《申报》上以隔日交替方式打了两轮广告,收效有限后又不得不于1926年2月19日至3月1日同样在两报上以3月1日为试期再行广告。广告仍在主任一栏挂郭沫若名,但郭此时早已辞去学艺大学之职,而且已经收到广东大学(同年夏更名为中山大学)的聘请任文科学长,后于3月18日出发南下,3月23日到任。②

　　失掉文科主任之后的学艺大学在第二学期更是乏善可陈,仅有学艺图书馆报告收到图书捐赠数百册。③在这一局面下,上海日本商业会议所于1926年5月14日致函日华实业协会,加紧催促日本相关团体的募捐活动。此前协会回复10月商业会议所函时,曾要求知晓学艺社在五卅运动中行动如何,5月函中日本商业会议所即对此进行汇报,表示学艺社在相关事件中坚持自身学术团体定位,保持克制,态度公正,不参与抵制日本运动,批判仅针对五月三十日下令开枪的英国方面,非但不排日,反而声明需要友好对待日本。据此日本商业会议所认为学艺社办大学的努力是真挚的,应当给予支持,更何况协会早在前年已经达成援助意向,而如今学艺大学已经开办,眼下急需扩张资金,希望日方能赶紧交付捐款。日华实业协会收到信后在6月11日召开的干事会上商议此事,此后终于将一直以来的支持态度转化为行动,向四五家日本大企业募捐,最终收到横滨正金银行、三井物产会社、三菱合资会社、日本邮船会社各五千日元及日清汽船会社两千日元。8月5日,日本商业会议所再度发函催促,表示无论金额多少,先抓紧交给学艺社以示诚意。协会因之前曾替汉口华鄂会垫付过两千日元,就扣除了日清汽船会社的捐助部分,另外加上日华学会捐助的五千日元,于8月16日将2万5千日元通过上海日本商业会议所赠予学艺大学。④

　　2万5千日元折成大洋后数额上略减,远少于1925年学艺大学所作预算案中的任何一项,相对建设费和基金这些大笔开支更是杯水车薪。学艺大学的未来发展显然无法寄希望于这笔钱,只能在偿还债务后暂停运营。8月,学艺社总

---

①《学艺大学将招收插班生》,《新闻报》1925年12月13日。

②吴定宇:《中山大学校史(1924—2004)》,中山大学出版社,2006,第45页。

③《学艺图书馆谢赠书籍》,《学艺》1926年第7卷第5号。

④《涩泽荣一伝记资料》第55卷,涩泽荣一伝记资料刊行会,1964,第436—440页。

事务所即迁出校舍移至卡德路83号。①同月经亨颐暂代戴季陶出任中山大学校长后改革学校机构,新设秘书处并聘胡敦复为秘书长,胡未到职随即改聘范寿康,时隔半年学艺大学的两位主任皆离沪南下,学艺大学自然也没有延续的可能。②此后董事会一度考虑将大学迁至外地,最初拟迁至北京,这时正好青岛有一块公地可以借拨,王兆荣即赴青岛视察接洽。交涉下来虽然地可作学艺大学之用,但考虑到偿还完债务后仅结余一万余元,终究无法长期维持建立大学的经济基础,此事亦不了了之。③

1925年秋的学术视察团访日虽未为学艺大学谋得直接经济支持,但周昌寿请求外务省文化事业部捐赠图书一事得到了积极回应。视察团尚未回沪,文化事业部部长冈部长景即发函日本驻上海总领事,要求联络学艺社并提供其所需图书目录。此时国内亦有捐赠,为避免重复,周昌寿直到次年6月方才整理出清单交予日方,外务省方面于9月批准以三千日金为限额选购图书寄赠学艺社,共购得图书10箱357册,于10月装船启运。④此时学艺大学已然停止运营,学艺社总事务所也搬出校址,这批书便一时无用武之地。

1928年12月,学艺社召开创立满十二周年纪念会,王兆荣对学艺大学的设立、开办经过进行报告复盘:

> 学艺大学开办时,仅赖募得之捐款万元。当时虽有主张慎重者,但因有其他不得已之苦衷,只得甘冒轻举之讥,从事开办。仅一学期,费用已罄,然仍继续奋斗,一面继续募捐,一面勉力维持。教职员莫不枵腹从公,而债台依然有加无已。一学年满后,遂陷于不得不停顿之状况。旋又收到捐款一部分,始将宿债偿清。同时青岛有一公地,可以商拨。遂由校长王兆荣君前往接洽,经实地调查以后,内容极其复杂,嗣虽许作学艺大学之用,然以余款无多,殊不愿再作孤注之一掷。

---

① 《社报》,《学艺》1926年第7卷第9号。卡德路为今石门二路。
② 黄义祥:《中山大学史稿:1924—1949》,中山大学出版社,1999,第117—119页。
③ 《社报·北京事务所报告》,《学艺》1926年第8卷第3号;《社报》,《学艺》1927年第8卷第4号;《社报·中华学艺社总事务所报告》,《学艺》1929年第9卷第6号。
④ JACAR:Ref.B05016026400,《寄赠品関係雑件 第三卷(H-6-2-0-26_003)》(外务省外交史料館)。

故校事只得暂付停顿。俟有相当机会,再事进行……[1]

报告中,学艺大学的收支账目明细显示募捐筹款所得共38403.26元,其中1926年8月日本三团体的捐赠占了大半,再加上学费和银行利息共计收入45691.61元。学艺社组织募捐队时设置的指标是每队至少五千元,而募捐队又总计有42支之多,最初竟仅募得万余元,劝募活动之艰难可想而知,设想的100万元创立费则更是天方夜谭。日本方面,即便是在上海日本商业会议所的积极斡旋之下,最终募得的2万5千日金也同书记长安原美佐雄提出的东京大阪各10万等之目标有云泥之别。而学艺大学总支出34823.352元,最后结余10868.258元,日方捐赠最终竟有大半用于还债。

学艺大学的失败反映了学艺社员对运营大型教育事业的陌生。从最早发起创办大学及之后为之种种操劳,王兆荣的热情鲜有减退,学艺大学只求学问且强调不问政治的方针最终也说服日本实业界给予捐助。然而大学的运营并非仅凭一腔热情就能实现,学艺大学自始至终都受困于财政窘迫,这尤其明显地体现在其前后总收入与设想的创立费之间的巨大差异。与出版事业可以将盈亏交由商务印书馆负责不同,创立和运营大学所需前期投资巨大,而学艺社自身此前在教育上并无建树,导致募捐成效有限、招生吸引力不足。另一方面,筹备及开办工作又受到第二次直奉战争和五卅运动等时势影响,日本方面的募捐活动耗时两年有余,等到终有成果时已无力回天。王兆荣承认"当时虽有主张慎重者",说明学艺社内部对努力后却未能得到良好结果这一状况所预示的艰险前途有所觉察,却不知王有何"不得已之苦衷"几乎以一己之力推动大学成立。

第四节　组织赴日视察团

1925年9月21日,学艺大学开学五天前,上海东亚同文书院日籍教授山崎百治拜访郑贞文,协商以中华学艺社为中心组织学术视察团参加日本学术协会

---

[1]《社报·中华学艺社总事务所报告》,《学艺》1929年第9卷第6号。

第一届大会一事。山崎此前归国,于20日刚返回上海,在东京期间曾与外务省文化事业部(由对支文化事务局改名而来)冈部长景会面,冈部此时已经升任部长,二人就学术视察团一事有过沟通。郑贞文与山崎商定25日出具回复,其间学艺社方面召集干事会,25日双方再行会面,学艺社通报回复,大意如下:

(一)学艺社干事会感谢冈部好意,对这一中日间学术联络的绝好机会感到十分高兴

(二)学艺社每年年会本定于春夏期间,今年由于交涉免费乘车证花了较多时间导致会期变为10月29至31日,再加上学艺大学已经开学,因此非常遗憾学艺社干部无法集体赴日

(三)干事会将视察团定名为"中华学艺社学术视察团",选举学社副总干事周昌寿为团长,干事江铁为副团长

(四)以下列条件从社员中募集其他团员

(1)能够听懂日本学术会议讲演者

(2)于10月10日前应募者

(五)请山崎同行

山崎同郑贞文、周昌寿、江铁三人商议并初步定下了重要时间节点:10月22日前团员集结于上海,24日乘船前往神户,到达神户后直奔东京,在东京停留至11月2日,其后的行动则在团员集结后再一同商定。9月25日下午,山崎又前去拜访日本驻上海总领事矢田七太郎,矢田此前被推为日本对华文化事业上海委员会日方委员,表示将尽力给予此事方便。山崎当日即将这些经过写信汇报给冈部,信中估计大约能招募到十五六名团员,并提到由于消费大多在日本,在上海需将每人500日金预算中的100至200日金以国币交付。[1]

由于离出发时间已不足一月,学艺社方面迅速推动相关事务。9月27日,总事务所发出《致国内各事务所募集学术视察团团员公函》,并附上日本学术协会第一届大会日程。募集要点与25日协商结果大致相同,此外总计名额为20

---

[1] JACAR:Ref.B05015733000,《满支人本邦视察旅行関係雑件 第六卷(H-6-1-0-4_006)》(外務省外交史料館)。

名，但总事务所推定4人打理事务，因此募集人数为16名。[1]10月，孙传芳于江浙一带组织反奉，造成部分团员无法按期抵沪，成员名单几经变动后，一行人未按计划预先集结，而是于24日直接在上海虹口汇山码头集合，乘"上海丸"前往日本。最终登船的包括顾问山崎共17人（未注明即常住上海者）：

周昌寿　江铁　　毛毅可　孙孝宽　虞绍唐　顾寿白　杨倬孙　谭勤余

陆露沙　童有翼　张德辉　吴则范（福州）　　高光远（福州）

韩士淑（杭州）　　顾复（杭州）　　顾祖汉（苏州）

山崎百治

其中工科6人、医科5人、理科4人、农科2人（其一为山崎），杨倬孙和谭勤余二人被推举为干事。无法成行的共有7人：

文元模（北京）　　李敦化（广东）　　邓日诰（青岛）　　曾世荣（青岛）

白名璋（奉天）　　高昌逵（奉天）　　方家燿（湖北）[2]

虽然名义上此次视察的主要目的是出席日本学术协会第一届大会，但大会仅有10月30日至11月2日四天，而视察团自10月24日至11月15日在日本停留了近三周，大部分时间都在各地参观，具体经过如下：

10月25日 于长崎短暂下船
医科团员中四人前往女神地方参观检疫所，其余团员公园游览。

10月26日 下午抵达神户，晚上出发
上午参观上海丸机器房，抵达神户时有日本外务省派员迎接。

10月27日 早上抵达东京
抵达东京时有日本外务省派员和学艺社东京社员迎接。前往住宿地神田

---

①《通讯·致国内各事务所募集学术视察团团员公函》，《学艺》1925年第7卷第2号。
②《社报》，《学艺》1925年第7卷第3号。文元模、方家燿二人未在社报中提及，但外务省档案中有记录。

区仲猿乐町日华学会。

下午全体参观理化学研究所,由所长工学博士大河内正敏亲自接待。

10月28日 东京

团长周昌寿、副团长江铁、顾问山崎百治为学艺社募捐一事访问企业、报社。

其余团员:

上午分组参观帝国大学传染病研究所、美术展览会、工业试验所、农事试验场、芝浦电气制作所。

下午全体参观芝区爱宕山无线电放送局。

10月29日 东京

团长周昌寿、副团长江铁、顾问山崎百治为学艺社募捐一事访问企业、报社。

其余团员:

上午全体参观神田区骏河台文化学院。

下午分组参观航空研究所、芝区北里传染病研究所。

10月30日 东京

全体于东京帝国大学工学部出席日本学术协会讲演会,团员各自听讲。

10月31日 东京

全体出席日本学术协会讲演会,团员各自听讲。

晚上于神田青年会馆出席学艺社东京事务所欢迎会。

11月1日 东京

全体出席日本学术协会讲演会,团员各自听讲。

11月2日 东京

上午分组参观内务省卫生试验所、营养研究所、文部省美术展览会。

下午应东京市长的邀请,全体出席小石川植物园游园会。

晚上出席东京府知事的招待晚餐。

11月3日　东京

分组参观东京市外新天文台、鸿巢农业试验场、大日本纺织会社桥场工场、美术展览会、电气文化展览会。

晚间与东京事务所干事以及数位日本学者一起出席日本外务省次官出渊胜次（前对支文化事务局局长）主办的招待晚餐，主办方包括文化事业部部长冈部长景。

11月4日　东京

副团长江铁、顾问山崎百治上午前往横滨商业会议所会谈，下午短暂拜访日华学会后与团长周昌寿一起见同文会会长、副会长；三人归途中拜访日华实业协会询问捐赠一事。

其余社员分组参观访问庆应义塾医科大学、东京帝大医学部、东京高等师范学校及附属中学小学、递信省航室局、东京府工艺学校、日本打字机及Monotype制作会社。

11月5日　东京

分组参观星制药会社制造厂、赤羽日本制麻工场、东京高等师范学校附属中学及成城中学、中村铁工所。

11月6日　东京，晚上出发

团员自由行动，毛毅可参观秀英舍及芳贺印刷机械工场。

11月7日　早上抵达京都

分组参观京都帝国大学各科、岐阜绢毛会社、岛津仪器标本制造所、临湖实验场。

晚上参加学艺社京都社员欢迎会。

11月8日　早上前往大阪

上午参观大阪朝日新闻社及大阪每日新闻社。

下午团长周昌寿、副团长江铁、顾问山崎百治三人拜访商业会议所书记长。

其余团员自由活动，参观市民博物馆、市田印刷所等大阪市公共设施。

11月9日 大阪,晚上出发

上午分组参观工厂、医院、造币局。

中午出席中日协会招待午餐。

下午分组访问参观须磨浦疗养院、活动写真摄影所、大日本纺绩会社及福岛工场、奈良女子高等师范及附属小学。

虞绍唐继续于大阪停留,预定于长崎再度汇合;

孙孝宽计划旅居京都数月,于此作别;

顾复因想多花时间访问参观大原农业研究所(冈山县仓敷)以及九州大学农学部,故分开单独行动;

童有翼因要前往冈山的纺织公司,故分开单独行动;

陆露沙预定于别府再度汇合,先单独行动;

12人一起前往别府。

11月10日 早上抵达下关,随即乘船至门司,换车前往别府

参观地球物理学研究所;游览、入浴温泉。

11月11日 别府,下午前往八幡

于小仓换车时短暂出站观光;童有翼中途下车自行前往明治纺绩会社参观。

11月12日 八幡,下午前往福冈

上午毛毅可因脚恙由山崎陪同先行前往福冈九州帝国大学医院治疗。

其余团员参观八幡制铁所。

下午顾复亦先往福冈参观九州帝大农学部。

其余团员参观八幡制钉会社及旭玻璃会社。

晚上出席福冈县知事和福冈市市长联合主办晚餐会;至晚10点又出席留学生茶话会。

11月13日 福冈,傍晚前往长崎

全体参观九州帝大医学部、农学部、工学部。

11月14日　长崎,下午登船返沪

自由行动。

团长周昌寿前往领事馆领取600日金捐赠。

部分团员访问长崎医科大学;其余团员多数外出购买纪念品。

下午一时乘"上海丸"归国。

11月15日　下午抵达上海

晚上开慰劳会,上海方面郑贞文、范寿康、郭沫若出席。[1]

此次视察行程异常充实,除在东京停留的近十天外,接下来几乎一天访问一地,舟车劳顿,部分原定行程——如11月14日上午本计划参观三菱造船厂——遂改为自由活动。由于组织匆忙,直到视察团出发后行程才初步确定,外务省也赶紧进行安排,提前照会行程中官营机构的各管理部门给予方便,如为参观三菱造船厂一事联络海军,而在视察团取消预定行程时又为之善后。视察团全部团员都有留日经历,言行举止上常被误会成日本人,因此尽管行动上自主性较强,日本上至贵族下至百姓皆亲切相待。尽管如此,当涉及返还庚款和募捐这些实质性的事务时则常有隔阂出现:11月3日外务省主办的晚宴上双方不可避免地聊到返还庚款一事,于是气氛略显严肃;而团长周昌寿、副团长江铁、顾问山崎百治三人为募捐一事奔波则近乎四处碰壁。11月4日,前往日华实业协会询问捐赠一事时得到回复,需等上海日本商业会议所出具学艺社在五卅事件中表现的详细报告后才能兑现。周、江二人大失所望,反倒是山崎安慰、鼓舞二人不必计较资本家的捐赠,只需用心经营学艺大学,静待慈善家现身即可。返沪后山崎在寄送给冈部长景的报告中痛批日本方面在捐赠一事上太没风范。

虽然有关资金问题的种种交涉并不成功,但此次组团赴日进行学术交流的进展颇为顺利。访问的理化研究所以及东京、京都、九州各地的大学皆为日本教育和学术研究顶尖之机构,而于10月30日至11月2日间召开的日本学术协会第一届大会则为效仿欧美科学促进会之产物,旨在联合日本国内各学科学

---

[1] 顾寿白:《社报·中华学艺社日本学术视察团报告》,《学艺》1925年第7卷第3号;JACAR:Ref. B05015733000,《满支人本邦视察旅行关系杂件 第六卷(H-6-1-0-4_006)》。

者,为次年在东京召开第三次泛太平洋学术会议打下基础。大会前三天共有近60名学者做报告,视察团团员寻各自感兴趣之题目听讲。据山崎报告,团员中专门学校毕业者获益匪浅,但毕竟不是各学科的专门学会,因此演讲内容对于大学毕业者而言略过浅显。出席大会之外,团员也利用自由时间访问、参观与各自专业相关的机构,多数团员皆对所见表现出极大兴趣。事务方面,只要不涉及资金,日方亦基本持友好态度,11月4日周、江、山崎三人见同文会会长、副会长时得到捐赠图书的承诺。①

　　总体来看,视察团此行十分充实,资金有外务省文化事业部按一人500日金支付,抵日后相关各方招待周到,团员对各种经历印象颇深,返沪后学艺社专门印制感谢信寄赠日本参与招待人士。有了本次经验,次年7月郑贞文即着手组织第二次视察团赴日出席日本学术协会第二届大会事宜,向日本外务省和驻上海领事馆发函,请求日方如去年一般资助团员20名之旅费。外务省文化事业部回复表示受到财政限制仅能支援5人的费用,请学艺社以此标准办理。回信寄达上海时,因为总干事郑贞文前往莫干山避暑,副总干事周昌寿又长期生病,学艺社方面一时无人主理此事,直到9月中旬郑贞文回沪才急忙于20日发出《致国内各事务所募集第二次学术视察团团员公函》,除由总事务所干事会议推定一人前往并顺便出席泛太平洋学术会议外,共募集4名团员。出席泛太平洋学术会议者已于春天时推举出谭鸿熙、陈方之、魏岩寿三人,但谭因病,陈则因为在北伐军中任军医部长未能成行,所以仅由魏岩寿代表学艺社赴会。其余团员本为傅锐、李敦化、高炯、黄金槐,后来将李敦化替换为翁斯鉴,李敦化遂连续两年未能成行。视察团一行5人连同团长傅锐的夫人于10月11日乘"上海丸"赴日——傅锐为裕华公司董事,而学艺大学停办,学艺社总事务所搬出后正是与裕华公司合租于卡德路83号。13日,视察团抵达神户即前往京都,16日至19日间出席在京都帝国大学召开的日本学术协会第二次大会,20日抵达东京。魏岩寿因受泛太平洋学术会议正式招待宿帝国饭店,其余5人则同去年一样宿

① JACAR:Ref.B05015733000,《满支人本邦视察旅行関係雑件 第六卷(H-6-1-0-4_006)》。

日华学会,并在安排下于东京视察约一周后西行,11月中旬返沪。[①]

　　与此同时,魏岩寿继续逗留东京以出席10月30日至11月11日间召开的第三届泛太平洋学术会议。该会为太平洋地区及相关诸国科学家聚集并研讨太平洋及相关地方之各种科学问题而设,以增进同地方各民族之荣盛、幸福为主旨。此前,第一届会议于1920年在美国檀香山举行,第二届会议于1923年在澳大利亚墨尔本和悉尼举行。日本学术界于1925年春开始着手第三届会议的准备工作,推举预想参会国驻日大使为名誉副会长,外务大臣币原喜重郎于4月17日发函至各国驻日公使,其中包括中国代理公使(公使汪荣宝此时为庚款一事回国),5月14日代理公使江洪杰回信感谢并应允。同月币原又发函日本驻各国公使请求协助邀请各国参会代表,但据参会的竺可桢后日谈北洋政府方面将此事搁置。10月学艺社赴日视察团在东京时受邀参会,学艺社遂拟联合国内学术团体讨论加入方法;随后中国科学社亦在社刊《科学》上布告此事,提醒"中国为太平洋沿岸最重要之一国,国内学者及学术团体对于此会自当特别注意也"。[②]

　　然而1925年秋,因反奉战争北洋政府方面无暇顾及此事,至1926年春学艺社虽独自选定出席者,但可能是考虑到会于秋季与赴日视察团一起访日而没有立即通知日方。直到同年夏,会议筹备组迟迟未收到中国学者参会消息,便于8月9日直接致信外务省文化事业部请求协助邀请并给予支援。冈部长景遂于9月5日发函至日本驻华公使馆,要求协助选定和邀请参会代表,并提出文化事业部可以按一名500日金负担5名人员的费用。冈部的信中包括筹备组建议的中方参会人选:

　　①《通讯·致国内各事务所募集第二次学术视察团团员公函》,《学艺》1926年第7卷第10号;JAC-AR:Ref.B05015752300,《满支人本邦视察旅行关系杂件／补助实施关系 第十卷(H-6-1-0-4_2_010)》(外务省外交史料馆)。视察团东京以西的行程不明,日华学会报告了大致行程,同时说明一行因国内北伐战争急于返回,故预定于长崎乘11月9日出发的长崎丸归沪;而学艺社后来报告一行于11月15日抵沪,见《社报·中华学艺社第三届年会社务报告》,《学艺》1927年第8卷第4号。
　　②JACAR:Ref.B07080550200,《汎太平洋会议杂件 附「ホノルル」通商会议／第三回汎太平洋学术会议(2-9-10-0-10_2)》(外务省外交史料馆);竺可桢:《泛太平洋学术会议之过去与将来》,《东方杂志》1927年第24卷第4期;《社报·第三次泛太平洋学术会议要报》,《学艺》1925年第7卷第4号;《科学记事·第三次太平洋学术会议之筹备》,《科学》1925年第10卷第12期。

农商部地质调查所　　翁文灏　章鸿钊

国立北京大学　　　　李四光

师范大学　　　　　　胡敦复　文元模　王谟

中华学艺社　　　　　郑贞文

北京大学之推荐者

中华学艺社之推荐者

中国科学社之推荐者

教育部代表一人①

此时离开会已不足两个月,可想而知,遴选参会代表又是一阵忙乱。至10月上旬,出席者人选略有眉目,学艺社人选早已定下,科学社选定胡先骕、竺可桢、沈宗瀚以及吴陶民或赵石民共4人,政府方面则由教育部派秦汾前往,并经阁议决定支给旅费一万元,教育部亦因此婉拒文化事业部主动承担的2500日金。②10月16日,外交部将最终名单通报驻日公使汪荣宝:

秦汾　　教育部参事、北京大学天文数学教授

翁文灏　地质调查所所长、农商部技监

竺可桢　中国科学社书记、前东南大学地理学教授

李四光　北京大学地质学教授、北京图书馆副馆长

陈焕镛　东南大学植物学教授

薛德焴　武昌大学动物学教授

李熙谋　南洋大学物理学教授

邹秉文　东南大学农科主任

胡步曾(胡先骕)　东南大学植物学教授、中国科学研究所副主任

任鸿隽　中华教育文化基金董事会执行秘书、前科学社社长

---

① JACAR:Ref.B05015752400,《满支人本邦视察旅行関係雑件／補助実施関係 第十卷(H-6-1-0-4_2_010)》(外務省外交史料館)。

②《中国科学社要讯》,《申报》1926年9月30日;《军政杂报》,《申报》1926年10月9日;《泛太平洋会议中国代表决定》,《申报》1926年10月15日。

谭熙鸿　北京大学生物学教授

陈方之　中华学艺社社员

魏岩寿　中华学艺社社员

沈宗瀚　安徽农业学校教员[1]

该名单中除学艺社推举三人中之二人外还有李四光、李熙谋、邹秉文三人未能赴会，而后来又有胡敦复、厉家福、王一林三人加入，故中方共出席12人。[2]各国参会者共宣读论文410篇，其中7篇来自中国代表：

翁文灏　中国东部地壳之动作

章鸿钊　中国温泉之分布（章君未到由翁君代读）

胡先骕　中国东南诸省森林植物之研究

魏岩寿　新发见木材屋腐朽菌两种

魏岩寿　浙江省甘薯之分布及其酿造工业上之价值

沈宗瀚　对于中国棉花选种之意见

竺可桢　中国东部天气之种类[3]

7篇论文中按作者参会身份划分，地质调查所有2篇，学艺社2篇，科学社3篇。学艺社早早定下出席者反而使其在9月各团体为此事忙碌时因主事者不在而处于被动局面；其他团体确定的人选则多为科学社相关者，而科学社更是直接宣布10月中旬通报的最终名单中除陈方之、魏岩寿外皆为科学社员，丝毫不顾谭熙鸿亦为学艺社推举之人选。反观学艺社，推举的出席者中两名未能赴会，导致学艺社在整个会议中仅剩1名代表，其存在感被进一步弱化。会后，科学社组织的《科学》杂志《泛太平洋学术会议专号》又请魏岩寿撰文，于是出现了学艺社方面对此次会议没有详细报告，其赴会代表却往他社报告的离奇情

---

①《钞送参与东京泛太平洋学术会议名单函》，《外交公报》1926年第65期；《杂俎·第三次泛太平洋学术会议行将开幕》，《科学》1926年第11卷第10期。

②《杂俎·第三次泛太平洋学术会议纪略》，《科学》1926年第11卷第10期。

③竺可桢：《泛太平洋学术会议之过去与将来》，《东方杂志》1927年第24卷第4期。

形。①同时,与学艺社仅派一般社员前往不同,科学社方面,胡先骕、竺可桢在社内有较高地位,而确定的名单里还有前社长任鸿隽。任此时亦在管理美国返还庚款的中华教育文化基金会中担任执行秘书,具有较大影响力。竺可桢后日提到,民国政府虽然决定给予一万元经费,但实际并未拨款,完全由各学会与中基会负担,其中无疑就有任鸿隽斡旋。②

中国科学社的较强存在感在一定程度上团结了参会中国代表,这在会议议事中发挥了作用。第三次泛太平洋学术会议的议题之一为将会议更名为"太平洋科学会议",由各国学术团体推举代表组织委员会主理。起初拟定的委员会成员中没有中国代表,中方出席者表示不满,被会方以中国没有国家科学研究院为由搪塞,于是中方参会者一致同意以科学社为代表机关要求加入委员会,在美国人祁天锡的动议下该案以大多数赞同通过。③

经过第三次泛太平洋学术会议后,中国科学社在国内的地位有所巩固,而学艺社方面此次参会则未能对学艺社发展带来实质性帮助。实际上,学艺社此时的状态并不好,9月底操办完第二次赴日视察团一事后,总干事郑贞文和副总干事周昌寿即双双请辞,由王兆荣和范寿康递补,而王兆荣为挽救学艺大学正奔波于北方,范寿康则南下中山大学赴任,学艺社领导层出现真空,又受1926年秋的北伐战争影响,学艺社社务一时消沉。但即便是在这种状况下,学艺社仍然坚持派遣赴日视察团并与日本方面沟通费用,郑贞文虽然已经辞去总干事一职但仍然承担联络之责。1927年5月,学艺社就派员参加日本学术协会第三届大会一事联系日方,至7月中选定团员:文元模、朱羲农、高铦3人中之2人,加上黄开绳、曾广方、胡步蟾3人,共5人赴日。最终高铦未往,曾广方与文元模分别于7月24日自大连、25日自北京出发,其他3人则于26日乘"上海丸"自沪

① 魏岩寿:《第三届泛太平洋学术会议》,《科学》1927年第12卷第4期。

② 竺可桢:《泛太平洋学术会议之过去与将来》,《东方杂志》1927年第24卷第4期。另,外务省文化事业部的2500日金最终还是用来报销了会议主办方招待中方出席者的费用,见JACAR: Ref. B05015752400,《满支人本邦视察旅行関係雑件/補助実施関係 第十卷(H-6-1-0-4_2_010)》。

③ 竺可桢:《泛太平洋学术会议之过去与将来》,《东方杂志》1927年第24卷第4期。祁天锡(Nathaniel Gist Gee)为洛克菲勒基金会下属中华医学董事会医学预科教育顾问,此时常驻中国,中基会成立后亦为其提供服务,与科学社有较多往来。

渡日。8月1日至4日,一行人在仙台出席于东北帝国大学召开的学术协会大会,其后如往年一样前往各地参观视察。①

同年11月,郑贞文赴日出席东方文化事业上海委员会第二次总会,期间与冈部长景商议将派遣视察团扩大到社会科学方面,大体达成一致。次年3月初,第四次赴日学术视察团即按此组织,准备好后郑贞文联系日本方面,通告团员6人为屠孝寔、范寿康、白鹏飞、路毓祉、郑伯奇、周予同,后屠孝寔、白鹏飞无法成行,由姜琦、冯其平二人递补,范寿康任团长。一行人于1928年4月11日乘"长崎丸"渡日,此次无参会计划,在东京逗留10天后依次往京都、奈良、大阪、神户、别府,于5月初回国。②到了秋天,日本学术协会准备召开第四届大会时为邀请中方代表一事联系外务省文化事业部。于是,9月中下旬,学艺社又匆忙召集第五次赴日学术视察团团员,起初定下陈文祥、张资平、龚学遂、沈璿、上官悟尘5人,后曹元宇代替上官,一行人于10月16日出发,郑贞文以商务印书馆编辑身份与董事长张元济为搜集辑印中国古书一事同行(详见下章)。20日至22日,在福冈出席召开于九州帝国大学的学术协会大会后,视察团前往东京及各地参观视察,于11月4日回到上海。团员张资平与郭沫若为创造社同人,郭因被国民党通缉正于日本避难,张此行拜访郭并交予稿费,不料郭沫若因其共产党员身份被日本警察长期关注,而当时又适逢昭和天皇即位大典,日方加强警戒,张资平拜访完郭沫若后即遭警察跟踪并盘查行李,释明缘由后日方解除跟踪。③

1929年,日本学术协会第五届大会定于7月举行,相关准备工作遂于春季开始,组织方提名了4位参会代表,为陈嵘、吴恺、周建侯、孙昉,周建侯(即周豫)为1916年丙辰学社创始人之一,孙昉也为早期社员之一。日本驻上海领事

---

① JACAR:Ref.B05015740300,《满支人本邦视察旅行关系雑件／補助実施关系 第一卷(H-6-1-0-4_2_001)》(外务省外交史料館)。

② JACAR:Ref.B05015741000,《满支人本邦视察旅行关系雑件／補助実施关系 第二卷(H-6-1-0-4_2_002)》(外务省外交史料館)。

③ 《社报·中华学艺社第五次学术视察团报告》,《学艺》1928年第9卷第4/5号;JACAR:Ref.B05015742600,《满支人本邦视察旅行关系雑件／補助実施关系 第三卷(H-6-1-0-4_2_003)》(外务省外交史料館)。

馆同学艺社商量此事,学艺社表示周现住四川,前往赴会的可能性不大,孙盻应在山东,但山东联络员崔士杰打听后无果,而陈嵘与吴恺皆非社员,因此无法满足会方希望,便循先例于学艺社内推举5人:团长柳金田、团员刘文艺、陈植、韩组康、徐骥,后来刘文艺与韩组康二人因故无法成行,由王济仁和胡文灿递补。快要出发时周建侯由四川前来,于是第五次赴日学术视察团一行6人于7月19日乘"长崎丸"前往日本,21日抵神户,22日到东京后停歇两日,于24日前往北海道出席27日至30日在北海道帝国大学召开的学术协会大会。其后在北海道逗留至8月2日返回东京参观访问一周,后赴神户乘"上海丸"归国,12日抵沪。①

同年10月,学艺社又派社员赴东京出席万国工业会议(详见下章),因此1929年未组织社会科学学者视察团,而这一年又适逢冈部长景调离文化事业部部长一职,由坪上贞二继任,日本驻上海总领事亦于同年交接,因此在派遣社会科学学者视察团一事上似未妥善交接。另外,1928年至1929年,学艺社方面改革社务,组织架构和干部人员皆大幅变动,郑贞文不再主事,中日间就学术视察团一事对接各方悉数换人,于是,次年春,学艺社在组织社会科学学者视察团时产生误会。1930年春,学艺社联系日本驻上海领事馆寻求费用支持,领事馆以为同往年一样是为出席日本学术协会大会一事,遂暂且搁置,等待外务省照例主动发来指示。但学艺社方面则认为社会科学学者赴日视察已有先例自然不会有问题,便整装待发预备于5月25日东渡。出发日期临近却迟迟不得领事馆联系,双方才发现闹出如此误会。领事馆遂于5月23日急电外务大臣,以外地团员已齐聚上海且为具相当名望之学者为由请求许可。次日外务省回电表示可以将为资助秋天学艺社赴日参会预备的2000日金用于此次视察,但参加秋天的学术协会大会时不再另行补助。此番往来导致视察团不得不将出发延期,团长鲁继曾,团员陈雪涛、陈钟凡、杨孝慈、陈曰睿5人于5月29日乘"上海丸"赴日;学艺社执行委员会主席傅式说以同日落款致信坪上,希望日方仍能照例资助秋季学术协会大会参会一事,由视察团于6月4日携至外务省递交。6月1

① JACAR: Ref.B05015746300,《満支人本邦視察旅行関係雑件／補助実施関係 第六巻(H-6-1-0-4_2_006)》(外务省外交史料館);《中华学艺社第六次学术视察团报告》,《学艺》1930年第10卷第2号。

日至10日在东京期间,视察团走访大量公办民办机构,并于7日、8日前往日光游览,仅陈雪涛因此行受命办辑印古书一事留在东京。其后一行前往关西地区,于6月15日登船归国。①

次月,日本学术协会就11月于东京召开第六届大会一事致函外务省东方文化事业部,希望关照中方学者出席。外务省考虑到往年先例和学术协会方面热切之请求,再拨2000日金请上海领事馆转告学艺社可在此范围内推选4至5名代表。然而7月,国民政府发令:

> 教部以中等以上学校各学术团体及教育行政机关,从前赴日考察时,有领取日本对支文化事业部之补助费用情事。殊属有伤国体,现在中日文化事业协定,正在交涉废止,嗣后赴日调查团体,不得再领前项费用。②

学艺社遂有踌躇。至9、10月会期将近,外务省催促答复,学艺社方才决定自费派遣马君武与何熙曾二人前往出席。外务省另辟蹊径,提议不直接发放费用于团员,而是以学术协会之名招待其赴日并负担费用。上海领事馆几番劝说后,学艺社最终派马君武、沈璿、柳士英三人赴会,一行于10月27日乘“上海丸”东渡,11月中旬回沪。③马君武时任中国公学校长,10月中旬起国民党为争取中国公学控制权发起倒马运动,马于风口浪尖上选择赴日视察疑有回避之嫌。30日,中国公学校董会上,商务印书馆总经理王云五代马君武辞职。④

1930年秋,视察团组织阶段出现的种种风波显示,虽然学艺社赴日视察得到日本文化事业方面较稳定的资金支援,但仍然不可避免地受到国内政局的种种干扰,这在之前历次视察团的人员变动中亦有体现。国内情势多变,每次赴日的学术视察虽多有周折但总还能成行。20世纪30年代,中日间矛盾加剧后

---

① JACAR:Ref.B05015750100,《满支人本邦视察旅行関係雑件／補助実施関係 第九巻(H-6-1-0-4_2_009)》(外務省外交史料館)。

②《学术团体领费问题》,《申报》1930年7月18日。

③ JACAR:Ref.B05015751500,《满支人本邦视察旅行関係雑件／補助実施関係 第九巻(H-6-1-0-4_2_009)》(外務省外交史料館)。

④ 严海建:《从私立到党化:1930年前后中国公学的易长与改组》,《史林》2018年第6期。

则彻底颠覆了这一交流事业。1931年6月,学艺社组织社会科学学者赴日视察,团长欧元怀连同团员朱章宝、资耀华、马宗荣4人预备于7月上旬赴日,费用经日本驻上海领事馆联系外务省业已安排停当。然而,7月初发生万宝山事件,此次赴日遂作罢。[①]时隔两月日军制造柳条湖事件,国难爆发,此后学艺社未再派遣赴日视察团,自日本学术会议第八届大会起,由伪满洲国方面派代表出席。

总体来看,中华学艺社在改制时期和新体制初期野心较大,短时间内规划、启动了多项事业,但这些事业的发展受到国内外局势的牵制较多。首先是返还庚款一事,与学艺社渊源较深的日本方面因政府心机较深,远不如美国爽快,所以非但学艺社自身争取庚款未果,日本的单方面运作反而引起国内多路势力的纷争。学艺社总干事郑贞文与副总干事周昌寿皆为商务印书馆编辑,在国内文化教育界不像中华教育改进社、中国科学社、江苏省教育会等有呼风唤雨之力,因此淡出相关讨论,缺乏资金的问题亦未通过庚款一事得到实质性解决。国内外局势多变,学艺社创办学艺大学终因迟迟无法募得足够资金,在开办仅一年后即告夭折。这一阶段的出版和派遣赴日学术视察团事业则皆因学艺社无需操心款项而较为顺利地得以开展,即便如此,后者也多受到北洋军阀时期不时爆发内战之影响。而受时局干扰最甚者莫过于学艺社的年会,丙辰学社时期的"社员大会"就因中日关系而未能按计划举办,改制为年会后也仅在1924年成功召开第一届,1925年秋的第二届和1927年初的第三届皆在最后关头因战事而中止,后来于1930年成功召开的第四届年会竟与第一届年会间隔六年,对于登记人数过千的大型学术团体,此中辛酸可想而知。[②]

在这些困难中,运营学社对学艺社干部而言自然消耗颇大。1925年夏秋之间,学艺社举行第二届总副干事选举大会,郑贞文、周昌寿再选。1926年秋,学艺大学暂停后不久,第三届年会定于广州召开,第二届赴日视察团兼第三届泛

---

① JACAR:Ref.B05015705700,《満支人本邦視察旅行関係雑件／補助申請関係 第一巻(H-6-1-0-4_1_001)》(外務省外交史料館)。日方记录并未明言此次视察取消,但计划作为团长欧元怀翻译的团员马宗荣于7月14日在上海参加日本研究会主办之招待会,席上针对万宝山一事演说,显示此行破产。见《日本研究会由日赴京》,《申报》1931年7月15日。

② 《学艺》杂志中报告新入社员编期最大者为1397,见《新入社员名录》,《学艺》1928年第9卷第4/5号。

太平洋学术会议出席者出发前,郑、周二人联名以9月30日落款提交辞职函,直言"公私繁剧,心力交瘁"。①二人辞职后,照社章应由前次选举得票多数者王兆荣、范寿康递补,二人恰好为1925—1926年间全身心投入学艺大学事业者。然而,此时学艺大学已然夭折,王兆荣北上交涉试图挽救,范寿康则远赴广州中山大学任秘书长,二人实际上直至次年秋方才到任。此时北伐战事正茶,学艺社难以开展活动,社务继续停滞,1927至1928年间发行的《学艺》杂志仅有1927年发行的第8卷第7号刊有总事务所报告之社务,正是王、范二人就任一事。②同年6月,学艺社总事务所因合租者裕华公司停办不得不另觅他址,暂时将通讯社设于狄思威路清源里12号,后又于10月迁至北四川路麦拿里联排三层洋房中的35号,以三楼(阁楼)作学艺图书馆藏书室,二楼为办公室,一楼则为阅览室和会议室。③1928年,《学艺》杂志的发行周期受到影响,本应每月出一期实则1、3、5月各发行一号后到12月才又合刊两号出版。社员见此情形非长久之计,遂于1928年秋组织社务改革,学艺社发展进入新的阶段。

---

①《社报》,《学艺》1926年第8卷第2号。

②《社报·总事务所报告》,《学艺》1927年第8卷第7号。

③《社报·总事务所报告》,《学艺》1927年第8卷第7号。另见《社报·中华学艺社总事务所报告》,《学艺》1929年第9卷第6号。狄思威路清源里位于今上海市虹口区溧阳路1333弄;北四川路麦拿里位于今上海市虹口区四川北路1811弄,于2015年底一度进入拆除程序,见《虹口两处不可移动文物或被拆》,《新民晚报》2015年12月26日。

组织形式的更迭（1928—1937）

　　1926年秋,郑贞文、周昌寿分别辞去总干事、副总干事职务后,中华学艺社社务停滞,递补的王兆荣和范寿康次年履职时任期所剩无几。鉴于社员普遍认为有修改社章的必要,学艺社遂决定将原定于1927年秋季举行的社内选举大会推迟到新社章开始实施之后。受委托起草新社的白鹏飞、屠孝寔两名社员因事务繁忙迟迟未能交稿,适逢北伐战争,社员间交通联络多有阻塞,修改社章一事进展缓慢。尽管此时社况不佳,但学艺社影响力犹在:1926年7月科学名词审查会开预备会前,中国科学社曾介绍学艺社加入该审查会,但未能得到回复;同月国民党在上海邀请学术团体共商筹设学术院一事,周昌寿代表学艺社列席。[①]1927年9月,中国工程学会在上海召开第十届年会,此时已经到任的总干事王兆荣代表中华学艺社以来宾身份出席;同月,受中华教育文化基金会聘请来华讲学的美国康奈尔大学生物学家尼丹(James G. Needham)抵沪,学艺社受中华农学会之邀联名宴请,由王兆荣代表出席。[②]

　　对比社外的声望,趋于停滞的社内发展相形见绌。1928年夏北伐战争结束,外部局势逐渐稳定,学艺社终于有机会将酝酿已久的计划付诸实施,而行动

---

　　①《科学名词审查会今日开预备会》,《申报》1926年7月4日;《叶楚伧等为学术院宴客纪》,《申报》1926年7月27日。

　　②《工程学会第十届年会之第一日》,《申报》1927年9月11日;《尼丹博士来华后之第二日》,《申报》1927年9月20日;《中华农学会欢宴尼丹博士记》,《申报》1927年9月21日。核心成员在中基担任要职的中国科学社则单独设宴一场,见《中国科学社欢宴尼丹博士》,《申报》1927年9月22日。

起来即一发不可收拾,辑印古书、建设会馆、改革社务诸事项皆于同年秋启动,次年春新的执行委员会体制构建完成。与此同时,国际交流在延续赴日视察团的基础上扩大,1929年适逢太平洋科学会议,处于改革中的学艺社意气风发,于1928年秋即推选出四人,最终派出三人前往爪哇岛赴会;夏季,组织视察团例行出席学术协会大会;秋季,日本举办万国工业会议,学艺社派员参加。1930年,数个日方团体来华访问,学艺社皆积极接待。同年,学艺社终得以顺利召开年会,为社员同聚一堂商讨今后的社务提供了机会。

然而,繁荣之表象并不能掩盖学艺社并不牢固之根基。学艺社干部对于经济问题之重要性有着清醒的认识,因此在社务改革时期格外重视兴建会馆一事,以期能在资产和场地两个方面为学艺社的进一步发展夯实基础。1932年,新社所落成后虽能通过收租产生一定收入,但仍无法提供稳定可靠的经济来源。干部层想方设法维持学艺社经营,但这一局面亦未能得到改观,其结果之一就是20世纪30年代,对自身组织形式的频繁调整——1929年的执行委员会制于1932年改为董事会制,又于1935年改为理事会、董事会并行制。经济和制度都无法稳定,社务开展之困难不言而喻,20世纪30年代,学艺社屡次试图开拓新事业,但没有一件能顺利发展。

在此局面下,国民政府时期,学艺社的主要成绩皆源自对外部环境的反应。一方面,政府多次邀请学艺社配合政府方面对学术和知识有需求的事务;另一方面,社所落成后,学艺社也为教育、展览等活动慷慨地提供场地。1931年九一八事变后,日本侵略活动的阴云一直笼罩全国,学艺社虽有大量社员曾往或正在日本留学,社务也一直受到日本方面经济资助,立社原则之一又是不问政治,但在国难之下,学艺社自然不会保持沉默,而是积极参与抗日救亡运动。然而经济状况决定了学艺社在这一方面的影响力较为有限,学艺社自行发起的相关活动取得的成果寥寥无几,为了获取经费在国难后又数次向日本方面请求资助。这种矛盾处境是学艺社在国民政府时期所面临的经济困局的集中体现。

第一节　社务改进

　　1928年6月,国民革命军攻占北京,宣告北伐战争结束。中华学艺社于1927年底即有意修改社章,此时更是有其他社务改革在酝酿中,这些探索以第五次赴日视察团东渡为契机,于1928年秋冬时期迸发:视察团于10月出发时有郑贞文与张元济为辑印古书一事同行,逗留日本期间东京事务所向外务省文化事业部递交了学社建设会馆计划,这些事项在需要外部协助的同时也不能缺少学社内部的支持,因此视察团和郑贞文回国后立即在学艺社成立十二周年纪念会上启动社务改革,推动学艺社进入新的发展时期。

　　这一时期着手的诸事业中,辑印古书最早开始酝酿,为社员马宗荣发案。马宗荣在日本留学期间着力调查研究图书馆运营,对日本公立、私立的大小图书馆所藏汉籍颇有了解,遂于1926年前后向学艺社提出辑印古书一案,建议效仿日本学术团体仅将其作为内部刊物出版。学艺社开干事会通过此提案,并由郑贞文同商务印书馆张元济、高梦旦接洽以布置印刷出版事宜。张元济毕生致力出版古籍,晚清陆心源搜购古书藏于皕宋楼,陆去世后张曾安排收购古书而未得,后被日本三菱财阀岩崎弥之助、小弥太父子设立之静嘉堂文库买去,因此前往日本访书辑印正中张元济下怀。经过马宗荣在日接洽图书馆、商务印书馆在沪粗选书目等前期准备工作后,张元济、郑贞文二人于1928年10月16日与学艺社第五次赴日视察团同船东渡。视察团五人先于福冈参加日本学术协会第四届大会,后赴东京视察,张、郑二人则先往京都,后与视察团在赴东京车上汇合。二人于两地遍览公立、私立大小图书馆乃至私人藏书,其间驻日公使汪荣宝和日本外务省文化事业部长冈部长景积极给予协助,在冈部介绍下张、郑、汪三人得到机会进入宫内省图书寮阅书三日。此外,张、郑还前往静嘉堂文库、内阁文库、东洋文库、帝国大学图书馆等日本大规模的藏书地进行甄选。①

学艺社视察团成员于10月底11月初先后归国,张元济、郑贞文二人则逗留至12月,初步定下辑印书目。11月28日,在离开东京前,二人与摄影师签订合同,指定了拍摄书籍的技术规格、双方责权、以及发货方式(邮寄)和费用结算方式,酬金依书页照片制成之大小而定:八折(纵英尺六寸零分,横英尺拾寸零分)每张日金40钱、四折(即八折二倍大,纵英尺拾寸零分,横英尺拾贰寸零分)70钱、半折(即四折二倍大)1圆30钱。张、郑二人委托长泽规矩也、马宗荣二人为代表在日本负责相关事宜;合同由姜琦、宇野哲人二人见证。②姜琦先于4月作为学艺社第四次视察团团员赴日,后受南京国民政府任命为留日学生监督于9月1日抵达东京,与马宗荣同为学艺社这一时期在东京的重要驻员。③张元济、郑贞文二人回国后仍然为借书拍照一事频繁与东京方面通信。马宗荣为主要联络人,汪荣宝和姜琦协助与各图书馆,尤其是日本官方管辖的图书寮和内阁文库斡旋。冈部长景亦给予大力协助,为了《太平御览》《册府元龟》分别致函图书寮和内阁文库,请求给予关照。④

在候选书目优先级、拍照尺寸、关税等事项上经历诸般波折后,辑印古书系列开始逐一问世,第一部为《论语注疏》,出版于1929年12月,此后至抗日战争全面爆发前"中华学艺社辑印古书"系列共出版16种古籍,其中15种由商务印书馆另收丛书重印:

---

① 张树年:《张元济年谱》,商务印书馆,1991,第311—313页;周武:《张元济赴日访书与民族记忆的修复》,《学术月刊》2018年第6期;冈部介绍信见JACAR(アジア歴史資料センター,日本亚洲历史资料中心)Ref.B05015840600,《在本邦留学生本邦見学旅行関係雑件／便宜供与関係／通関、拝観、観覧関係(H-6-1-0-5_2_1)》(外務省外交史料館)。

② 《为拍摄日藏中华典籍与日本摄影师所订合同》,载张元济著《张元济全集(第10卷)·古籍研究著作》,商务印书馆,2010,第258—259页。

③ JACAR:Ref.B05015571500,《駐日留学生監督所関係雑件 第一巻(H-5-5-0-9_001)》(外務省外交史料館)。

④ 张元济:《张元济全集(第1卷)·书信》,商务印书馆,2007,第172—188页;JACAR:Ref.B05015847900,《助成費補助申請関係雑件 第一巻(H-6-2-0-2_001)》;Ref.B05015840700,《在本邦留学生本邦見学旅行関係雑件／便宜供与関係／通関、拝観、観覧関係(H-6-1-0-5_2_1)》(外務省外交史料館)。

表4-1 中华学艺社辑印古书出版列表[1]

序号	书名	辑印来源	出版年	另收丛书
1	论语注疏	图书寮藏宋椠本	1929	
2	东莱先生诗集	内阁文库藏宋椠本	1930	四部丛刊续编
3	平斋文集	内阁文库藏宋椠本 铁琴铜剑楼藏影宋钞本	1930	四部丛刊续编
4	群经音辨	静嘉堂文库藏影宋钞本	1930	四部丛刊续编
5	饮膳正要	静嘉堂文库藏元椠本	1930	四部丛刊续编
6	山谷外集诗注	图书寮元刊本	1933	四部丛刊续编
7	梅亭先生四六标准	内阁文库藏宋刊本	1933	四部丛刊续编
8	三国志	图书寮藏宋绍熙本 缺魏志三卷用上海涵芬楼藏宋 绍兴本配补	1931	百衲本二十四史
9	陈书	静嘉堂文库藏宋蜀大字本	1933	百衲本二十四史
10	乐善录	东洋文库藏宋刊本	1935	续古逸丛书
11	名公书判清明集	静嘉堂文库藏宋椠本	1935	续古逸丛书
12	武经七书	静嘉堂文库藏宋椠本	1935	续古逸丛书
13	搜神秘览	福井氏崇兰馆藏宋刊本	1935	续古逸丛书
14	太平御览	图书寮、京都东福寺、 静嘉堂文库藏宋刊本 缺卷用日本聚珍版本配补	1935	四部丛刊三编
15	诗集传	静嘉堂文库藏宋本	1936	四部丛刊三编
16	新唐书	静嘉堂文库藏北宋嘉佑刊本	1936	百衲本二十四史

相对长达一个半月的访书以及其后种种交涉过程中的大动干戈,仅有16种古籍出版成书未免略显寒酸,这当然不是学艺社的本意。1930年初,马宗荣回国,学艺社遂委托社会科学学者春季赴日考察一行中的陈雪涛顺便办理相关

---

[1] 柳和成:《一部不该遗忘的古籍丛书——〈中华学艺社辑印古书〉考》,《出版史料》2009年第3期;日本所藏中文古籍数据库:http://kanji.zinbun.kyoto-u.ac.jp/kanseki(2021年4月20日查阅)。成书实际问世时有延后,如新唐书实际问世为1937年,见商务印书馆《百衲本二十四史》广告,《申报》1937年3月21日。

事宜,至年中已拍摄完成有25种古籍,到年底更扩张到49种。①然而学艺社摄影所得的古籍残本较多,商务印书馆方面寻找配补需要时间,此外张元济访书并非只跟随学艺社计划,以个人和商务印书馆名义亦借照若干古籍,因此在安排出版计划时顺序上有所取舍。②至1932年,商务印书馆印刷所在一·二八事变中全毁,恢复工作又耽误一段时间,学艺社的辑印古书系列在全面抗战前的几年中只出版到16种,其中《搜神秘览》不在原清单中,应为后来追加。

但是学艺社列出的书单中还有两种最终得以出版但未被置于辑印古书系列中,二者皆为内野五郎三私有皎亭文库藏书。其一为《曼殊留影》,出版于1930年,为清初毛西河为悼侧室张曼殊征集文人题咏所成的文集。此册规格显然无法与辑印古书系列中各书相比,但张元济念其"至有文艺价值,不仅风流文采之足重也",遂印行传世。③除此一册外,学艺社还计划辑印内野藏书中的宋刊《大唐西域求法高僧传》和宋刊残本《梅宛陵集》。后者的影像于1930年前后已到商务印书馆,张元济迟迟未将其印行疑为欲等待其他版本现身以配补残本。1934年,内野去世,其文库于1936年6月22日于东京美术俱乐部拍卖。长泽规矩也多年来与张元济保持联系,函告其此事。张于6月29日回函,点名询问"宋刊《宛陵集》一书未知为何人所得? 标价几何?"长泽7月25日复函《宛陵集》为田中庆太郎的文求堂所得,张元济在8月7日回函中又追问"未知已售出否? 售价几何?"其对此书之关切可见一斑。④

8月下旬至9月中旬,董康在日本热海避暑,其间赴东京时屡有造访文求堂。8月27日第一次造访时即购得《曼殊留影》一册,此即文求堂从内野文库所获当初学艺社借照之原本。田中庆太郎顺便向董康提及《梅宛陵集》:

---

①《辑印宋元珍本古籍》,《中华学艺社社报》1930年第1期;《本社出版图书一览》,《中华学艺社社报》1930年第6期。

② 周武:《张元济赴日访书与民族记忆的修复》,《学术月刊》2018年第6期。据周考证,学艺社的清单中实际应包含50种古籍。

③ 张元济:《〈曼殊留影〉跋》,载张元济著《张元济全集(第10卷)·古籍研究著作》,商务印书馆,2010,第164页;另见范铁权:《知识传播与学术转型:中华学艺社研究》,人民出版社,2019,第344—345页。

④ 川部商会编:《皎亭文库内野家并某家藏品入札目录》,1936;张元济致长泽规矩也,载张元济著《张元济全集(第10卷)·古籍研究著作》,商务印书馆,2010,第459—460页。

田中并言石埭藏宋绍兴本《梅宛陵集》,存强半,以一千二百元获之,鬻于厂肆,获价三千一百元,问知其踪迹否。旧京嗜宋本仅傅沅叔同年及周叔弢二人,然余南下时并未闻有购此书之事。疑为沪上潘明训、陈澄衷所得也。[1]

实际上该书正是为上海藏书家陈清华(字澄中)所得。[2]如董康般了解行情之人仍不过是推测,张元济当然亦无从知晓《宛陵集》之下落。这一流失的可能性本已令人不安,而不到一年,中日之间冲突全面升级,更是不留任何等待余地,张元济"恐复亡失,爰付印行",《宛陵先生文集》遂以残本之形于1940年在战火中问世。[3]

辑印古书系列虽由中华学艺社和商务印书馆合作而成,但学艺社方面参与的人员有限,尤其是1930年初马宗荣回国后,借书拍照事宜几乎皆由张元济同长泽规矩也沟通,而辑印古书系列成书最初即规定为内部发行,因此刊印量较少。部分书籍因商务印书馆另收于"四部丛刊续编""续古逸丛书"等系列,学艺社发案之功并不广为人知;而商务印书馆移用辑印古书一事,学艺社起初并不知情,发现后一度向商务印书馆抗议。[4]但总体来说,在辑印古书一事上,学艺社整体投入确实有限,相对事业本身而言,其在为学艺社提供复兴社务的契机上意义更加重大。同在第五次学术视察团和张元济、郑贞文一道访日的1928年10月,姜琦与马宗荣作为学艺社特派代表访问外务省,提出《筹建中华学艺社总事务所略案》一部,计划在日金十五万圆以内于上海租界内建成一栋三层会馆,做以下用途:

1. 本社之事务所

2. 本社社员之俱乐部

3.《学艺》杂志之发行所

---

[1] 董康著;王君南整理:《董康东游日记》,河北教育出版社,2000,第361—362页。

[2] 张立:《〈日藏汉籍善本书录〉辨误二则》,《图书馆杂志》2013年第12期。陈实际购得时间暂无据可考;此书现藏上海图书馆。

[3] 张元济:《景印宋绍兴本〈宛陵集〉跋》,载张元济著《张元济全集(第10卷)·古籍研究著作》,商务印书馆,2010,第174页;商务印书馆每周新书广告,《申报》1940年9月23日。

[4]《临时动议》,《中华学艺社社报》1934年第7卷第4期。

4. 学艺丛书及汇刊之贩卖所

5. 本社之附属图书馆

6. 本社社员之学术研究场所及学术讲演场所

7. 与本社有关人员或持本社有关人员介绍信的中外人士之短期寄宿所

8. 本社之学术展览场所

9. 一部分借予日华学会上海支部之事务所

10. 另外制定规章将某一部分临时借予社外团体进行学术或社会教化之事业，以扩大本建筑物之效用，并将中华学艺社之事业社会化①

外务省负责庚款运用的文化事业部10月31日的定例会议上议及此略案，认为虽然补助运营经费比较困难，但建筑费可视年度末的预算剩余情况再做考虑；会上亦议及学艺社欲将日本的文学书籍译成中文出版，请求补助一事。11月，学艺社提交会馆建筑设计草图；30日，文化事业部开会时决定复印草图后将原件返还，补助则等到次年2月再行考虑。②

姜琦、马宗荣二人提交的计划中表现出的野心与学艺社此前两年的沉寂形成鲜明对比。当然，社员也知道振兴社务并非仅凭建一栋会馆就能实现，因此迅速着手制度改革。张元济与郑贞文访书结束后，于12月1日在长崎登船，次日抵沪，当天学艺社即召开十二周年纪念会。由于此时政局已稳，学艺社得以周到准备，总事务所两个月前即通知各地方事务所召开社员会议以征集提案，并根据反馈预先准备了会计、编辑、庶务、学艺大学各项报告。12月2日，到会的有南京、杭州、东京、京都事务所代表以及苏州、南京两地社员，加上上海本地社员共42人。③会上报告南京、北平、东京、京都四地社员会议提案，计24件；社

① JACAR：Ref.B05015960900，《中華学芸社ノ敷地購入及会館建築助成関係一件（H-6-2-0-15）》（外務省外交史料館）。罗宗洛后来回忆新建社所一议始于1926年，见罗宗洛：《新社所落成杂感》，《中华学艺社社报》1932年第5卷第1期。

② JACAR：Ref.B05016220500，《雑集 第一巻（H-7-2-0-7_001）》（外務省外交史料館）。

③《中华学艺社社务之改进》，《新闻报》1928年12月24日；《中华学艺社总事务所报告》，《学艺》1929年第9卷第6号。东京事务所派姜琦、杨云竹二人代表，姜琦于前月28日作为辑印古书摄影合同的见证人仍在东京，应为与张元济、郑贞文二人同行归国，2日抵沪后即与郑直奔纪念会；京都代表资耀华则早在1926年3月从京都帝国大学取得经济学士学位后已经回国，见资耀华：《凡人小事八十年》，中国金融出版社，1992，第50页。另，资书第40—41页回忆为学艺社大楼筹款奔波一事，就时间来看应为误记，疑为学艺大学一事。

员个人提案,12件。南京、北平、东京社员会议皆提案改干事制为委员制,其中东京提出具体案,要求设监察委员会及执行委员会两部。南京、东京两方面提到学社社址。此时学艺社虽已将兴建会馆计划提交至日本外务省,但显然并未在社内周知此案,于是南京社员会议有将总社社址迁至南京之提案。南京社员陆志鸿在个人提案中表示,听闻学艺社研究所募到十余万元,并提议研究所地址以上海为便,似对会馆一事有所耳闻。东京方面当然对此事最为了解,因此除社员会议提案筹款建设学艺总社于上海外,干事部另行提案再加强调。[①]

上述两个提案对学艺社此后发展的重要性不言而喻。此外,南京和东京社员会议还建议向国民政府请求补助,南京方面提出的在政府立案一事也得到东京干事部附和,其余提议则多为各地或各社员个人独自考案。针对这些提案,学艺社在纪念会上当即组织社务改进委员会,任期至次年6月底,选举出委员9人,候补委员3人:

委员

周昌寿　郑贞文　王兆荣　傅式说　姜琦　范寿康　高士光　朱章宝
周予同

候补委员

谭勤余　沈璿　杨俊生

办理下列事务:

1.举行总登记(限十八年二月底截止)。

2.修改社章采用委员制(限十八年三月底通过)。

3.结束旧社务。

4.筹划今后进行方针。[②]

社务改进委员会成立后行动迅速,12月即开会数次,6日推举毛毓源、傅式说、杨俊生、高炯、王克生5人组织建筑委员会,于1929年1月1日面向社内发布《中华学艺社社务改进委员会启事》,其中对改革社务做如下说明:

---

① 《社报·中华学艺社总事务所报告》,《学艺》1929年第9卷第6号。

② 《社报·中华学艺社总事务所报告》,《学艺》1929年第9卷第6号。

　　昌寿等受命之后,集议数次,拟定修改社章草案,并社员登记办法,期于本年三月,实行新章,办理选举。至于学艺大学之结束,社所之建筑,刊物之扩张,均在积极筹办之中,一俟稍有眉目,再当随时通告。又本社今后进行之方针,亦曾详加讨究,以为本社既为学术集团,顾名思义,自当以促进学术为其唯一之使命。从前(十三年)之拒绝参加政治运动,即本此意。国际关系,亦以学术为限,举凡牵及政治外交等等,概不与闻,以副本社立社之精神而保其永誉。至所谓学术,事必归于实际,应以谋人群福利为其前提,故今后本社对于文化事业之设施,在无损于学术尊严之范围内,务求其社会化,以应社会之需要。①

　　社务改进委员会此番说明为学艺社此后发展奠定基调。重申不问政治这一原则似是对向新近成立的国民政府申请补助有所保留,但对接下来预备实际操办的事务委员会则言辞明确:修改社章、登记社员等短期任务自不必提,社所建筑和刊物扩张这些中长期规划亦有保证,而"社会化"这一工程则直到20世纪30年代中期才显现实效。

　　社务改进委员会所拟修改社章草案与启事同时公布,其中最大变更点为学艺社组织改为执行委员会和监察委员会制,相关主要条款包括:

　　……

乙　执行委员会

　　第26条　本社设执行委员会,以执行委员九人至十三人组织之,办理本社一切社务,并为本社对外代表

　　第27条　执行委员会由执行委员互选一人为主席

　　第28条　执行委员会设总务、编辑二部,各部设部长一人,由执行委员互选之,遇必要时得设各种专务委员会,其委员由执行委员会于委员或社员中推举充任

　　第29条　总务部设文牍、会计、庶务干事各一人至三人,交际干事若干人,由执行委员互推或另推社员充之

---

① 《中華學芸社ノ敷地購入及會館建築助成關係一件(H-6-2-0-15)》;《社报·中华学艺社社务改进委员会启事》,《学艺》1929年第9卷第6号。

第30条　编辑部设编辑、出版干事各若干人,遇必要时得设各种刊物编辑委员会,其干事或委员由执行委员互推或另推社员充之

……

丙　监察委员会

第33条　本社设监察委员会,以监察委员五人至七人组织之

第34条　监察委员会之职权如下

(A)审定社员之入社退社事宜

(B)会同执行委员会选出下届执监委员之候选人

(C)审定本社推请名誉董事之事宜

(D)审核本社之预算决算

(E)稽核总社及分社之社务进行情形

(F)纠察执行委员之职守,遇必要时得召集临时社员大会提出弹劾案

第35条　监察委员会设主席一人、书记一人,由监察委员互选之

……①

在这一体系中,执行委员会吸收了此前的干事制,而监察委员会则为新设。无论是两个委员会的组织形式还是监察委员会的具体职责皆有效仿新近当权的国民党内部结构之处,可见北伐成功一事影响之大。社章既有草案,社员总登记一事亦于同期启动,总事务所将登记票与草案一同寄出。考虑到之前数年之战事导致社员中有一部分失去联系,社务改进委员会于1月底利用报纸这一公开渠道广征社员消息,3月中旬又公告一次,将期限延至3月底。②

在社务改进委员会运作的同时,学艺社亦将1929年的主要国际交流活动安排停当。上章提到,1926年,第三届泛太平洋学术会议于东京召开时,决定更名为太平洋科学会议,中国科学社代表中国机关加入会议组织委员会。第四届会议定于1929年在爪哇举行,1928年科学社即开始着手准备工作。5月,国民政府在南京组织全国教育会议,科学社借机于22日邀请学艺社等学术团体讨论出席次年太平洋科学会议一事,议决通知国内欲参加者需于1929年1月前提

---

① 《社报·修改中华学艺社社章草案》,《学艺》1929年第9卷第6号。

② 《中华学艺社社员公鉴》,《申报》1929年1月27日;1月29日;1月31日;3月14日。

交论文报名。此时学艺社上届总干事、副总干事任期已到,郑贞文代表学艺社出席参加讨论。①至10月学艺社改革已在酝酿中,选定赴会代表为魏岩寿、陶烈、王兆澄、沈敦辉4人(同期其他社团亦各自选定代表,其中科学社有11名),12月2日的纪念会上,庶务报告中亦确认代表人选及各自宣读的论文题目。②

1926年,第三届泛太平洋学术会议前后,日本工业界着手准备于1929年举办万国工业会议。1927年秋,准备委员会将会议第一次通知印制成册,请外务省通过驻外公馆分发于各国以邀请人员参加。时值北伐战争,国民革命军已攻占南方大部,日本驻北京公使芳泽谦吉收到册子后建议外务省分发此册给驻上海、汉口两地总领事。上海总领事矢田七太郎得到宣传册后于11月19日致函南京国民政府外交部特派驻沪交涉员郭泰祺送呈45部,交涉员公署遂在25日《申报》上公布矢田函文。③1928年夏,日本方面送呈第二次通知,随后中国工程学会率先决定参会。④至12月,正式启动改革的学艺社亦准备派员参加,并于1929年1月选定代表7名:

聂汤谷　毛毅可　李待琛　钟毓灵　胡庶华　胡霨　傅式说⑤

4月1日,年初公布的修改社章草案经细微调整后正式实施。⑥此时执行委员会、监察委员会尚待选举,但社务逐渐恢复。5月1日,学艺社赴第三届太平洋科学会议代表沈敦辉、魏岩寿、陶烈3人出发经新加坡前往爪哇,学艺社原定的4名代表中王兆澄未往,1928年秋其他各社团确定的代表中也多有未成行者,中国方面实际参会者包括教会学校派出的美国人合计仅18人。5月14日至29日开会期间,参会者在会上宣读论文并参加相关讨论,魏岩寿与陶烈回国后

---

① 《会议声中之科学社》,《新闻报》1928年5月23日。

② 《汛太平洋学术会议消息》,《申报》1928年10月17日;《中国参与太平洋学术会议之代表》,《申报》1928年11月29日;《中华学艺社总事务所报告》,《学艺》1929年第9卷第6号。

③ JACAR:Ref.B04122374100,《万国工業会議関係一件 第一巻(B-10-6-0-5_001)》(外務省外交史料館);《日本将举行万国工业会议》,《申报》1927年11月25日。

④ 《日领事函送万国工业会议文件》,《新闻报》1928年7月3日;《中国工程学会将参加万国工程会议》,《新闻报》1928年8月28日。

⑤ 《中华学艺社社务之改进》,《新闻报》1928年12月24日;《学艺社出席万国工业会之代表》,《新闻报》1929年1月11日。

⑥ 《社报·中华学艺社社章》,《学艺》1929年第9卷第8号。

各在《学艺》杂志上撰参会报告一篇。[1]

会馆方面,日本外务省文化事业部于1929年1月22、23日连续两天在定例会议上论及此事,提到学艺社准备于国内募集部分所需资金,因此预计请求补助为6~10万日金,认为需要充分确认国内募金能否按计划实现再决定是否给予援助,在划拨预算前要征求驻上海总领事意见,实际交付援助金时也要依建筑进度分期交付。早春学艺社觅得一块地,文化事业部本有计划派书记官岩村成允于4、5月间前往中国联络文化事业,遂令岩村视察该地,并交予此前复印的会馆建造概要书和设计图纸。[2]岩村5月在沪期间由周昌寿、郑贞文二人陪同前往学艺社觅得的地皮视察。该地位于劳勃生路上近戈登路处,岩村认为其离日本总领事馆、日本人居住地,乃至干道市中心皆较远,交通不便,地势较低导致工事成本较高,入口处又太狭窄,于是向驻上海总领事传达不认同之意,得到后者赞同,此案遂告流产。[3]

6月底学艺社社务改进委员会向全体社员发出通知,对近来社务进行报告。社员登记和委员会选举因收到反馈尚少,故需延期至7月底;出版方面将《学艺》改为每年12期,每月1期,文理分科各出6期,"学艺丛书""学艺汇刊"系列则更改稿酬支付方式,在版税外再添一种出版时按字数支付稿费之办法,同时筹划翻译世界名著;分社方面,各地分社公布新旧干事名单;国际交流方面,汇报参加太平洋科学会议一事,并预告第六次赴日视察团出席7月底日本学术协会第五届大会以及已选定社员出席10月万国工业会议。出席万国工业会议的代表因钟毓灵被转划中国工程学会代表较年初公布者少一人。通知中亦提及建设会馆一事,除公布上年12月推选的建筑委员会名单外,虽报告"建筑费用之筹措现已略有端倪"却并未明言其来源。7月4日,郑贞文、周昌寿即前往日

---

①《中华学艺社代表明日赴星》,《新闻报》1929年4月30日;《第四次太平洋科学会概况》,《申报》1929年6月18日;魏岩寿:《第四次太平洋科学会议经过》,《学艺》1929年第9卷第7号;陶烈:《第四次太平洋科学会议生物科学组会议经过》,《学艺》1929年第9卷第8号。

②《雑集 第一巻(H-7-2-0-7_001)》;JACAR:Ref.B05015741000,《満支人本邦視察旅行関係雑件/補助実施関係 第二巻(H-6-1-0-4_2_002)》(外務省外交史料館)。

③《中華学芸社ノ敷地購入及会館建築助成関係一件(H-6-2-0-15)》。该地皮位于今上海市长寿路近江宁路位置,日本驻上海领事馆旧址位于外白渡桥北岸东侧,日本人聚居地则在领事馆以北的虹口区域。

本驻上海总领事馆报告又在沪西愚园路旁为会馆觅得一块地。副领事携书记生一名随二人前往查看,仍因位置离领事馆过远而未能首肯。[①]

第六次赴日视察团于7月中旬出发,而此前5月24日外务省文化事业部定例会议上讨论补助中国代表出席万国工业会议一事时,预定分配四五名资助名额于学艺社。6月外务省确定资助名额分配方案:中国工程学会代表15名以内、中华学艺社5名以内、中华工程师学会10名以内、其他专门学者5名以内,按每人日金400圆补助。接到通知后,学艺社遂再次更改名单,将钟毓灵划回,与胡霦、傅式说、聂汤谷、毛毅可一起于8月初送呈日本驻上海总领事馆,此事即安排妥当。[②]此时距1928年10月郑贞文、张元济随学艺社第五次考察团赴日启动辑印古籍事业尚不足一年,期间社务改进从酝酿到基本完成,会馆建设得到实质推进,两次组织参与国际学界业界盛会,短时间内顺利开展多项大型事业的繁荣景象同之前两年的沉寂形成鲜明对比,这也为学艺社接下来继续拓展社务增强了信心。

第二节　委员会制

1929年8月2日,在与日本方面就会馆建设以及出席万国工业会议代表事宜紧锣密鼓的斡旋之中,中华学艺社于4月即开始实施的新社章中规定的执行委员会、监察委员会终于产生,各部职员得到任命,干部、职员名单刊载于自第9卷第9号起的《学艺》杂志之中:

执行委员会:屠孝寔(主席兼常务秘书)　傅式说　周昌寿　郑贞文

---

① 该地皮具体位置不详,根据描述来看应在上海市静安寺附近。另,领事馆以同7月4日落款致函外务省通报学艺社第六次赴日视察团组织情况,应亦为当日二人访问时报告,见JACAR:Ref.B05015746300,《满支人本邦视察旅行関係雑件/補助実施関係 第六卷(H-6-1-0-4_2_006)》(外務省外交史料館)。

② 《雑集 第一卷(H-7-2-0-7_001)》;JACAR:Ref.B05015745000,《满支人本邦視察旅行関係雑件/補助実施関係 第五卷(H-6-1-0-4_2_005)》(外務省外交史料館)。

范寿康　杨俊生　江铁　　高士光　谭勤余

总务部：部长　傅式说

文牍　谭勤余

会计　高士光

庶务　朱章宝

交际　周昌寿　杨俊生　江铁

编辑部：部长　范寿康

编辑　屠孝寔　鲁继曾　周毓莘　马宗荣

沈璿　陈柱尊　唐庆增　陆志鸿

夏丏尊　李宗武　卢于道　高一涵

周予同　张资平

出版　郑贞文　周昌寿　江铁　　谭勤余

监察委员会：经亨颐(主席)　陈大齐　王兆荣　胡庶华　陈方之[1]

　　委员、职员合计近30人，学艺社对今后发展之意气可见一斑。学艺社的事业借势愈发活跃，将于10月25日出席万国工业会议的代表乘"上海丸"东渡，出发前一晚学艺社在一品香宴请一行，参加宴席的人数20余人。12月8日，学艺社召开创立满十三周年纪念会。1930年1月，华通书局将社员于树樟1928年刊于《学艺》第9卷第4、5号合刊的《一百二十年阴阳历对照表》单独印行，学艺社早在20世纪20年代中期即启动的图书出版事业在停滞一年多后得以继续。[2]

　　与此同时学艺社继续寻找建设会馆用地，并与日本外务省文化事业部和驻上海总领事馆保持沟通。1930年1月，学艺社在辣斐德路上的法国公园附近觅得一块地，在农历新年前可用约2万7千银两购得；领事馆方面认为此地妥当，重光葵总领事遂于同月23日电报外务大臣币原喜重郎，考虑到补助学艺社兴建会馆资金为次年度预算，提出在正式拨款以前可先以学艺社名义向日本在上海的银行借款买下地皮，并通报安排馆员与三井银行上海支店店长土屋计左右

---

　　① 《中华学艺社沿革小史》，《学艺》1933年百期纪念增刊。《学艺》第9卷第9号刊行日期为1929年10月15日，但实际印成一直拖到次年5月，见《〈学艺〉第九卷第九期出版》，《中华学艺社社报》1930年第1期。

　　② 《中华学艺社派员出席万国工业会议》，《申报》1929年10月25日；《中华学艺社将开纪念会》，《申报》1929年12月7日；《一百二十年阴阳历对照表》出版广告见《申报》1930年1月24日。

商量,得到土屋临时融资之承诺。25日币原回电告知,因为日本议会解散所以援助金可能难以从1930年的年度预算支出,但既然领事馆认为此地妥当,可按照提案先买下。然而卖主因急于出手已将地转让他人,于是学艺社和领事馆又在附近的爱麦虞限路上觅得另一价格为3万1千银两的地块,学艺社旋即于2月10日按照之前领事馆的提案以该地块为抵押向三井银行贷款,还款期限为5月末,执行委员会主席屠孝寔代表学艺社在抵押证书上签字盖章。①这两块地距离日本驻上海总领事馆并不近,得以获准似有领事馆方面通融,但既然已购得爱麦虞限路之地,建设会馆一事至此终有着落。

不久,执行委员会主席屠孝寔因就任安徽大学教授辞去执行委员会主席和常务秘书之职,学艺社遂于3月9日开会互选傅式说为主席,常务秘书一职则任命马宗荣接替。傅式说上任后大力推动社务发展,两周后执委会于23日召开第七次常会,会上对学社部分要职进行调整,其中傅式说之前所任总务部长一职由周昌寿接替,并任命鲁继曾、马宗荣二人为《学艺》杂志文科编辑主任,周毓莘、沈璿二人为理科编辑主任;另有决议于当年双十节在南京举行学艺社第四次年会,并推朱章宝为筹备委员长;又议决于《学艺》杂志外独立发行《中华学艺社社报》,后者主要刊登学艺社报告、社员消息、学术界近况、出版介绍,其篇幅较此前附于《学艺》杂志后之社报大幅增加。②《中华学艺社社报》于6月2日发行第一期,由执委会主席傅式说撰写前言《有话说在先》(落款5月20日),文字激情洋溢:

> 本社成立于丙辰,到现在十五年了。在这个时期内,多数社友都在海外留学,大家埋头念书,所能贡献的,就是把他们自己专攻心得,撰作长篇专论,寄登本社学艺杂志,以救国人的智识饥荒。对于社务方面,一因国内情形隔阂,二因专心读书,忙不过来的关系,少能提及。至于国内的社友们,一因社会环境杌捏不宁,二因忙于职务,能够继续研究学问,源源撰寄论文的,已属难能可贵,而关心社务之废兴的,真

---

① 《中華学芸社ノ敷地購入及会館建築助成関係一件(H-6-2-0-15)》。辣斐德路为今上海市复兴路,法国公园即今上海市复兴公园,爱麦虞限路为今上海市绍兴路。

② 《执委会易人及各部消息》,《中华学艺社社报》1930年第1期;《执委会消息》,《中华学艺社社报》1930年第1期;《第四次年会在南京举行》,《中华学艺社社报》1930年第1期。

如凤毛麟角。

　　"事实是最好的证明"。你看!《学艺》尚可勉强维持,发行已到九卷九号,但是社务方面,总觉得不大起劲,这是无可讳言的。国内的社友星散各处,各行其道,驯致本社社务靠着住在上海的,尤其会集于商务印书馆的几位社友来撑持。当然!他们亦有忙其所忙的重要职务,不得不将社务摆在次要的地位,有时就不免有懒洋洋的地方。有些社友,看取这种情势,背地里臭骂一顿,就抱有若无的消极态度,因此不缴社费的数亦不少;有的虽缴社费,而看同应酬一样;实际可说是貌合神离呀!有的因为社务弄来弄去,终究是几个人主持,以为这班元老,始终要来把持社务——物议朋兴,高喊着打倒"老朽昏庸"的口号!社友们!这不是元老非元老的问题,更谈不上把持不把持的问题!这是制度和经济的问题!他方面有些社友回国以后,蜚黄腾达,觉得更无与社联络之必要,虽不敢肯定的说他弃社如敝屣,而其对社之热度,当在零度下三十多度。过去的社员不热心社务,确是不可掩的事实!

　　前年本社举行成立纪念会时,鉴于以上种种情形,议决组织改组委员会,整理社员,重行登记,一面修改社章,设置常务秘书,为有给职,主持办理社务。这是整顿社务第一步的企图!一面使各个社员认识其对本社之分际,而使社有巩固的整个力量,一方面使社务有负责的主持者,常川驻社计划进行。

　　其次!咱们散处各方,难得机会互通消息,更难共聚一堂交换意见。向来社务状况,虽附在学艺卷末报告,因印刷所不能按时交货,每成昨日黄花,且只有总分社的报告而没有社员发表意见,商榷讨论之方便;可说是千余人的团体之大缺憾!

　　本年三月二十三日执行委员会第七次常会会议有见及此,特议决发行本社社报,每月一次,并添聘专员,由常务秘书辅导办理,除将社务进行随时报告外兼望社友们不吝金玉,时赐发展社务方略,借收集思广益之效,——这是本报出世的意思和经过!

　　社友们!国内学术团体,好像雨后春笋之怒发,其数固然很多,但是,有千余人之社员,有十五年之历史,发行杂志将及百册,刊印丛书达八十余种的学术团体,中国到底有几个?要如何使他能供给最需用的智慧于人群?要如何才能使他不迁远化而社会化?要如何才能使他巩固起来?要如何使他突飞而猛进起来?这是我们的责任。社友们! 奋斗! 合作! 请尽量披露高见! 恕我唐突"有话说在先"了!①

　　由行文即可看出傅式说与20世纪20年代长期负责社务的商务印书馆郑贞文、周昌寿二人风格迥异,社务因此在其主持下焕然一新。1930年春夏期间,学艺社延续改制势头,在各领域皆踊跃开展事业。为夯实学艺社基础,早春,学艺社即向上海特别市教育局和党部民众训练委员会申请备案,后者于3月15日的委员会议上准予备案,随后教育局也批准并发放立案执照。傅式说于同月23日落款信函向日本外务省文化事业部正式提出申请补助日金10万圆以资会馆建设。5月下旬三井银行贷款到期之前外务省先行电汇日金44600圆,折银75820元,日本驻上海总领馆于5月底将3万1千银元交予学艺社,贷款由是偿清。4月22日,执委会第九次常会上通过了《执行委员会办事细则》,为学艺社首次明文规定社内干部工作办法。②

　　与此同时,学社的学术、文化交流活动也全面复苏。3月中旬日本东京文理科大学教授诸桥辙次带领学生访沪。诸桥因主管静嘉堂文库曾在郑贞文、张元济赴日访书期间给予较多协助,学艺社遂设宴招待,并在其所率学生访问学艺社时请胡适演讲中国新文学之发展,由马宗荣翻译。4月7日,工程学会为出席第二届世界动力会议代表饯行,学艺社执行委员杨俊生代表学艺社出席;同月,日本组织中华民国教育视察团访华,在沪期间学艺社亦设宴交流。5月,日本出版协会为向中国著名大学捐赠图书一事派代表来华,抵沪后与学艺社协商办理方法,学艺社将其介绍于国内各大学;同月底,第七次学术视察团东渡。日本兵库县教育视察团6月访华,学艺社亦介绍相关机构供该团参观。7月下旬,全国职业教育机关联合会在沪举办年会,学艺社于21日与其他16所文教机关一起设宴欢迎;适逢在日本大力协助学社辑印古书事业的长泽规矩也访华,学艺社于

① 傅式说:《有话说在先》,《中华学艺社社报》1930年第1期。
② 《上海特别市党部民众训练委员会批准立案》,《中华学艺社社报》1930年第1期;《通过执行委员会办事细则》,《中华学艺社社报》1930年第1期;《中華学芸社ノ敷地購入及会館建築助成関係一件(H-6-2-0-15)》。

次日设宴招待,除张元济外还趁职教会年会之机邀请到蔡元培、郑洪年、马君武、经亨颐这些在国内教育文化界举足轻重的人士作陪,规格空前。[①]

与1922—1923年间重整社务时类似,傅式说于1930年3月被选为执行委员会主席后的重点之一亦为图书出版。而与7年前仅从"学艺丛书"一种开始不同,此次扩张出版事业一举规划了"世界名著""学艺文库""日本语讲座"三套丛书。其中"世界名著"系列早在1929年社务改革进程中即已提出,当时仅规定版税,委员会制度实施、傅式说任主席后对该系列的范围及规模作做了具体规定:

> 本社本介绍世界专家代表著作之宗旨,近决定编译世界名著,内容包含社会科学,自然科学,哲学,文学,四种,共计一百种,业已推定周昌寿,张资平,夏丏尊,马宗荣四君负责计划进行,现印刷方面,由开明书局担任,合同业经定妥矣。[②]

相对于此前的丛书和汇刊系列,"学艺文库"着眼于社会化:

> 近世教育机会日渐均等,而学术亦须具社会化之精神,本社遵循此旨,近有编辑社会化学艺文库之举行,该书内分基础科学、(可作高中参考书,或大学讲义用之程度)实用科学,(如养蜂学,养鸡学,会计学,工场管理法,商店组织法,家庭医学等)及最新思潮三部分,现已推定郑贞文,朱章宝,江铁,马宗荣四君负责筹划矣。[③]

"日本语讲座"则发挥学艺社自身背景优势:

> 本社为便利学者初学日语起见,特请江铁,马宗荣君筹划编辑"日本语讲座"事,并推请谢六逸,毛秋白,江磐等君担任编辑,现已着手进

---

①《诸桥辙次博士来沪》,《中华学艺社社报》1930年第1期;《日本中华民国教育视察团来社》,《中华学艺社社报》1930年第1期;《工程学会为黄伯樵等祖饯》,《申报》1930年4月9日;《日本兵库县教育视察团来社》,《中华学艺社社报》1930年第2期;《日本出版协会代表来社》,《中华学艺社社报》1930年第2期;《全国职教会议之第二日》,《申报》1930年7月22日;《长泽规矩也教授来沪》,《中华学艺社社报》1930年第3期。郑洪年、马君武二人于6月受聘学艺社名誉社员,见《郑洪年先生及马君武博士为本社名誉122社员》,《中华学艺社社报》1930年第3期。

②《编译世界名著》,《中华学艺社社报》1930年第1期。

③《编印社会化的学艺文库》,《中华学艺社社报》1930年第1期。

行,至迟秋初即可付印,此举实为谋中日文化贯通最重要之工作,故不仅为便利初学日话者已也。①

这三套丛书的出版计划皆于1930年6月《中华学艺社社报》第1期中通报社员,该报次号则刊载了同开明书店签订的"世界名著"系列合同以及宣传了"日本语讲座"系列各读本内容。②这些动向显示学艺社在推动这两种系列丛书的出版事务上具有极大积极性,然而实际上编辑出版受社内外形势影响仍然挫折重重,"日本语讲座"系列最终不了了之,"学艺文库""世界名著"系列亦迟迟不见动静。1931年春"学艺文库"负责人之一朱章宝撰文直言:

> 《世界名著》的翻译计划,已经空说了二年;《民众化的文库》的编辑,已经讨论过十几次;一个编辑委员会,就没有办法使他有组织有职能,那些出版事业,也不是成了一场空话?③

话说到这个份上仍然未能使情况有所改观,到1931年底"学艺文库"终于有所推进,但在实际出版过程中出现混乱(后文详述);而"世界名著"直到1933年方才重新提上议程,郑贞文、陈之霖、张定钊三名社员编译的《化学本论》作为该系列第一种交予国立编译馆排印。此书为日本化学家片山正夫著作之译本,学艺社为这项翻译工作于1930年夏向日本外务省文化事业部请求补助,次年春获得日金2000元。郑贞文等早在1932年初就已经将《化学本论》编译完成并交给商务印书馆排印,但此时,该书并未作为学艺社出版物安排,而书稿在一·二八事变中被烧毁,重新编译后被学艺社拿来充数,出版社却既非商务印书馆亦非最早签订"世界名著"系列合同的开明书局。然而国立编译馆方面最终亦未能出版此书。如是几经周折,直到1937年,学艺社才将《化学本论》再发商务印书馆排印,这次却又将其编为学社"自然科学丛书"之一,最终于1940年初分

---

① 《编辑〈日本语讲座〉》,《中华学艺社社报》1930年第1期。
② 《订立合印汉译世界名著契约》,《中华学艺社社报》1930年第2期;《编辑〈日本语讲座〉小委员会开会》,《中华学艺社社报》1930年第2期;《中华学艺社编辑日本语讲座出版预告》,《中华学艺社社报》1930年第2期。
③ 朱章宝:《社务要怎样振兴?》,《中华学艺社社报》1931年第2卷第3期。

为上下二册问世；"世界名著"系列则石沉大海。[1]

20世纪20年代学艺社的出版事业即便在军阀混战中仍较为顺利，不过受到学社自身社务偶有停滞的影响，而1930年春夏期间规划增加丛书系列时，学艺社正处于改革刚毕意气风发之时，自然不会主动设想社务再度停滞，更无法预见后来的种种困难，因此对出版事业总体持乐观态度。但这并不意味着学艺社对未来发展没有危机感，毕竟改革前社务停滞近两年之久，更不必说还有学艺大学失败这一前车之鉴。有这些经历，学艺社当然非常清楚牢固学社根基的重要性，因此在促成会馆建设一事上格外努力。

1930年夏，学艺社聘社员柳士英为会馆设计制图。柳士英于1920年毕业于东京高等工业学校建筑科，回国后于1922年参与创设华海建筑事务所，并于1924年加入学艺社。华海建筑事务所的创设者中还包括早在1928年12月即被推举为学艺社建筑委员的王克生；学艺社于1928年秋提交于日本外务省文化事业部的会馆构造概要书和设计草图即以华海建筑公司用笺做成。[2]柳士英于8月间制作完设计图，学艺社遂推举接洽投标事宜的委员，并在9月1日至5日的《申报》上打广告，请有意向的承包商于3日至5日前往学社领取章程、图样、说明书等；9日开标，交由竞新营造厂承造。[3]

此前日本外务省文化事业部第一次拨付的日金44600圆中，驻上海总领事馆5月底仅将购地所需的31000银元交付学艺社；现在会馆设计、招标皆已完成，学艺社遂请领事馆交付剩余补助金。由于学艺社曾承诺所需费用不足部分由学社自行募捐，领事馆方面对于学艺社能否凑齐资金多有不安，遂要求其或于一两周内将不足款项募足，或修改建筑工程以将费用控制在已筹资金范围之内。学艺社为兴建会馆所开预算为20.74万银元左右，其中日本外务省文化事业部补助的10万日金可折成17万银元，所以尚需自行募集3.74万银元。为此

---

① JACAR：Ref.B05015890500,《研究助成关系杂件／出版助成关系杂件 第一卷(H-6-2-0-4_001)》(外务省外交史料馆)；见《化学本论》译者附言，商务印书馆，1939。该书实际问世应为1940年初，见商务印书馆本周新书广告,《申报》1940年1月8日。

② 徐苏斌：《东京高等工业学校与柳士英》,《南方建筑》1994年第3期；《新入社员名录》,《学艺》1924年第10号；《新入社员名录》,《学艺》1924年第1号；《满支人本邦视察旅行关系杂件／补助实施关系 第二卷(H-6-1-0-4_2_002)》)。

③ 《建筑新社所续志》,《中华学艺社社报》1930年第4期。

学艺社在开标当天即设立建筑新社所募捐委员会,但成效有限,10月乃决定"所有各执委全行加入募捐委员会",终究仍无法在一两周内筹得如此巨款,最终仅有学艺社"基金"中拨出的5000银元、柳士英捐款5000银元、其他社员捐款6000银元合计1.6万银元,差额为2.14万银元。不得已之下,学艺社只能遵照领事馆要求修改建筑工程。10月下旬,领事馆虽然认可了修改方案但仍然不放心,将第一次补助金余款4.482万银元以学艺社名义存入上海商业储蓄银行,要求学艺社提款时必须要有领事馆人员签字。同月学艺社恰好与领事馆就派遣代表赴东京出席日本学术协会第六届大会一事沟通,得到日方资助旅费承诺后将柳士英作为学术视察团团员派出,后者抵日后携建筑工程说明书的中文原文和日文译文呈送交日本外务省文化事业部。①

　　会馆兴建一事于此终有着落,学社遂全力投入到年会的准备工作中。年会一事自1930年3月23日执委会第七次会议决定在南京召开后即有序推进,于春夏期间依次成立筹备委员会、决定执年会委员长,至9月觉时间仓促,于是决定延期至12月3日学社成立纪念日举办,并确定大会组织暨各部职员。同月发行的《中华学艺社社报》第4期卷首刊登年会启事,请社员踊跃参加。10月,上海总社派员赴南京协助准备工作,并正式向社员分发征集论文通知。11月,分发车船减价证、收集提案论文和提案等准备工作已大体就绪,22日在沪年会职员齐赴南京,全体职员召开第一次大会,议定了12月3日至5日的开会日程;24日起又在《申报》通告召集年会。11月底,在紧锣密鼓的筹备工作中学艺社终于与竞新公司正式签订建设会馆合同,为行将开幕的年会再添彩头。②

　　1930年12月3日下午,在第二、三两届年会准备就绪却相继流产后,中华学艺社第四届年会在南京中央大学生物馆开幕,会期三天,出席社员近150人。

---

　　①《中華学芸社ノ敷地購入及会館建築助成関係一件(H-6-2-0-15)》;《募捐建筑新社所》,《中华学艺社社报》1930年第4期;《募捐委员会消息》,《中华学艺社社报》1930年第5期。后来学艺社公布的建筑设备费决算表中并无基金和柳士英捐赠款项,社员捐赠也仅有两千余银元,疑于此时应急虚报于领事馆,见《中华学艺社社所建筑设备费决算表》,《中华学艺社社报》1933年第5卷第4/5/6期。另,9月推举的募捐委员中资耀华即在上海商业储蓄银行任职。

　　②《年会筹备委员成立》,《中华学艺社社报》1930年第2期;《第四次年会委员长人选决定》,《中华学艺社社报》1930年第3期;《年会消息拾零》,《中华学艺社社报》1930年第4期;《年会筹备消息续讯》,《中华学艺社社报》1930年第5期;《年会续讯》,《中华学艺社社报》1930年第6期;《建设社所续闻》,《中华学艺社社报》1930年第6期。

为会场一事,学艺社提前致电南京中央大学校长张乃燕并派南京分社干事陆志鸿前往中央大学面议,安排工作得到中央大学方面的支持。[1]学艺社虽标榜不参与政治,但国民党统一全国后对学术教育事业多有渗透,因此开幕式有社员齐赴中山陵恭谒,开幕式上唱国民党党歌,向国民党党国旗及孙中山遗像行三鞠躬礼,恭读孙中山遗嘱,中央委员训词,教育部长致词等政治色彩较浓的环节。4日上午宣读论文,共计20余篇;4日下午、5日上午开社务会议,共讨论提案30余件,绝大多数获通过;5日下午参观南京各机关及学校。除宣读论文外,亦有部分社员在南京中央大学工学院、理学院、教育学院、农学院,以及中央政治学校公开讲演。3日至6日间学社除组织社员聚餐外,亦受到中华书局、商务印书馆、南京市政府以及学艺社南京分社招待。[2]

在年会盛况中,有社员清醒地认识到此番热闹场景不过转瞬即逝,并无法反映日常社务的运营状态。郑贞文主持了几乎整个20世纪20年代的社务,在这一点上自然最为清楚,他在年会后的提醒因此格外振聋发聩:

> 但是开了年会之后,到了今日,所留下给我们的是什么呢? 抽象的方面,可以说是社内外的人士,对于我们深厚的感情,和远大的期望;具体的方面,不消说便是许多的议案了。我国近来会议的通病,有四句妙语:叫做"会而不议,议而不决,决而不行,行而不通,"这一次我们总算得"会而议了,议而决了,"前两关已经打过,后两关则如何? 我们想要报答社内外人士的厚情和重望,不在于能议能决,要在乎能行能通。说到这一点,大部分是靠着经济的能力,就目前本社的经济能力而说,简直是画饼充饥,这些议决案都不过是过厨门而大嚼。然而事在人为,如果我们社员能继续着开会当时的精神,努力奋斗,则未始不能得万一的实现。我愿和同社诸君,互相策励,以期不负这一届的年会! [3]

---

[1]《中华学艺社》,案卷号6064,全宗号01,南京大学档案馆。

[2]《第四次年会纪事》,《中华学艺社社报》1931年第2卷第1期。提案30余件,为将部分提案合并后之数目,原本提案数目据郑贞文的说法为50余件,见郑贞文:《第四次年会感言》,《中华学艺社社报》1931年第2卷第1期。

[3] 郑贞文:《第四次年会感言》,《中华学艺社社报》1931年第2卷第1期。

学艺社上次成功举办年会为1924年,当时郑贞文身为总干事为学艺大学募捐一事东渡日本未能出席,而学艺大学最终开办一年即不得不中止正是因为经济原因,郑对经济能力的重要性体会之深不言而喻。但郑贞文在年会盛况刚过不久即痛陈这一问题,这在一定程度上也是因为社务会议上商讨的较多提案均涉及经济问题。这些提案包括筹集资金的办法,如向中央政府请求一次性补助40万元作为基金,以及需要花费大量资金的事业,如筹办自然科学研究所、筹设印刷所、为北平分社购买房屋作为事务所等。①

郑贞文在社报中强调经济能力是为了促使全体社员加强这一认识,而负责日常运营社务的执委会刚于1930年秋在建设会馆一事上对此有切身体会,自然无需特意敦促,年会当场议决组织筹募基金委员会,于1931年初开始活动。年会上通过的筹设学艺中学一案亦于同期启动。该案由史维焕、陆志鸿等12名社员提出,意在恢复学艺社的教育事业,以履行学艺社"促进文化"这一宗旨。社员对学艺大学停办一事自有不甘,但现下经济问题确实无解,因此提案认为先开办中学较为可行:

> ……惟筹设大学需费较巨,容非本社财力一时所能及,至就我国目前之情形与夫社会之需要而言,大学教育,在某种意义上,尚不及造就社会中坚分子之中等教育之重要,至就学校本身计筹设大学,亦以由中学逐渐扩大基础较为健全,缘上述种种理由拟先筹设完全中学一所,待初高中三年办理完竣后,识本社财力增设大学……

而地点设于首都南京:

> (一)首都私立学校不多成绩较著者尤少在此首都人口渐形澎涨而学校供不应求成绩较著者尤感缺乏之时,使能设立良好之学校,则求学者自然踊跃,(二)首都为各方观瞻所系,使学校办理得法,则影响于社会者必大。(三)首都交通发达,得物质利用之便利,则类于津沪各埠,而超越恶劣环境之诱惑,则又为津沪各埠所不及。

---

①《提案》,《中华学艺社社报》1931年第2卷第1期。

有学艺大学前车之鉴,提案中还包括学艺中学的收支预算经费以增强说服力。由于前期投入较大,而开办之初学生较少必然入不敷出,所以提案请总社支借2万元,自第四年收入有余起逐渐偿还。年会当场即通过此提案并交由执委会和南京分社会同办理,随后执委会议决组织南京学艺中学筹备委员会,后者于1931年1月25日在南京召开第一次会议,决定于同年秋季开学,并派委员陆志鸿、史维焕二人与总社接洽筹借开办费。总社方面,早先会馆筹款已经困难重重,当然不可能突然能拿出一笔足以支持兴办学校的巨款,因此只好继续设法筹募,于3月间推举9名社员筹划募捐事宜,并另外成立32人组成的筹募基金委员会,其中包括李书华(新任教育部次长)、朱家骅(新任中央大学校长)、张乃燕(卸任中央大学校长)、许崇清(广东省政府委员)等在文化教育界位高权重的人士。至4月,学艺社将募捐委员会继续扩张至40人,并发出募捐启事周知社员募捐目标:

> ……议决分期募捐,第一期募五万元,由社员分担至少各捐百元(或向社会热心人士募得此数亦可),以应社所设备及购置首都学艺中学地址之急用,限本年八月底缴齐……

就学艺社之前为学艺大学和建筑会馆募捐的经验来看,这一目标显然过于乐观。干部自然知道空说无用,于是趁5月国民政府召开国民会议期间积极公关,执委会主席傅式说、常务秘书马宗荣亲自出马前往南京、镇江等地接洽募捐事宜,并于开会期间在南京设宴招待以国民会议代表身份来南京开会的社员,席间特意安排南京分社报告创办学艺中学的详细计划。[①]

与北洋时期军阀割据之局面不同,自国民党北伐成功、建立政权以来,政府各部门得以在统一政权下行使职能,归国留学生也因此得到充分发挥才能的机会,部分学艺社社员能够成为国民会议代表亦有此背景的作用。此外,上文已

[①]《筹募本社基金案》,《中华学艺社社报》1931年第2卷第1期;《在首都筹设学艺中学案》,《中华学艺社社报》1931年第2卷第1期;《募捐委员会消息》,《中华学艺社社报》1931年第2卷第2期;《本社将创办南京学艺中学》,《中华学艺社社报》1931年第2卷第2期;《南京学艺中学筹备会第一次会议》,《中华学艺社社报》1931年第2卷第2期;《募捐委员会消息》,《中华学艺社社报》1931年第2卷第3期;《募捐委员会近讯》,《中华学艺社社报》1931年第2卷第4期;《招待国民会议代表中之本社社员》,《中华学艺社社报》1931年第2卷第5期。

经提到1928年姜琦被国民政府任命为留日学生监督,姜于1930年初辞职,由罗翼群代理,春季国民政府正式任命王克仁接任,王于秋季辞职,又任命刘燧昌继任,而王、刘二人皆为学艺社员,学艺社于1931年4月扩张募捐委员会时即推举刘加入。①人员如此,社务方面亦有与政府主导下的国家建设发生联系之处。此前,1930年春夏期间,学艺社向上海市教育局和党部民众训练委员会申请备案;此外,1931年前半国民政府实业部准备设立工业标准委员会,函请学艺社选派专门人员为代表共同组织,学艺社推举陆志鸿、聂汤谷二人加入。②

看到政府的存在愈发重要,部分社员遂寄解决经济问题之希望于政府,因此有在第四届年会上提出的向中央政府请求一次性补助40万元并向地方政府请求补助之议。40万元这一数字参考了中国科学社于1927年12月呈请国民政府财政部补助后获得的金额,而科学社在文化教育界长期耕耘,又与国民党元老蔡元培等人关系密切,学艺社并无如此深厚之人脉,因此请求巨额补助一事自然无从论起。③相对直接申请政府补助,部分社员倾向于通过国民政府促使日本将庚款切实返还并由学艺社主导其管理。这一意见早在1930年夏秋期间即由社员胡庶华和陆志鸿各自在《中华学艺社社报》中提出,但学艺社已经在派员视察和兴建会馆上受到日方用庚款建立的文化事业上的较多补助,难以在此事上强势发声,因此12月开年会在讨论筹募基金一案时对日本返还庚款乃至文化事业方面只字不提,而胡庶华提出的函请日本政府将退还庚款交予中国方面一案则被并入林骙提出的呈请国民政府向日本政府交涉解决退还庚子赔款一案,后者虽得成立,但立场较胡庶华案已弱化许多。④

相对日本返还庚款,学艺社在争取其他国家返还庚款上略为积极,年会通过的募集基金案的办法之一即为请求各国庚款委员会常年补助。此时最为活

---

① 《社员刘燧昌君被任为留日学生监督》,《中华学艺社社报》1930年第6期。另见JACAR:Ref.B05015571600、Ref.B05015571700、Ref.B05015571800,《驻日留学生监督所关系杂件 第一卷(H-5-5-0-9_001)》;Ref.B05015572200,《驻日留学生监督所关系杂件 第二卷(H-5-5-0-9_002)》(外务省外交史料馆)。

② 《推举陆志鸿聂汤谷二社员为出席实业部工业标准委员会代表》,《中华学艺社社报》1931年第2卷第5期。

③ 《筹募本社基金案》,《中华学艺社社报》1931年第2卷第1期;《中国科学社第十三次年会记事·总干事报告》,《科学》1928年第13卷第5期;《中国科学社第十四次年会记事录》,中国科学社,1929,第24页。

④ 胡庶华:《社务进行之建议》,《中华学艺社社报》1930年第3期;陆志鸿:《年会开幕以前》,《中华学艺社社报》1930年第6期。

跃的庚款委员会为用美国返款成立的中华教育文化基金会,而该会一向与科学社关系密切,刚开始运作不久即于1926年起资助科学社生物研究所,到20世纪30年代初其董事中包括任鸿隽、赵元任、胡适这些科学社元老,学艺社在申请补助一事上难免有所顾虑。[①]由此种种,郑贞文大声疾呼的经济问题终究未能有妥善解决办法,而自1928年底发起社务改革已有两年,长期受困于经费不足的社务亦显疲态,《中华学艺社社报》上屡屡出现对社务不振的批判。[②]非但社员间有不满之声,干部方面也感受到开展社务受到现行制度诸多掣肘,执委会主席傅式说、常务秘书马宗荣与朱章宝遂联名在第四届年会上呈交提案修改社章,指出执监委员会的组织方式不实用,要求更改为董事会制。[③]

年会议决修改社章案成立,至3月社章修订草案公布,学艺社再度进入改制过渡期。草案拟撤销执行、监察两委员会,将全部社务统一由新设董事会管理,而原有执行部门下的总务、编辑二部职能基本不变。[④]新社章草案征求意见期间,会馆已经正式动工建设并有序推进,而《学艺》杂志亦将迎来第一百号出版。在一定程度上受到这些进展的鼓舞,学艺社在过渡期开展社务上有所起色:出版方面为《学艺》百号纪念增刊征集稿件进行顺利,春夏期间"学艺丛书""学艺汇刊"系列亦有多种分册付印或出版;组织方面7月间教育部批准学艺社备案,学艺社在国民政府下的合法性得到保障,同月底修改社章草案征求意见按期结束。针对经费问题组织的募捐则因夏季水灾所获有限,总社不得已将第一期5万元资金的募集期限由8月底延至年底。秋季时局再变,9月15日执委会第三十六次会议正式通过新社章,此后仅过3天,日本关东军即制造柳条湖事件,学艺社正欲重整士气之时遭遇国难打击,社务走向受到决定性影响。[⑤]

---

① 杨翠华:《中基会对科学的赞助》,中央研究院近代史研究所,1991,第34、191页。

② 例如,周宪文:《我也来谈谈如何可以振兴社务》,《中华学艺社社报》1931年第2卷第2期;朱章宝:《社务要怎样振兴?》,《中华学艺社社报》1931年第2卷第5期;谭勤余:《本学术精神脚踏实地干》,《中华学艺社社报》1931年第2卷第5期。

③《修改社章案》,《中华学艺社社报》1931年第2卷第1期。

④《中华学艺社社章修订草案》,《中华学艺社社报》1931年第2卷第4期。

⑤《〈学艺〉筹备出百期特刊》,《中华学艺社社报》1931年第2卷第6期;《修改社章定七月底截止》,《中华学艺社社报》1931年第2卷第6期;《教育部批准本社备案》,《中华学艺社社报》1931年,第3卷第1期;《募捐委员会近讯》,《中华学艺社社报》1931年,第3卷第2期;《〈学艺〉百期增刊筹备续讯》,《中华学艺社社报》1931年,第3卷第2期;《通过新社章》,《中华学艺社社报》1931年,第3卷第3期。

第三节　董事会制

　　九一八事变之前,从1931年夏季起日本的侵略活动即逐渐开始活跃,此时已对学艺社社务产生影响。上章已经提到六七月间发生的万宝山事件造成原计划7月上旬出发的学艺社赴日视察团未能成行,视察团团员、学艺社执行委员会常务秘书马宗荣转而于当月14日出席日本研究会主办招待会时发表演讲,说明日本人对于万宝山一案之阴谋。[1]9月国难后,学艺社迅速组织一系列抗日活动。社外,积极参与上海各界发起的抗日救国活动,马宗荣代表学社加入上海市教育界救国联合会和上海抗日救国研究会,周宪文、刘家壦出席抗日救国会,叶朝钧、王桐出席上海抗日救国市民大会;社内,面向社员征求抗日方案:

> 敬启者:
>
> 　　暴日猖獗,占我东北。凡属国民,能无发指。社中自此事发生以来即参加上海各抗日救国会,以从事抗日工作。窃以为日本此次之侵略,乃有步骤有计划之举动,处心积虑,而有今日。吾人从事反抗,又岂能瞀乱以行势。非有整个计划不克为功,而经济绝交尤为当务之急,或五年或十年,应有具体办法。我社社员学识精邃,定有真知灼见,用特函达敬请拨冗拟一全部或局部之对日经济绝交计划,惠寄来社,俾得汇集成册以贡献于全国各抗日会。冀其实行,以致日本之死命。(下略)

　　同时利用学社在出版事业上之经验策划"日本国势丛书",交由郑贞文主理,并迅速确定第一期6册的内容和作者,计划于两个月内集稿赶印:

---

　　[1] JACAR:Ref.B05015705700,《满支人本邦视察旅行関係雑件／補助申請関係 第一卷(H-6-1-0-4_1_001)》(外務省外交史料館)。日方记录并未明言此次视察取消,但计划作为团长欧元怀翻译的团员马宗荣于7月14日在上海参加日本研究会主办之招待会,席上针对万宝山一事演说,显示此行破产。见《日本研究会由日赴京》,《申报》1931年7月15日。

资耀华　　　《日本之财阀》

林植夫　　　《日本国势概观》

邓深泽　　　《日本之国体》

刘家墱　　　《日本之民族》

龚德柏　　　《日本之外交》

汪向宸　　　《日本之经济》

拟定第二期出版的六册(陆军、海军、政治、政党、社会运动、维新史)亦于同期着手。同时,北平分社致函总社提议《学艺》杂志发行日本专号,总社遂着手安排:

> ……另出东北问题专号一册,由刘家墱、张梦麟两社员编辑,请林植夫、龚德柏、史尚宽等撰述,并函请东北大学暨冯庸大学全体教授及同学,就其历年所闻见关于日本侵略东北之暴行,详为抒述,投寄本志,以示国人,俾得明瞭日本觊觎满蒙之野心,东北人民在暴日侵略之淫威下所受之苦,以及此次沈阳事件之真相……

此外,学社考虑到九一八后国内学校、团体纷纷设立针对日本侵华阴谋的研究会,遂委托留日社员瞿荆洲调查日本最近出版的鼓吹侵略满蒙之书籍,以介绍至国内供人研究,瞿接函后找到73种相关图书并开出书单,刊于《中华学艺社社报》9月号(实际出版于10月)。[①]

虽然在开展事业方面受到经济条件限制,但在国难当头之际,学艺社对于抗日救国一事态度果决,利用对社员的号召力以及在出版方面的经验和资源,不惜推迟刚通过的新社章中规定的职员选举事务,以非同寻常的行动力发起,通过上述一系列方案并迅速付诸实施。[②]社内外响应亦相当迅速,征求抗日方案发布不久即得到社员王不艾响应,王要求学艺社在外交和经济两方面做出努

[①]《派员参加上海各抗日团体》,《中华学艺社社报》1931年,第3卷第3期;《征求抗日方案》,《中华学艺社社报》1931年,第3卷第3期;《编辑〈日本国势丛书〉》,《中华学艺社社报》1931年,第3卷第3期;《出版东北问题专期》,《中华学艺社社报》1931年,第3卷第3期;《介绍日本鼓吹侵略我国东北的书籍》,《中华学艺社社报》1931年,第3卷第3期。

[②]《本社改选职员延期》,《中华学艺社社报》1931年,第3卷第3期。

力,外交上"联合国内各社团,分电国联各国代表……唤起正义的同情",经济上则谋求与日绝交,"督促全国商人反省,绝对不办日货……使民众正确认识国货与洋货之区别,俾得行使其爱国意志"。代表学艺社参加上海教育界抗日救国联合会的马宗荣被选为联合会执行委员。《学艺》杂志东北专号亦快速完成征稿工作并排定在11卷第9号中并付印,内容包括:

周宪文	《暴日入寇东北的面面观》
王惠中	《国人对于东北事件应有之认识》
汪向宸	《满蒙问题与世界经济》
瞿荆洲	《东北事件之经济的观察》
雷震	《日本之大陆侵略及其应付之方策》
吴自强	《日本出兵东北之由来与我国今后应采的方针》
张连科	《抚顺之油母页岩问题》
郝新吾	《日本势力下之东北矿产》
张梦麟、胡星柏(译)	《日本细野繁胜著的武力侵略我国东北论》
魏道国	《日本在我国东北之政治的侵略》
刘家壆	《日本帝国主义者在我东北之文化侵略》
张梦麟	《日本帝国主义铁蹄下之东北的金融与交通》
刘家壆	《日本帝国主义者经济侵略我国东北的大本营》
郝新吾	《东北的富源与日本的侵略》

由于《学艺》杂志的出版周期往往有数月延迟,因此虽然学艺社早在1931年秋即完成东北专号的征稿工作,也只能排在之前已经付印的期号之后。这些稿件未正式出版便尽毁于1932年初的一·二八事变(下文详述),导致学艺社果断且迅速组织的这一事业不幸付诸东流。[1]

与此同时,因其留日背景,部分社员亦在学艺社之外利用留日大高同学会这一渠道展开抗日活动。9月30日,该会组织集会讨论抗日事宜,选定周昌寿、

[1]《社员王不艾君电复本社征求〈抗日救国方案〉的意见》,《中华学艺社社报》1931年,第3卷第4期;《本社被选为上海教育界抗日救国联合会执委》,《中华学艺社社报》1931年,第3卷第4期;《东北问题专期已发》,《中华学艺社社报》1931年,第3卷第4期。

马宗荣、王兆荣、资耀华、殷汝耕、张梦麟为干事，六人前后皆活跃于学艺社各项事业。会上议决的"宣誓同人对日永不合作、调查各地日货内容宣示国人、研究抵货自给之具体计划"事项亦符合学艺社的总体方针。10月，大高同学会再行召集大会、执行委员会、总务组会议若干次，其间选出执行委员，除上述干事六人外还包括20世纪20年代长期主持学艺社社务的郑贞文。由此可见学艺社在留日归国学生中的地位。①

　　同学会的抗日活动在一定程度上分流了学艺社本身开展相关事业的力量，而随着时间的流逝和抗日工作的常态化，九一八事变造成的冲击也有所衰退，于是临近1931年末学艺社社务逐渐复趋常规。秋季，学艺社"学艺丛书""学艺汇刊"系列的出版工作一直在有条不紊地进行，建设会馆也在不断推进。10月间，留日大高同学会开展抗日活动时会馆已近完工，学艺社亦恢复改制进程，开始准备新社章下的职员改选工作。11月，学艺社《社报》通报向社员邮寄新社章和选票正式实施改选一事，按照社章预计选出9名董事。同期，从初夏即开始筹备的《学艺》杂志百号纪念刊交付商务印书馆排印。上半年，学社受国民政府实业部委托选派的工业标准委员会委员也得到确认，由实业部正式发函学艺社，聘请聂汤谷就任（学艺社另外推举的陆志鸿则由江西建设厅任为代表）。②

　　会馆落成指日可待之中，学艺社设立新社所布置设计委员会、利用设计委员会，摩拳擦掌为会馆的开业进行准备。12月13日，两委员会进驻新社所二楼会议室召开会议，讨论相关事宜：

一、创办美术陈列室

二、创办图书馆

三、寄宿舍

四、设立科学制品陈列室

五、利用礼堂创办科学及教育影戏院

---

　　①《上海留日大高同学会抗日会议》，《申报》1931年10月1日；《留日大高同会学纪》，《申报》1931年10月22日。

　　②《改选下届职员续志》，《中华学艺社社报》1931年，第3卷第5期；《学艺百期增刊已发排》，《中华学艺社社报》1931年，第3卷第5期；《实业部来函聘请社员聂汤谷君为工业标准委员会委员》，《中华学艺社社报》1931年，第3卷第5期。

六、食堂招商承办

七、关于壁画家具装饰等

八、酌办各种实业夜校①

这些事项中仅图书馆曾有所尝试,其余皆为新事业,可见学艺社依托会馆力图自身发展的积极性。同时,学艺社长年耕耘的出版事业亦有新的进展:早在1930年春夏傅式说接任执行委员会主席后谋划扩张出版事业时,曾一度制订好出版计划的"世界名著"和"日本语讲座"系列此时似已无人问津,而同时提出却迟迟未有下文的"学艺文库"到1931年底终得重提,在马宗荣商洽下与中华书局订立出版契约。②

九一八事变虽然在全国范围内造成巨大冲击,但对于日常生活的直接影响相对有限。一方面,学艺社以其规模和在知识文化界中的地位自然不能将抗日救国置身事外,然而作为有常规事业的民间组织,再加上其活动中心长期在上海,学艺社的对应不免集中于一时。另一方面,柳条湖事件为日本关东军密谋而起,外务省等日本政府部门起初不明就里,有所察觉后还试图阻止,所以事后学艺社参与抗日救国活动无需担忧日本方面为难。但毕竟学艺社自1928年改制起即重点推动的会馆建设极度依赖于日本外务省文化事业部提供的资金,因此也不便过于大张旗鼓,主要社员以留日大高同学会身份组织抗日活动亦疑有此因。1931年底,学艺社抗日救国活动已告一段落,而会馆又即将落成,学艺社遂将工作重心转移为发展社务,不料1932年开年不久,日本直接针对上海展开侵略活动,对学艺社运营造成切实且严重的破坏。

1932年1月,日本在上海制造事端,并以此为借口向上海调兵。28日晚,日军进攻上海虹口、闸北区域,学艺社社址北四川路麦拿里正在此区域,并受到直接波及。两天后,《申报》报道29日日本海军司令部遣人闯入学艺社内搜查,事后还在大门上贴了封条。在出版事业上与学艺社密切合作的商务印书馆于29日上午11时前后在日军飞机轰炸闸北区域时着弹失火,下设印刷厂、编辑部、

---

①《新社所建筑近讯》,《中华学艺社社报》1931年,第3卷第5期;《新社所布置、利用设计委员会消息》,《中华学艺社社报》1931年,第3卷第6期。

②《本社与中华书局订立出版学艺文库契约》,《中华学艺社社报》1931年,第3卷第6期。

东方图书馆悉数焚毁。上海战事持续一月有余,学艺社无法前往社址确认实际受害情况,一度有学艺社亦被焚毁之传言。①日后,学艺社初步描述受一·二八事变波及经过时仍未完全把握情形:

> 一月二十八日,日方提出四条件于上海市政府,在武力胁迫之下,市府为顾全地方治安起见,忍辱承认。讵当日下午又传闻日军将于夜间进攻闸北。消息传来,人心惶惶。本社以地处北四川路之底,距日本海军司令部颇近,为避免战祸起见,乃仓皇将重要文件,迁至法租界新社所内,其余书籍及家具等,因时间关系,未及携出。当夜战事发生,北四川路麦拿里一带,已变作日军之防线。兼旬以来,中日军无日不在战争局势之中,因战事影响,本社附近之房屋,大半尽遭日军之焚毁;据由该地逃出者谓本社尚未殃及,惟内部曾经日军一再搜查,目下已为日海军司令部封闭云云。本社以总社既限战区,一时难望迁回,为维持社务起见,原拟设法另觅新屋,以作社所;又限于经济关系,只得于权工程尚未完竣,屋宇仅足以避风雨之新社所内,设立临时办公处继续工作矣。②

社务受此冲击,原定于一月下旬进行的选举董事开票一事也被迫延期。在未能回社址察看之前,学艺社粗略统计损失:

> 此次日寇犯沪,本社总事务所地居日军军事区域,(日本便衣队大本营,即设在本社事务所对面日本小学内。)存毁未卜。即幸未罹于火灾,闻日本浪人,逐户搜索掳抢,社中什物必十无一存。兹查社中所存图书什物,约值洋三十万元,社中办事人图书什物,约值洋二万元;此外上海商务印书馆印刷所编辑所全部,被日军故意炸毁,凡本社与该馆已定契约之丛书汇刊辑印古书等,约九十余种,及学艺杂志十一卷九号至十二卷四号,又百号纪念专刊(约六十万字)之稿,恐多被焚,损

---

①《日寇焚毁中华学艺社》,《申报》1932年2月24日;《日机投弹商务印书馆烧毁》,《申报》1932年1月30日。

②《炮火声中本社于新社所设立临时办事处》,《中华学艺社社报》1932年第4卷第1期。

失之巨,诚令人痛心极矣。^①

与九一八事变不同,一·二八事变后上海发生战事,学艺社既在事发当地,不免受牵连,在响应上也较为积极,除了加入上海各团体的救国联合会协同抗日外,还主动支持国民政府作战力量,赠送大旗给驻扎上海奋力抗敌的国民革命军第十九路军,并拨二百元托红十字会慰劳伤兵。^②

至3月上旬,国民革命军在奋战一月后终于不敌日军,战争局势以中国不利之态逐渐明朗。国内团体、个人虽有不甘,但也只能接受形势,在此之中学艺社得以于3月中旬赴社址检查受损情况,由马宗荣偕同职员驱车前往,发现"社屋及社存书籍家具与夫零星什物,损失尚轻",但马宗荣却"曾一度为日军捕去",在多方努力下得到释放。学艺社自身的社务也逐渐恢复,同月12日,执行委员、监察委员会召集会议为新社章下董事选举进行开票,产生董事9人:周昌寿(119票)、郑贞文(115)、马宗荣(107)、傅式说(92)、胡庶华(52)、王兆荣(50)、谭勤余(44)、史维焕(33)、白鹏飞(33);候补董事5人:范寿康(32)、欧元怀(30)、江铁(25)、陆志鸿(19)、陈大齐(19)。20世纪20年代,主持社务的郑贞文、周昌寿二人获得最高票无疑是社员对其工作的肯定,马宗荣在1928年启动的辑印古书事业中承担日本方面接应这一重要职责,回国后又自1930年春起担任学艺社执行委员会常务秘书,这几年的贡献有目共睹,也在票数上得到反映。但新董事会的选举结果终究未能冲破傅式说1930年接任执行委员会主席伊始即道破的在"制度和经济的问题"限制下"社务弄来弄去,终究是几个人主持"这一困局——董事和候补董事共14人中10人为原执行委员、监察委员(史维焕、白鹏飞、欧元怀、陆志鸿4人为新任干部)。领导层核心成员几无变化——3月18日执行委员会、监察委员会与新董事会开联席会议办理移交手续,新董事会随即召开第一次会议,选定原执行委员会主席傅式说为主席董事,王兆荣、谭勤余为基金监,周昌寿为董事会书记,并由傅式说、马宗荣、胡庶华3人组成常务董

①《日寇犯沪我社损失颇巨》,《中华学艺社社报》1932年第4卷第1期。
②《本社加入各团体救国联合会》,《中华学艺社社报》1932年第4卷第1期;《本社赠送十九路军大旗一面》,《中华学艺社社报》1932年第4卷第1期;《本社慰劳伤兵》,《中华学艺社社报》1932年第4卷第1期;《选举董事开票延期》,《中华学艺社社报》1932年第4卷第1期。

事会。[1]

学社干部对这种换汤不换药的情形亦不无忧虑。学艺社启用新社所、新体制开始运作后,马宗荣撰文对新董事会提出了期待,文中直言学艺社过去的社务"空洞万分",并警告这种状态并不因会馆落成就会有所改变,而需要董事会有周全规划,并组织全社力量为之努力:

> ……而本社迄今十六年来之成绩,除此区区之杂志图书而外,尚有何物欤?学艺大学中途夭闭,学术视察团,亦无显著的成绩!综上所论,严格言之,中华学艺社之为中华学艺社,今只有此一社所,可以刺激社会人士之视听而已。然吾侪创办此中华学艺社之初衷,决非为想建一变态之宝塔,塔成则可欣欣然称大功告成。中华学艺社为一学术团体,决非办一变态之文明旅馆,即算我社之对社会服务。必努力于昌明学艺,普及教育,促进生产,内以兴邦,外以根本地打倒帝国主义,方不负创立本社之旨趣。虽然,知易行难,若春无耕则秋无收,故今后的事业如何,应先有一定的计划,次则需日夜匪懈之努力。又兹事体重大,非赖群策群力共同负责合作,仍等于空言无补。荣以菲材,忝任本社职员末席数载于兹,尝感及此,而社友间之言论亦复如斯,中心忧之,因谨建议于本会诸先生,拟请本会于此次会议内,不惜多费较长之时间,参照前年本社年会内各会员所提方案,择其极重要者,定为本社第一步应办事业,制成详细方案,确定负责人员,积极进行办理,以期本社内容之丰富,可与社所外观之华美,并驾而齐驱,则不仅本社之光,亦社会国家之福也。……[2]

缺乏详细计划确实是学艺社此前多项事业未能贯彻始终的一个重要原因。马宗荣提到的两项事业中,学艺大学在资金到位前即匆匆开办,学术视察团则来自日本方面的提案,学艺社在开展相关活动的时候,大目标含糊不清,更遑论

---

① 《沪战期间旧社所所幸未全毁》,《中华学艺社社报》1932年第4卷第2/3期;《改选新董事》,《中华学艺社社报》1932年第4卷第2/3期;《执监委员会办理移交手续》,《中华学艺社社报》1932年第4卷第2/3期;《推定主席基金监及书记》,《中华学艺社社报》1932年第4卷第4/5期;《产生常务董事会》,《中华学艺社社报》1932年第4卷第4/5期;《聘请各部主任及干事》,《中华学艺社社报》1932年第4卷第4/5期。

② 马宗荣:《本社今后的急务——致董事会的一封信》,《中华学艺社社报》1932年第4卷第4/5期。

具体的实施方案。但如马宗荣所说,毕竟学艺社创设有16年之久,虽然成就有限,但社务长年运营所获的教训颇多,尤其对学艺社发展所需资源之匮乏有深刻认识,于是此番改制后新任命职员一举将交际干事由之前的三四人增至36人,其中包括李书华、许崇清、章鸿钊、舒新城等在政治或文化教育界有一定影响力的社员,其努力拓宽人脉争取资源之用意可见一斑。①

虽然在新社章下学艺社领导制度变为董事会制,但执行部门仍循旧例分为总务部和编辑部,其职员由董事会聘任,任期一年。总务部由白鹏飞担任主任,但因其在北京尚有职务,遂由马宗荣代理。部内除交际干事外,还设会计干事(资耀华)、庶务干事(谭勤余)、文牍干事(谭勤余暂兼)。编辑部虽由周昌寿任主任,但干事则一时未能确定,其具体工作受到商务印书馆在沪战中被毁的影响而难以展开,仅由周昌寿与马宗荣发函征求被焚原稿的底本。总体而言,1932年春夏期间,学艺社的工作重心在于从一·二八事变所受影响中恢复以及为新社所的最终落成做准备。会馆甫一落成,学艺社即聘主持设计的柳士英任社所利用设计委员会的筹备主任,规划自用部分的布置和剩余部分的出租办法事宜,柳士英随后拟定了出租章程,由总务部和董事会议决通过。4月15日至20日,学艺社隐去身份在《新闻报》和《申报》上交替刊登广告,招商经营食堂与宿舍。6月1日,宿舍即开始出租,5日全体董事集结,正式接收了新社所。②

会馆建设一事从20世纪20年代开始酝酿即波折不断,至此终算大功告成,学艺社遂有意举行落成典礼以示庆贺,由全体董事和9名社员组成典礼筹备委员会。6月5日社所正式接收,筹备委员会9日即召开第一次会议,典礼前又于7月4日、7月23日各开一次会议,确定了典礼日期以及总务、交际、编辑、展览、布置各分部职员,并决定配合典礼开展发行纪念册、举行美术展览会、放映淞沪战事影片等活动。在紧锣密鼓的准备工作之下,1932年7月31日的典礼成为在学艺社史上浓墨重彩的盛事。到会者共有两百余人,除社员百余名外还有蔡元

① 马宗荣:《聘请各部主任及干事》,《中华学艺社社报》1932年第4卷第4/5期。
② 《聘请柳士英君为社所利用筹备主任》,《中华学艺社社报》1932年第4卷第4/5期;《接收新社所》,《中华学艺社社报》1932年第4卷第4/5期;《通过本社租屋章程》,《中华学艺社社报》1932年第4卷第4/5期;招商广告题为《招商经营食堂及高尚宿舍启事》,4月15、17、19日刊于《新闻报》,16、18、20日刊于《申报》。

培、叶恭绰、黄炎培、梁漱溟等政教界知名人士,上海市政府和国民党上海市党部也派代表赴会。典礼下午3时开始,董事会主席傅式说先行致辞,随后由马宗荣详细报告学艺社历史及新社所建筑经过。建筑一事虽在财政上几乎全仰日本外务省文化事业部拨款支持,但在局势之下马宗荣非但对此事只字不提,反而强调学艺社抗日立场,指出"本社深知中日战争,迟早终不能免",并宣告学艺社正组织编辑《战争与科学》一书以积极应对。蔡元培、梁漱溟亦站在各自长期耕耘的教育、乡村运动事业之立场上发表演说,对学艺社今后发展提出期待。典礼过后,社员、来宾一同在新社所食堂就餐,席上又有来宾演说,餐后则聚集于礼堂放映淞沪战事影片。①

　　落成典礼筹备委员会为配合新社所落成计划的各事项也一一得到落实。纪念册首次系统性地对学社历史和现状进行了详细介绍,由学艺社编辑部辑印以趁机宣传。美术展览会则在典礼之后,于8月1日至7日在新社所举办,分书法金石雕刻、中画、西画、雕塑、摄影五部,共出展品三百余件,其中摄影部包括九一八、一·二八事变大量相关照片。美术展览这一事业在庆祝完社所落成之后仍有延续,9月1日至11日举办刘海粟侄子刘狮的个人画展,同月中旬举办开庞薰琹画展10日,10月中旬决澜社入驻展览,11月下旬上海美术专科学校为庆祝成立二十周年举行展览会,学艺社亦为会场之一。②该事业活动之频繁即可看出拥有社所对学艺社扩大影响之重要性。新社所也为学艺社充实自身社务提供了空间,图书馆事业即得益于此。1925年至1926年开办学艺大学期间,学艺社虽利用校舍设置了图书馆,但大学夭折之后,学艺社总事务所又数次搬迁,仅能勉力保管藏书,而无暇进行整理和开放工作。社所落成后,学艺社特意划屋两间做图书馆之用并旋即进行扩充,请武昌文华图书馆学专科学校研究生吕

---

　　①《推出社所落成典礼筹备委员》,《中华学艺社社报》1932年第4卷第6期;《新社所落成典礼筹备委员会工作概况》,《中华学艺社社报》1932年第4卷第6期;《新社所落成典礼纪事》,《中华学艺社社报》1932年第5卷第1期;《中华学艺社昨行落成礼》,《申报》1932年8月1日。《战争与科学》一书后来由良友图书印刷公司出版。

　　②《美术展览会纪事》,《中华学艺社社报》1932年第5卷第1期;《辑印本社概况》,《中华学艺社社报》1932年第5卷第1期;《刘狮个人绘画展览会延期通告》,《申报》1932年9月8日;《庞薰琹绘画展会开幕》,《申报》1932年9月15日;《决澜社画展今日开幕》,《申报》1932年10月9日;《美专今日开廿周年纪念会》,《申报》1932年11月23日。

绍虞承担整理、分类编目事宜,计划在整理完毕后即面向社员及其介绍人员开放。至9月,整理工作初步就绪,吕绍虞报告社藏一万数千册图书,先期登记、分类、编目1796种共2077册,并已印就《阅览须知》。次年,学艺社请吕绍虞于暑期继续整理工作,至年底大致就绪,图书馆于1934年元旦正式开放,并计划于同年3月中完成全部整理工作。[①]

1932年夏,社所一事终告一段落,学艺社遂趁热打铁扩张事业,开始实施创办学艺中学一事。该案于1931年初经过准备已有详细计划,并于同年春季展开募捐活动,但由于学艺社同期进入改制过渡期,募捐因夏期水灾亦迟迟未能达成目标,到了秋季国难又起,1932年初再遭一·二八事变及之后战事的直接波及,一直未有进展,至此时终于得以重回学社议程。与新社所落成典礼的筹备同步,学艺中学的设立工作也迅速推进:董事会议决拨规银2000两交由南京分社办理相关事宜,并推举史维焕、郑贞文、胡庶华3人为筹备员,与南京分社方面推举的筹备员共同组成筹备委员会,旋即选举产生学艺中学董事会,由总社7人和南京分社8人组成,推举南京分社陆志鸿为校长,并租下校舍,报呈南京市教育局立案,于新社所落成典礼次日8月1日开始招生。同日,学艺社董事会召开会议,正式议决通过关于办理学艺中学的诸提案:

A. 南京学艺中学,暂办初中一年级两班,二年级一班,缓办高中。

议决:通过

B. 学艺中学开办费,由总社拨付二千两,利息由总社负担。

议决:以总社基金利息作学艺中学开办费之利息

C. 学艺中学第一学年经常费不足约三千元,由校董及总社董事每人筹募二百元,此项募款于本年底募集之。

募款方法:

a, 向京市教育局请求补助

---

① 《扩充图书室》,《中华学艺社社报》1932年第4卷第6期;《图书馆整理就绪》,《中华学艺社社报》1932年第5卷第2期;《聘请吕绍虞君继续整理图书》,《中华学艺社社报》1933年第6卷第3/4期;《图书馆整理就绪实行开放》,《中华学艺社社报》1933年第6卷第9/10/11/12期;《图书馆开放后情形》,《中华学艺社社报》1934年第7卷第1/2/3期。

b, 向社员募捐

c, 本人自己捐助

d, 向社外募捐

(但(a),(b)两项之捐助金额在一百元以上者其子弟加入本中学时得免收学费)

议决:原则通过

D.请总社设法捐助图书仪器标本等陈列于学艺中学

议决:由总社分向社员捐募

从这些提案来看,这一时期,学艺中学一事要解决的核心问题正是经济。学艺社为学艺中学募捐已有一年有余,而第一学年的经常费竟仍有三千元之缺口,学艺中学方面提出了四种募款方法却仅获总社"原则"通过,可见学艺社争取资源之坎坷。[①]

在经济上仍有相当不确定性之中,学艺中学继8月开始招生后于秋季开学。9月25日南京分社在校内举办社员恳亲会,学艺中学自然免不了成为会上讨论的中心话题,而经费问题仍然无法绕开。针对中学首年度经费不足这一现状,会上决议通过两种方式进行解决:一为要求南京社友每人至少捐募二十元,二为向总社请求补助两千元以充该年度经常费。一年后,学艺中学报告开办费和第·年度经常费收支显示,两项合计后经费仍有近500元缺口,而从社员募得的捐款中竟有510元是挪用的部分社员缴纳的永久社费。经费问题悬而不决自然不是办法。1934年4月召开的学艺社第五届年会上有提案提出每年总社补助学艺中学经费5000元。但总社经济本已拮据,无处捻出这笔钱,只能以"斟酌本社经费状况办理之"搪塞。实际上,早在同年2月,董事会主席傅式说已经联系日本外务省文化事业部争取1万元以补助学艺中学,总社之前拨给南京分社的部分创办费和经常费是从上海商业储蓄银行借款而得,傅的真实目的乃是希望日方能够补助欠款。日方考虑到预算有限,并无补助中方教育机构之

---

① 《筹办南京学艺中学》,《中华学艺社社报》1932年第4卷第6期;《通过南京学艺中学提案》,《中华学艺社社报》1932年第5卷第1期。

余裕,再加上无此先例,于是决定不予补助。①董事会时期,学艺中学的经济问题一直未能得到妥善解决,这个"遗留问题"一直到1934年学艺社再次改制后都还持续困扰着后任领导层(详见下节)。

草创之初,学艺社自然无法预见学艺中学前途如此多难,眼下虽然经济问题尚未完全落实,但既然此事已交由南京分社操办,总社方面即将目光投往学艺社的其他事业。1932年夏,周昌寿坚持辞去董事会书记及编辑部主任之职,学艺社遂借寻人填充之机谋划开展新的尝试。8月起,《中华学艺社社报》以改卷号为契机扩大篇幅,新设《学术界消息》和《文艺》两个栏目,第5卷第1期即刊载工程师学会年会、科学社年会等消息;9月,学艺社请周宪文担任编辑部主任,周认为该部工作应以"编辑"与"出版"为重,欲组"编审"和"出版"两个委员会。但出版工作实际上由总务部负责而不受编辑部掌控,周虽然对此颇有微词,但也对这一"畸形"之根源在于学艺社经费不足有清楚认识,因此还是试图在这种制约下努力办好事业。周宪文到任后于9月14日成立编审委员会(由15名委员组成),当天即召开第一次会议,讨论委员会规程及担当事务,决定尽快恢复《学艺》杂志,为此不惜暂时停止长期实施的文理分科方式而改用混合编制,以方便编辑并扩大销路。18日编辑部又开部务会议,决定于次年1月出版《学艺》百号纪念增刊,并为此征集在一·二八事变中焚失的百号纪念增刊稿件的副稿或新作原稿;会上同时讨论了《学艺》杂志发行的方针,确定1932年内出两期以将11卷补齐(商务印书馆被焚毁前出到第11卷第8期),并规定了篇幅和稿件来源——一方面向社员征求续稿新稿,另外还要求编审委员各负责做一篇。②

出版方面,因为商务印书馆的印刷厂在一·二八事变中全毁,其印刷能力不足以继续原来承接的学艺社的业务,学艺社遂不得不为《学艺》杂志的刊行另寻

---

① 《南京分社举行秋季社员恳亲会》,《中华学艺社社报》1932年第5卷第2期;《学艺中学经费消息》,《中华学艺社社报》1933年第6卷第5/6/7/8期;《社员大会议决录》,《中华学艺社社报》1934年,第7卷第4期;JACAR:Ref.B05015860900,《助成費補助申請関係雑件 第二巻(H-6-2-0-2_002)》(外務省外交史料館)。

② 《本报启事》,《中华学艺社社报》1932年第5卷第1期;《周昌寿君辞董事会书记及编辑部主任》,《中华学艺社社报》1932年第5卷第1期;周宪文:《畸形的编辑部》,《中华学艺社社报》1932年第5卷第2期;《聘请周宪文君为编辑部主任》,《中华学艺社社报》1932年第5卷第2期;《编审委员会成立》,《中华学艺社社报》1932年第5卷第2期;《编审委员会第一次会议》,《中华学艺社社报》1932年第5卷第2期;《编辑部部务会议》,《中华学艺社社报》1932年第5卷第2期。

出路。受学艺社自身的经济条件限制,又免不了一番奔波,周宪文曰:"为了本社经费的拮据,我们总想尽量节省出版的费用;我们为了要节省出版的费用,跑了好多家的印刷公司,比较又比较,接洽又接洽,最后总算决由华丰公司承印……"此般大费周章,再加上时隔近一年及更换出版商,磨合上无疑也需要较多时间,杂志不免难以按期出版,11卷第9期原定于11月15日发行,而到11月14日周宪文估计"就现状看来,至少还得两星期始能出版"。在此种情形下,恢复伊始的《学艺》杂志在很多方面不尽如人意,编辑部遂谋划改良,而百号纪念增刊的征稿进展也无法契合次年1月出版的计划,编辑部遂改换策略,分学科邀请社内专家撰写稿件。改良一案到次年年初有所反馈,但皆无太多实质,百号纪念刊到1月仍有若干学科没有论述。编辑部感到"长此迁延,似亦非计",遂决定于2月发排,至3月出版。①

在周宪文主持编辑部的种种努力之下,《学艺》杂志复刊两期反响较好,供不应求,周宪文决定增印并涨价以平衡印刷费的上浮。图书出版方面亦有起色:虽然"学艺丛书"和"学艺汇刊"两个系列仍需等待商务印书馆恢复,但社员已经出版了一些新的著作。马公愚与李善静合编的《应用图案》被归入学艺社于1931年底与中华书局签订出版合约的"学艺文库";姜琦撰写的《教育哲学》由本人出资印刷,计划归于学艺社的"学艺丛书"系列,不久即交予群众图书公司承印;同期,"学艺文库"系列之一,资耀华撰写的《外国汇兑之理论与实际》交中华书局付印,1933年春,该系列欲趁漆树芬所著《经济侵略下之中国》再版时将其收录;不久,"学艺文库"系列之一袁汝诚著《近世道路工程学》亦发排。

此时,由于商务印书馆的印刷能力不足,学艺社遂积极拓展其他出版途径,决定编撰"中华学艺社丛书",并于1932年12月同世界书局签订出版契约;针对汇编已在《学艺》杂志上刊载的稿件的"汇刊",学社则启用1923年开创这一系列时的备选题名"学艺小丛书",将篇幅较短的《学艺》稿件也改排单独发行,以便社内外人士购买作为著者酬劳。此外,编辑部还"鉴于国内高中教科书传

---

① 《编辑部部务会议》,《中华学艺社社报》1932年第5卷第3期;《关于学艺杂志学艺丛书等之出版问题》,《中华学艺社社报》1932年第5卷第3期;周宪文:《编辑后记》,《学艺》1932年第11卷第9号;周宪文:《编辑后记》,《学艺》1932年第11卷第10号;《编辑部第四、五次部务会议》,《中华学艺社社报》1933年第5卷第4/5/6期;《学艺百号纪念增刊发排》,《中华学艺社社报》1933年第5卷第4/5/6期。

播之广,与需要之切,拟出中华学艺社高中教科书一套",并与国立编译馆合作。不久学艺社就高中教科书与世界书局签订草约,同时拟定了第一批12种教材的书名和作者。①

　　1932年秋至1933年春,学艺社在出版事业规划上非常活跃,但实际执行中仍不免受到现实因素的制约而产生混乱。学艺社本欲收入"学艺文库"系列的《应用图案》于1933年底由中华书局出版时却标称为"中华学艺社丛书"之一,而后者本为与世界书局合作之系列。②漆树芬的《经济侵略下之中国》最终似仍未能争取到再版版权,因此"学艺文库"系列在这一阶段就只有资耀华和袁汝诚的两册按原定计划出版。即便如此前者的书名于1934年问世时仍出现调整,变"国外汇兑之理论与实务";《近世道路工程学》则于1935年初问世。该系列的余下两册,卢勋的《战争与经济》和徐式圭的《中国监察史略》分别于1936年和1935年发排,于1937年5月问世;1936年底又发排姜季辛所著《意大利通史》,但疑因次年全面抗战爆发之故未能问世。③与世界书局签约的"中华学艺社丛书"系列,初期发排的三种——陆志鸿《最小二乘法》、沈璿《日蚀论》、王恒《新中国政治道德论》中,只有第一种作为世界书局的"大学丛书"出版,而到1933年夏《唐庆增经济演讲集》却突然作为"中华学艺社丛书"的第一个品种问世,而年底中华书局出版《应用图案》,这导致该丛书在两家出版社皆有发行之

　　①《马公愚社友之应用图案付印》,《中华学艺社社报》1932年第5卷第3期;《姜伯韩社友之教育哲学将由本社出版》,《中华学艺社社报》1932年第5卷第3期;《编辑部第四、五次部务会议》,《中华学艺社社报》1933年第5卷第4/5/6期;《中华学艺社丛书契约成立》,《中华学艺社社报》1933年第5卷第4/5/6期;《学艺文库第一种外国汇兑之理论与实际付印》,《中华学艺社社报》1933年第5卷第4/5/6期;《学艺丛书教育哲学付印》,《中华学艺社社报》1933年第5卷第4/5/6期;《第六次部务会议》,《中华学艺社社报》1933年第6卷第1/2期;《学艺小丛书出版两种》,《中华学艺社社报》1933年第6卷第1/2期;《中华学艺社丛书发排三种》,《中华学艺社社报》1933年第6卷第1/2期;《国立编译馆陈可忠先生来社》,《中华学艺社社报》1933年第6卷第1/2期;《中华学艺社高中教科书出版契约即将签订》,《中华学艺社社报》1933年第6卷第1/2期;《漆树芬著经济侵略下之中国一书收为学艺文库》,《中华学艺社社报》1933年第6卷第1/2期;《中华学艺社高中教科书积极进行》,《中华学艺社社报》1933年第6卷第3/4期;《学艺文库近世道路工程学发排》,《中华学艺社社报》1933年第6卷第3/4期。

　　②《应用图案》广告,《申报》1933年12月27日。

　　③《中华书局新出图书》,《申报》1934年6月2日;《最近出版图书》,《申报》1935年1月24日;《民国二十四年度工作总报告》,《中华学艺社社报》1936年第9卷第1期;《学艺文库续排一种》,《中华学艺社社报》1936年第9卷第3期;《学艺丛书学艺文库及汇刊各发排一种》,《中华学艺社社报》1936年第9卷第4期。

怪异局面。姜琦自费出版的《教育哲学》虽计划纳入商务印书馆出版的"学艺丛书"系列,却交由群众图书公司付印,这一安排显然也有失妥当,于是该书于1933年夏问世时赫然标称"中华学艺丛书"第一种,而这一系列似从未在学艺社编辑部内讨论过。①高中教科书系列更是命运多舛,1934年春脱稿5种,到秋季共脱稿8种,但由于该系列为学艺社与国立编译馆合作编撰,脱稿后需送国立编译馆审查,而作为教科书又需要教育部审定,为此需要重抄一部,重重耽误下似又不了了之。②在计划外,学艺社还独立发行了一册新城新藏著也即此时任学社编辑部理科主任的沈璿翻译的《东洋天文学史研究》,由中国科学社创办的中国科学图书仪器公司承印,于1933年夏问世;此书印行后学艺社因出版开支过大向日本外务省文化事业部求助,获允得到日金1500元补贴。③

种种乱象下只有"学艺小丛书"系列因直接依托《学艺》杂志已刊稿件和出版商华丰印刷铸字所而得以相对顺利地开展,最初计划的8种中仅有罗宗洛所撰《植物原形质之等电点》一册因原著在《学艺》杂志上未刊完整而没能问世;其后该系列于1933年内又添两种,但到1934年初则一度"经费支绌,无形中断",学艺社虽有意恢复,但到1935年也不过再添两种,整个系列共出版11种。④另外,1933年春商务印书馆出版了"学艺汇刊"中黄恢权编著的《机械装置及管理法》,标志其承接的学艺社出版业务开始恢复,学艺社编辑部遂一举发排"学艺丛书"5种、"学艺汇刊"2种,并重版31种,学艺社从20世纪20年代中期即启动的这两个主要图书系列逐渐回到正轨。⑤

---

① 陆志鸿著《最小二乘法》见世界书局《大学用书》广告,《申报》1935年9月7日。《中华学艺社丛书第一种唐庆增经济论文集出版》,《中华学艺社社报》1933年第6卷第5/6/7/8期;《中华学艺丛书第一种教育哲学出版》,《中华学艺社社报》1933年第6卷第5/6/7/8期;《中华学艺社社报》1933年第6卷第5/6/7/8期。唐庆增一册题名实为《唐庆增经济演讲集》;姜琦一册末尾广告姜正在写作之《公民教育之理论与实施》亦将作为中华学艺丛书由群众图书公司出版,但似无下文。

② 《中华学艺社高中教科书脱稿五种》,《中华学艺社社报》1934年第7卷第1/2/3期;《编辑部》,《中华学艺社社报》1934年第7卷第5/6/7/8期。

③ 《东洋天文学史研究出版》,《中华学艺社社报》1933年第6卷第5/6/7/8期;JACAR:Ref.B05015891800,《研究助成关系雑件/出版助成关系雑件 第二卷(H-6-2-0-4_002)》(外务省外交史料馆)。

④ 《第一次部务会议》,《中华学艺社社报》1934年第7卷第1/2/3期。罗宗洛《植物原形质之等电点》一文后完整刊于《国立武汉大学理科季刊》1936年第6卷第2/3期。

⑤ 《学艺汇刊机械装置及管理法出版》,《中华学艺社社报》1933年第6卷第3/4期;《学艺汇刊发排二种》,《中华学艺社社报》1933年第6卷第3/4期;《学艺丛书发排五种》,《中华学艺社社报》1933年第6卷第3/4期;《最近本社刊物重版三十一种》,《中华学艺社社报》1933年第6卷第3/4期。

出版事业上,由于学艺社短期内制定了较多计划,而实际操作中往往要服从出版社以及教科书系列涉及的国立编译馆和教育部等其他机构的安排,发生变故在所难免。实际上,就这一时期的社务而言,在周宪文主持下,编辑部在长期计划上的执行力已属不错,相比之下总务部负责人则往往无法开展长期性工作。一方面,1932年春,学艺社新董事上任后担任总务部主任的白鹏飞因在北平有职务而由马宗荣暂时兼理。夏季,白一度"到社视事",但旋即又返回北平,于是学艺社又请罗宗洛代理。而新社章下职员任期本只有一年,次年春主任和代理主任双双因期满辞职,于是主任一职由编辑部主任周宪文兼理,至夏期方才确定聘请刘百闵为新主任。[①]负责人变动如此频繁,自然难以落实工作。另一方面,这一时期总务部的主要精力放在新社所的利用上,除了设立图书馆之外还要置办寄宿舍和各事务所自用的设备、制定宿舍和办公室使用章程、调整租金以及接洽社外个人和组织租用社所举办活动等事宜。这些事务较多较杂,但处置起来并不需要较长时间。因此,从总务部的对应上来看,整体上并无太强计划性,遇到需要详细规划的事务执行起来反而拖沓较多,化学研究室即为此例。

1932年秋,总务部主任确定由罗宗洛代理后,学艺社开始筹办化学研究室,由社员韩组康承担相关研究工作,并定名"中华学艺社组康化学研究室"。年内,学艺社与韩即拟下契约,学社提供房屋和水电,韩将其私人研究设备迁入社中,研究室以学艺社名义每年发表两篇论文。至1933年春,该案仍无进展,因为社所大半空间为铁道部租去,用于4月间开办的全国铁路沿线出产物品展览会。会后学艺社与韩又重新签订合同,最终却仍然未能实现。[②]学艺社不惜牺

①《白主任抵沪》,《中华学艺社社报》1932年第4卷第6期;《聘请罗宗洛君为总务部代理主任》,《中华学艺社社报》1932年第5卷第1期;《董事会》,《中华学艺社社报》1933年第6卷第5/6/7/8期;《新主任刘百闵君接任视事》,《中华学艺社社报》1933年第6卷第5/6/7/8期。

②《筹办化学研究室》,《中华学艺社社报》1932年第5卷第3期;《筹办组康化学研究室续讯》,《中华学艺社社报》1933年第5卷第4/5/6期;《筹办组康化学研究室续讯》,《中华学艺社社报》1933年第6卷第1/2期;《铁道部假本社开全国铁路沿线出产物品展览会》,《中华学艺社社报》1933年第6卷第1/2期;《化学研究室近讯》,《中华学艺社社报》1933年第6卷第3/4期。1933秋至1934年秋在社内任职的吴羹梅后来提及此事云"惜以条件未妥而终化乌有",见吴羹梅:《任职一年之自述及对于将来理事会之希望》,《中华学艺社社报》1934年第7卷第5/6/7/8期。有韩组康于1934年9月将研究设备变卖以筹钱治病之说,见袁倬斌:《我国极谱学发展的倡导者——韩组康教授》,《化学通报》1982年第4期。

牲设立研究室这一本应属"本业"之事而将社所出租给外部机构开办展会，这看似不务正业，但实际上背后有其苦衷。社所建成之后虽有租金收入，但置办室内设施、维护管理等事项仍需大量开支，从学艺社的会计报告来看，维持收支平衡尚力不从心，因此自然想方设法利用社所赚取租金。即便如此，1933年夏，会计换届时移交余额也仅剩区区81.98元。[①]

社所非但未能为学艺社带来稳定盈利，反而在刚落成时设备不足，学艺社为筹集添置资金将其抵押给了上海商业银行。年底，营收远不足以还款，董事会主席傅式说、总务部代理主任罗宗洛、编辑部主任周宪文遂联名写信请求日本外务省文化事业部援助。学艺社当然清楚仅针对欠款请求援助站不住脚，而且只解此一时之需对学艺社长远发展并无实际帮助，于是列下学艺社发展的十年计划和预计支出，除第一年度偿还贷款3万元之外还包括每年学艺中学补助、图书添置、研究室设备、设立印刷所和建设图书馆等费用，请文化事业部或逐年补助5万元或一笔捐助50万元。以日本方面的一贯作风来看，补助如此巨款无异于天方夜谭，但念及学艺社新社所本来就因仰仗日方资助而成，文化事业部同意资助欠款部分，于1933年春交银1.5万两于学艺社。然而此时贷款已产生相当之利息，至次年2月傅式说不得不再写信请求日方再行补助以还清余款，信中措辞已近乎破罐破摔："……同人棉力维持经常已觉疲惫无法再筹此款……"1934年元旦，配合学艺社图书馆开放，学艺社已致函文化事业部请求寄赠图书，日方于5月批准并划拨日金2000元，但最终还是决定先补助社所欠款，而将寄赠图书一事延期。尽管如此，到了秋季，学艺社仍然报告欠款"尚有三千五百余元"，可见社所为学艺社制造的经济负担之重。[②]

经济情况如此窘迫，学艺社不得不万事以经济为前提勉力经营。1933年夏董事会请刘百闵出任总务部主任时定下总务、编辑两部的预算以收支相抵为原则，此时周宪文的编辑部主任任期已满，在回顾过去一年工作时直指"经费困难"对开展工作之阻碍，并毫不遮掩急欲脱身之意：

---

①《会计报告》，《中华学艺社社报》1933年第6卷第9/10/11/12期。

② JACAR：Ref.B05015961000，《中華学芸社ノ敷地購入及会館建築助成関係一件（H-6-2-0-15）》（外務省外交史料館）；JACAR：Ref.B05015986600，《寄贈品関係雑件 第十卷（H-6-2-0-26_010）》（外務省外交史料館）；《董事会》，《中华学艺社社报》1934年第7卷第5/6/7/8期。

> 我负责本社编辑部一年,论事则成绩毫无,在我则筋疲力尽,侥幸任期已满,正是藏拙之时,深盼本社董事会速聘高贤,使我得卸仔肩,俾免陨越,则不独我个人之幸,抑亦本社之幸也……

然而周宪文呈请辞职遭到董事会挽留,周只好允诺"暂时维持,待有适当人选,即行交代"。周宪文留任后即改组编审委员会,并筹划出版"民族复兴丛书",一度安排好了编辑委员会,分配好了首期6册的编辑,也聘请了审定委员,其中不乏马相伯、梁漱溟、胡适、傅斯年等名流。但丛书终究无法躲过学艺社多数事业受经济条件限制而虎头蛇尾之命运,此后虽在1935年学艺社再度改制时被点名作为重点事业之一,但仍未见实质进展。总务部主任刘百闵上任不久亦觉察到解决经济问题之紧迫性,遂将其作为总务部的工作重心之一:"与董事会诸董事协力以谋本社经济的充裕,希望在经常开支以外,再能有余力举办其他事业。"①

刘百闵主事总务部之后的另一个工作重点放在社所利用上,除10月中旬开办社员王济远个人风景展览会、11月上旬与中国画协会合办中国美术展览会之外,还于10月26日聘请德国海京伯马戏团团长海京伯到社所大礼堂演讲,12月18日起开办英语补习班,并计划于次年充实日、法、德、俄各外语,形成一个"健全的外国语补习学校"。对于正在利用中的社所设施,总务部也配合现状进行了调整,包括11月中旬将食堂收归学社自行办理,11月下旬成立服务处以代售学艺社出版物、代购全国图书和期刊,12月起实施减租等措施。在此基础上,刘百闵谋划进一步与社外组织展开合作,通过灵活利用社所增加学艺社的社会影响力,包括与中国航空协会商议筹办航空展览会,与中国科学化运动协会上海分会协同筹办科学玩具展览会,以及开办面向上海中学生的理化实验所。航空展览会本定于1934年一·二八事变三周年时举办,航空协会方面已经同国民

---

① 周宪文:《编辑部的过去与今后》,《中华学艺社社报》1933年第6卷第5/6/7/8期;周宪文:《董事会》,《中华学艺社社报》1933年第6卷第5/6/7/8期;刘百闵:《四月以来之经过及此后之计划》,《中华学艺社社报》1933年第6卷第9/10/11/12期;刘百闵:《编辑部主任周宪文呈请辞职》,《中华学艺社社报》1933年第6卷第9/10/11/12期;刘百闵:《编辑民族复兴丛书》,《中华学艺社社报》1933年第6卷第9/10/11/12期;《通过民族复兴丛书编辑委员会章程并聘请编辑及审定委员》,《中华学艺社社报》1934年第7卷第1/2/3期;《民族复兴丛书编辑委员会成立》,《中华学艺社社报》1934年第7卷第1/2/3期;《民族复兴丛书编辑委员会第一次常务会议》,《中华学艺社社报》1934年第7卷第1/2/3期。

政府下航空署、兵工署等部门就借调展品一事沟通就绪,但因1933年末福建事变,政府方面无暇顾及此事,遂不得不暂时搁置,而等到1935年底1936年初复在上海举办时,已无学艺社参与。学艺社与科学化运动协会合办的科学玩具展览会直到1935年春才开始筹备,而此时学艺社亦已不再参与此事,仅提供社所供筹备会开会,展览会则于5月5日起在上海市民教馆举办。理化实验所一案则不了了之。①

与总务部步调一致,同期董事会也着手扩大学艺社影响力以图打开局面。1933年秋起,董事会先后采取一系列措施,包括添聘名誉董事6人(陈其采、宋子文、吴稚晖、陈仪、王世杰、朱家骅)、现金征求"复兴民族方案"稿件刊发于《学艺》杂志、筹办人事咨询所、规定分社收费办法以及确定次年4月4、5、6日在北平召开第五次年会。②这些事项进展较快,"复兴民族方案"于1933年11月广告征文,规定甲等方案作者取一名赠现金二百元,乙等一名赠一百元,丙等两名各赠五十元,丁等四名各赠二十五元。12月20日截止前,募得稿件七十余篇,编辑部组织人员迅速审查完毕后即公布当选者,并将入选稿件第一、三、四、八名编入《学艺》杂志,于1934年春夏期间刊出。③人事咨询所一议始于1930年底召开的第四次年会,当时东京分社提出请学艺社设立"介绍职业部"案,虽议决成立交执委会办理,1931年学艺社改制时甚至写进社章,但正应郑贞文所言陷入长期"决而不行"之局面,社员数次提起此事亦无反馈。此时,"介绍职业部"改头换面以"人事咨询所"一名重提,职业咨询仅为其功能之一部分,其他还有教育咨询、出版咨询、法律咨询、卫生咨询。④

---

① 刘百闵:《四月以来之经过及此后之计划》,《中华学艺社社报》1933年第6卷第9/10/11/12期;刘百闵:《总务部》,《中华学艺社社报》1933年第6卷9/10/11/12期;《航空展览会决定展期举行》,《申报》1934年1月10日;《航协会举办沪北区展览会今日开幕》,《申报》1936年1月20日;《四机关联合筹备科学玩具展览会》,《申报》1935年3月30日;《本市科学玩具展览会今晨举行开幕典礼》,《申报》1935年5月5日。

② 《董事会》,《中华学艺社社报》1933年第6卷第9/10/11/12期。

③ 《征求复兴民族方案》,《申报》1933年11月8日;《民族复兴方案审查完竣》,《中华学艺社社报》1934年第7卷第1/2/3期;入选稿件见于《学艺》,1933年第13卷第3、4、6号附录,余下四稿未刊之由不明。

④ 《本社设立"介绍职业部"案 东京分社提》,《中华学艺社社报》1931年第2卷第1期;刘家壏:《几个发展社务的意见》,《中华学艺社社报》1931年第2卷第6期;郎德沛:《增进社员公益之提议》,《中华学艺社社报》1932年第4卷第2/3期;《通过人事咨询所章程并推举所务委员》,《中华学艺社社报》1934年第7卷第1/2/3期。

迅速开展这些工作不免有领导层欲在年会召开前制造正面印象之嫌，而考虑到距1930年12月召开的第四次年会已近3年，学社亦不免对第五次年会格外重视。与20世纪20年代两次年会皆几近筹备完成却因国内政局影响未能实施不同，1931年和1932年因日本侵略活动学艺社连筹划年会的机会都没有。1933年，董事会本拟于春假期间召开年会，但因一·二八事变"甫经周年，疮痍未复，平津正被日伪扰乱，人心皇皇，致不能如期召集"，因此直到1933年底，学艺社董事会才讨论第五次年会事宜并确定日期地点。①此时，社内局面已较第四次年会时有巨大变化。总务、编辑二部的负责人刘百闵、周宪文皆于近一两年才积极参加社务，而20世纪20年代主持社务的郑贞文和周昌寿虽位居董事，但前者于1933年初离开上海赴福建任教育厅长，后者早在1932年夏就已辞去社内要职。②郑、周二人长年任职于商务出版社，虽然在文教圈内人脉不广，但至少为学艺社出版事业谋得不少便利，此番去职，董事会主事者仅剩傅式说、马宗荣，二人这一时期皆为大夏大学教员，在上海中外私立大学林立之中影响力有限。新主事者没有途径争取资源，学社状况自然也难以改观，傅式说在第五次年会召开前即撰文做好铺垫：

> 上届年会议决案件虽多，而未见实行者不少，良以本社经费困难所致。故本届年会议决关于事业案件，须先考虑本社经费情形，弗使当局畏难退避，一般社员蹙首失望……③

总务、编辑部负责人刘百闵、周宪文更是援引郑贞文针对第四次年会的感想进行响应：

> 本社自第四次年会闭幕以来，至今已隔三年有余，在这三年之中，固然有几项决议案件已见实施，但是"决而不行"者，倒底还属多数，以与开会当时的精神相较，仍不免于"令人失望"。所谓"决而能行"，"行而能通"较之"会而成议""议而能决"更有实际经济能力的阻难。自从前年本社社所落成以后，外观虽是富丽堂皇，而内部实已负债累累，在此种经济

---

① 傅式说：《第五届年会开会之前敬告全体社友》，《中华学艺社社报》1934年第7卷第1/2/3期。

②《董事郑贞文君离沪》，《中华学艺社社报》1933年第5卷第4/5/6期。

③ 傅式说：《第五届年会开会之前敬告全体社友》，《中华学艺社社报》1934年第7卷第1/2/3期。

情形之下,欲求内容之充实,社务之发展,实在是难乎其难了……①

　　相比三年前郑贞文在第四次年会后才撰文提醒经济问题之重要性,此次年会正式召开前,学艺社主事者就已经发出这般讯号,士气上就较前次大为逊色。

　　1934年4月4、5、6日,学艺社第五次年会按计划在北平召开。筹备工作由1933年夏去职总务部主任的白鹏飞主持,借得北平大学法学院大礼堂以及三室房间为年会服务(白鹏飞即北平大学法学院院长)。参会社员自3月底即逐渐抵达北平,出席者达一百余人。4日的开会典礼程序同前次年会大体相同,但董事会主席傅式说未到会,由王兆荣担任年会主席并致开会词,党政军各机关代表致词之后,北京大学校长蒋梦麟作为来宾代表致辞。郑贞文、周昌寿二人此次皆未到会,前者从福州发来贺电并提议下届在闽开会,后者则同傅式说一起由白鹏飞代为签到。典礼后崔敬伯、戈绍龙、章鸿钊、罗宗洛、马宗荣5人做学术讲演,到中午由学艺社招待来宾并在来今雨轩聚餐,席上白鹏飞致词。下午开预备会,对需在社员大会上讨论的提案进行了预先分类,确定了宣读论文的顺序,并安排好了6日的游览日程。5日上午开社员大会,总社、分社报告社务并对社员提案进行了讨论,下午则按照计划宣读论文。会后一周,社员应邀分赴北平各机构进行交流,至20日前后陆续离开北平。②

　　虽然有经费问题之阴云,但毕竟年会三年未开,此次又在北平这一教育文化中心召开,百余名社员前往参会,可谓盛况。但同前次一样,年会一时热闹,日常社务运营依然艰难,自1930年春已主持社务4年的傅式说无疑对此深有体会。董事会制自1931年底实施,至今两年有余,傅式说对这一体制又觉不便,便再提修改社章,将董事会掌管社务改为由理事会负责,而在理事会之外另设董事会以把握学艺社整体发展方向。作为运营学艺社的实际主体,理事会延续现有董事会9至11人的规模,董事人数则有15至27人。傅式说虽然声称现行董事会缺点之一为"董事散处各方,召集不易",但并没有说明新的理事会如何避免这一问题。实际上,此次修改社章虽然有针对执行层面的调整,如废除总务、编辑二部,在理事会下设总办事处代之,但核心仍然在于为经济问题寻找出

---

① 周宪文、刘百闵:《对于本届年会的希望》,《中华学艺社社报》1934年第7卷第1/2/3期。
② 《第五次年会专号》,《中华学艺社社报》1934年第7卷第4期。

路。一方面,新社章下仅有理事会需要通过社员选举选出,董事则在"本社社员对于本社有特别劳绩者""在国内学术界确实有贡献者""在国内事业界确实有建树者"中"由理事会决议延聘",无疑有拉拢影响力较大的人士为学艺社谋求资源之意;另一方面,将总务部与编辑部两个执行部门合编为总办事处本就源于"分设两部,开费较大",此举意在"集中社务,节省经济"。①

傅式说于第五次年会上同时请辞董事一职,曰"虽经殚精尽虑,何如材轻力棉,终鲜建树,万难继任",而社员大会议决修改社章一案尚需讨论和征求社员同意,社员对傅式说"恳切慰留",傅于是在过渡期内继续担任董事会主席一职,而这一时期经济问题仍是社务重点。年会后不久即从1934年6月起,学艺社职员人数和薪金遭到削减。年会上关于编辑曾有若干增发刊物之提案,包括不定期出版英文专刊、出版中学生杂志、编辑中华学艺文献总览、编辑百科大辞典、编辑大学教本,均因经费问题多遭缓议甚至直接被判不成立。有社员更是发起临时动议"凡在本社旧债未偿清以前,一切新提经费均从缓议",该案则获当场通过。②此举几乎冻结了编辑部在出版事业上开展新的尝试的可能性。此时,编辑部主任周宪文5月被国民政府教育部任命为驻日留学监督,故该职由张梦麟接任,在现行社章余下的数月内,该部仅能配合人事咨询所开展出版咨询工作。而人事咨询所本身就"以本社经费困难,不克聘专员办理,故所务未能如愿发展",因此学艺社虽声称出版咨询一项"为其他学术团体所未曾举办者,故本所即于七月九日先行开办",但不难看出,此事能够付诸实施很大程度上是因为能够与编辑部共享资源。出版咨询业务包括"为著作者介绍稿件、为出版者征集稿件等事务,通知各地出版界并登报公布",继7月9日正式开办之后又于同月24日成立外稿审查委员会。开办初期的业务集中于为著作者提交的稿件介绍出版社,三个月间收到著作者来稿十件,其中三件已介绍出版社,三件尚在介绍中,审查不合格而退稿三件,另有著作者撤稿一件。③

---

① 《第五次年会专号·社员大会议决录》,《中华学艺社社报》1934年第7卷第4期;《第五次年会专号·修改中华学艺社社章草案》,《中华学艺社社报》1934年第7卷第4期。

② 《第五次年会专号·社员大会议决录》,《中华学艺社社报》1934年第7卷第4期;《董事会》,《中华学艺社社报》1934年第7卷第5/6/7/8期。

③ 《董事会》,《中华学艺社社报》1934年第7卷第5/6/7/8期;《人事咨询所》,《中华学艺社社报》1934年第7卷第5/6/7/8期。

　　总务部则在年会后继续努力拓展学艺社的社会影响力。刘百闵自1933年夏接任总务部主任以来虽在此方面颇费心思，奈何与航空协会和科学化运动协会的合作皆因种种因素未能实现，只得另行尝试。1934年3月，总务部安排将辑印古书中的已出版者寄赠北平图书馆以及日本协助方内阁文库、宫内省图书寮、静嘉堂文库、东洋文库；4月中旬，刘百闵会同中央日报社社长程沧波从宋子文处募捐得1000元；4月下旬，第五次年会结束后，提供会场的北平大学法学院组织即将毕业的学生来沪，6月下旬同校工学院也组织即将毕业的学生来沪，学艺社一一接待，免费提供大礼堂作为宿地，并派员照料饮食杂物；7月上旬，为艺风社举办美术展览会免费提供会场；8月，派员协助并提供场地于北平大学和上海蒙藏学院招考新生；10月，学艺社又配合上海市教育局开办的巡回学术讲演提供讲演厅。①这些活动依托于学艺社的知名度和自有社所，但从情理出发学艺社往往不收费用，反而出人出力，可见在扩大影响力和保障经济之间维系平衡并非易事。

　　与此同时，学艺社着手办理修改社章相关事宜。年会后，总社于6月将社章草案寄发社员征求意见，至9月董事会两次开会修改，最终正式通过新社章。紧接着，学艺社开始筹办新社章下理事会的选举工作。10月总务部将新社章和选票分发至社员，12月16日开票，选出理事11人：傅式说、马宗荣、潘公展、何炳松、白鹏飞、周昌寿、郑贞文、陈立夫、刘百闵、谭勤余、周宪文；候补理事7人：欧元怀、张梦麟、朱升芹、罗宗洛、史维焕、陆志鸿、陈大齐。新理事中仍有主理社务多年的郑贞文、周昌寿、傅式说、马宗荣、白鹏飞、谭勤余，也有主持总务部、编辑部的刘百闵、周宪文，潘公展、陈立夫则身居国民党要职。唯有曾在美国威斯康辛大学留学、现下在商务印书馆任要职的何炳松入选略显突兀。何并无留日经验，虽1923年加入学艺社，但长期并不活跃，仅于1934年2月学社筹办人事咨询所时同舒新城一起被聘为出版咨询组组长，而同聘的其他组长甚至无一人当选候补理事。而且何此番非但一举当选董事，在1935年1月12日的第一次理事会上还得到出席九位理事中的7票而直接出任理事长，这种结果疑为学艺

①《总务部》，《中华学艺社社报》1934年第7卷第5/6/7/8期。

社领导层预先做了安排。①傅式说自1928年底参与社务改革委员会,从1930年春起先后以执委会主席和董事会主席主持社务近5年,1934年春提出辞职后又勉力坚持,至此终遂卸任之愿。

第四节　董事会、理事会并行制

　　1935年1月12日召开的理事会第一次会议上何炳松当选理事长后即对社务发表意见,认为学艺社事业应围绕研究学术、编辑专著展开,具体为扩充图书馆、整理刊物、编辑各种专门丛书。随后,原董事会主席傅式说、总务部主任刘百闵、编辑部主任张梦麟报告社务以作交接。13日会议继续召开,决议1935年度事业进行方案,基本按照前日何炳松提出的方针落实,扩充图书馆以"成立亚洲文库、中国文库、日本文库、社员著作文库、普通文库等"为目标,整理、编辑刊物和丛书则包括"民族复兴丛书、学艺丛书、日本名著丛书、学艺汇刊、辑印古书等"。此外,会上还提出规划研究国乐方案以及创办自然科学研究所和中学科学实验馆。13日最为重要的议程无疑为推举学艺社董事,新社章中规定董事人数在15至27之间,而理事会成立伊始就通过第一次会议和1月27日召开的临时会议选满了27名董事:

1935年1月中华学艺社选定董事名单

蔡元培	吴铁城	吴稚晖	陈果夫	王世杰	何应钦	宋子文	叶楚伧
王云五	孙科	钱新之	朱家骅	陈仪	陈立夫	傅式说	王兆荣
潘公展	郑贞文	胡庶华	周昌寿	陈大齐	陈布雷	陈其采	张群
马宗荣	马洪焕	何炳松					

---

　　① 出席第一次理事会的理事为傅式说、马宗荣、潘公展、陈立夫(潘公展代)、刘百闵、何炳松、白鹏飞(傅式说代)、郑贞文、谭勤余,候补理事为张梦麟、朱升芹,见《中华学艺理事大会》,《申报》1935年1月16日。理事中周昌寿、周宪文未出席,后者应在驻日留学监督任上。《董事会》,《中华学艺社社报》1934年第7卷第5/6/7/8期;《总务部》,《中华学艺社社报》1934年第7卷第5/6/7/8期;《理事会》,《中华学艺社社报》1935年第8卷第1/2/3/4/5/6期。

　　职员方面，13日第一次理事会议选定刘百闵为理事会书记、朱章宝为总办事处总干事。因后者坚辞不就，理事会遂于27日临时会议推举刘百闵兼任。这两次会议还讨论并决定了第六次年会于同年4月初在汉口举办。①

　　相较于1月12日理事会第一次会议侧重于新旧社务的交接，27日的理事会临时会议对今后社务的开展做了更具体的布置。研究国乐一案此时已有具体负责人选，议定函请张味真前来上海商定筹备事宜。在此之外，再次聚焦经济问题，一方面试图争取外部援助："公函中英庚款董事会，请其拨款补助本社编辑世界名著，并创办自然科学研究所"；另一方面则寄希望于尚未正式成立的董事会："提请董事会筹集创办国乐研究所及编辑民族复兴丛书之经费各五千元"，"提请董事会筹集《学艺》杂志稿费，每年六千元"。会后理事长何炳松与理事会书记刘百闵即启程赴南京接洽董事会成立以及学艺中学相关事宜。2月16日，董事会在南京召开第一次会议，会上选举陈其采为董事长，傅式说、陈大齐为基金监察，潘公展为书记。此时，董事会收到理事会请求募集的款项中又追加了学艺中学设备费4000元和偿还学艺社债务费用5000元。此外，第六次年会的经费亦交由董事会设法先行募捐，陈其采董事长遂致函年会所在地湖北省政府主席张群（亦为学艺社董事）请求捐助。董事中大半皆为有头有面之人士，其中确实有设法为学艺社谋资源者，如张群捐300元，董事之一福建省政府主席陈仪联系社员李承干自3月起每月捐助学艺社经费100元。此外，早在改制之前，自1933年8月起学艺社几乎每月皆能获得中央党部一笔近千元之捐款；自1934年1月起，上海市政府也每月拨付250元补助费。但学艺社规模大、事业多，这些援助与其所需之金额相比可谓杯水车薪。②

　　改制后学艺社急需筹款的原因之一即为维持学艺中学。上节提到学艺中学自1932年秋开学以来，经费不足这一状况始终未能得到本质改善，于1934年第五次年会上提请总社补助经费5000元。4月的年会上议决"斟酌本社经费状况办理之"，并附加条件"如能补助，亦须派人赴京切实考察"。5月，董事会召开

----

①《中华学艺社理事大会》，《申报》1935年1月16日；《理事会》，《中华学艺社社报》1935年第8卷第1/2/3/4/5/6期。

②《中华学艺社召开临事重要会议》，《申报》1935年2月7日；《中华学艺社董事会正式成立纪》，《申报》1935年2月19日；《理事会》，《中华学艺社社报》1935年第8卷第1/2/3/4/5/6期。《董事会》，《中华学艺社社报》1935年第8卷第1/2/3/4/5/6期。

会议,决定从6月开始每月补助学艺中学100元,而直到9月才由傅式说和马宗荣赴京考察。两位董事在南京了解到,南京市社会局已经暂准学艺中学立案,但要求"学校充实图书仪器标本并力加改进,以待三个月后派员复查"。考察后,傅、马二人为复查捏了一把汗,但又不失乐观态度:

> ……图书实属太少,仪器标本尤为缺乏,校舍布置亦嫌欠整齐,宿舍欠清洁,学校行政无猛进气象,教学方法平庸,经费收支相差甚远。但目下已有学生九十余人,以之与初成立时仅有学生二十余人相较,实有长足之进步,兼之,教育部已批准立案,而南京社员中尚多热心维持之士,故前途尚可乐观……

为应付复查,两位董事建议采取分期筹款购置图书仪器以及对校舍布置进行相应变更等措施,并进言总社在上海社员中募捐以支持学艺中学工作。[1]

1935年新理事会、董事会成立后,维持学艺中学频繁成为议题,先是交由董事会代为筹款以继续补助,后又将陈仪联系来的每月100元捐款拨予学艺中学。5月,校长孙德修赴日治病,夏季学期结束和新学期准备等工作待处理,遂由校方与总社商议请编辑干事魏肇基主持校务,《学艺》杂志编辑部随之迁往学艺中学,总社交付的编辑费用亦部分为中学所用。魏于6月下旬到任后"节撙开支,苦心经营,内容亦日渐改进",但仍然"困于经济,尚难如愿长足迈进"。入秋后,学艺中学再次向总社请款以购置仪器、另觅校址、自建校舍,总社只能设法先行借垫400元,而对于校址、校舍这些显然需要大动干戈之事业则依然采取缓兵之计,"待详细预算交来时再行核议"。考虑到长此以往中学的经济问题终究无法得到解决,理事会于年底议决请何炳松和周宪文前往南京同陈其采董事长商讨出路。[2]

虽然南京和总社方面都积极设法维持学艺中学,但在学艺社整体经济长期

---

①《第五次年会专号·社员大会议决录》,《中华学艺社社报》1934年第7卷第4期;《董事会》,《中华学艺社社报》1934年第7卷第5/6/7/8期。

②《理事会》,《中华学艺社社报》1935年第8卷第1/2/3/4/5/6期;《理事会》,《中华学艺社社报》1935年第8卷第7期;《总办事处·整理学艺中学》,《中华学艺社社报》1935年第8卷第7期;《学艺杂志编辑处二次迁移紧要启事》,《中华学艺社社报》1935年第8卷第7期;《理事会》,《中华学艺社社报》1935年第8卷第8期;《总办事处》,《中华学艺社社报》1935年第8卷第8期。

不安定的情况下,当然不可能突然产生有效的解决方案。1936年春夏间,南京分社社员陈遵妫提议即行停办学艺中学,校长魏肇基也因为无法为学艺中学谋求发展而提出辞职,于是总社于6月21日召开第十五次理事会议时讨论此事。早在20世纪20年代中期积极筹办学艺大学,后来于1932年至1935年任国立四川大学校长,现任全国学术工作咨询处主任的王兆荣正好列席。理事会遂"请王先生为校长主持一切免致中学中途夭折",王兆荣力辞——有学艺大学之经历自然不难想象这种反应——理事会只好议决以停办为原则,但提出"在最近两星期内如有热心办学而经费确实之人愿意接办者仍表欢迎"。总社将此意传达于南京方面数日后,罗宗洛前往上海总社谈及南京社员对此之反应,"有不以为然者,并谓留京诸社友拟推王宏实(即王兆荣)先生继长中学"。总办事处于是又于7月7日致函南京将此前理事会讨论之经过告知,两天后即接到回信,信中坚持应继续开办学艺中学,请求总社继续每月拨款补助,并以承担《学艺》杂志的编辑、校对为条件要求总社将相关费用仍交学校支配,而眼下费用"不足之数约二千元之谱则由同人等筹措"。信中还提到王兆荣已经承诺出任校长,于是总社于当天的理事会第十六次会议上议决"如王先生确愿担任校长之职则总社决照原有预算酌予补助",并通知南京方面。未及此事达成定论,7月中旬学艺社在南昌召开第七次年会,学艺中学一事自然成为社员大会的议题,停办和续办皆作为选项交社员讨论,"但会场中意见纷歧,惜未能有确切之结论;无已,最后议决仍交理事会酌量办理"。理事会于7月31日致函王兆荣再度请其出任校长,王又坚辞不就,而南京方面又催总社续派校长,在何炳松和南京诸社员的努力下,王兆荣终于愿意打理学艺中学。9月22日,理事会第十七次会议即报告学艺中学"已有切实整顿",但是学生共计62名,少于1934年傅式说、马宗荣视察时之人数。此后,学校在总社补助和社友捐款下勉力经营,直至次年全面抗战爆发。[①]

---

　　①《理事会》,《中华学艺社社报》1936年第9卷第2期;《第十七次理事会议重要纪录》,《中华学艺社社报》1936年第9卷第3期;《南京学艺中学改组经过》,《中华学艺社社报》1936年第9卷第3期;《理事会议重要纪录》,《中华学艺社社报》1936年第9卷第4期;《学艺中学近况》,《中华学艺社社报》1936年第9卷第4期;《学艺中学近况》,《中华学艺社社报》1937年第10卷第1期。全国学术工作咨询处由全国经济委员会和教育部共同组织,见《全国学术工作咨询处规程》,《全国学术工作咨询处月刊》1935年第1卷第1期;王兆荣于1935年10月4日出任该处主任,见《王兆荣就职》,《南京日报》1935年10月5日。

受经济问题掣肘,新理事会设立的国乐研究所在开展事业上也多有坎坷。1935年理事会成立不久即聘请张昧真负责筹备,夏季董事长陈其采将为研究所募捐到的三千元交给理事会,学社遂开始拨款以便其购置书籍、器具等进行准备,夏秋期间研究所按部就班开展工作,包括编订乐曲、增造新乐器、新聘人员、研究古谱等,准备有所成就后开办国乐讲习班。发展看似顺利,但这一势头仍然无法延续,到1936年3月3日理事会召开第十二次会议时国乐研究所的捐款已将用尽,会上议决:

> 新研究自即日起停止,旧研究在本月二十日左右将成绩提交理事会审查,如理事会认为有继续研究之必要,再与董事会主席陈其采先生相商,经陈先生同意后,再请筹款继续进行,否则本研究于此告一段落。

此后张昧真将1935年研究的风雅十二和声谱交予理事会,总办事处亦将此项成绩列入其1935年度总报告中。1936年7月学艺社在南昌召开第七次年会时提及希望得到国立暨南大学的援助以继续推进国乐研究所的工作,但此事却未见下文。到1937年春理事会决议研究所应以继续办理为原则,但须等到社所和学艺中学的问题解决之后,而不久抗战全面爆发,自然无法再议。毫无疑问,研究所无疾而终这一结局在很大程度上是学艺社整体经费紧张的结果:相比理事会最初请求董事会募捐之五千元,实际募得的三千元已经打了较大折扣,而学艺社自1935年夏起即屡屡从这三千元中借款作他用,张昧真提交的1935年度国乐研究所收支报告显示总办事处前后转交金额仅有1831.60元,研究所支出则计1685.05元,尚有146.55元结余。1936年春季后虽不见国乐研究所有新的动静,但总社方面一直到6月仍在返还预借的款项,这种不得已拆东墙补西墙的做法再次反映出学艺社为解决经费不足这一问题而无所不用其极之态。①

---

① 《董事会·筹款创办国乐研究所》,《中华学艺社社报》1935年第8卷第7号;《总办事处·国乐研究所进行近况》,《中华学艺社社报》1935年第8卷第7号;《中华学艺社决设国乐研究所》,《申报》1935年7月12日;《理事会》,《中华学艺社社报》1935年第8卷第8期号;《总办事处·国乐研究所进行近况》,《中华学艺社社报》1935年第8卷第8期号;《会计报告》,《中华学艺社社报》1935年第8卷第8期号;《理事会·第十二次理事会会议》,《中华学艺社社报》1936年第9卷第1期;《理事会·第十三次理事会会议》,《中华学艺社社报》1936年第9卷第1期;《总办事处·民国二十四年度工作总报告》,《中华学艺社社报》1936年第9卷第1期;《廿四年度国乐研究所收支报告》,《中华学艺社社报》1936年第9卷第1期;《经常费报告》,《中华学艺社社报》,1936年第9卷第3期;《第二届理事会第二次会议录》,《中华学艺社社报》1938年第10卷第2期。

这一情形也对学社干部的士气造成相当打击。理事会、董事会成立后不久,学艺社于1935年4月5日至7日三天在武昌召开第六届年会,此次年会因学社新制度刚实施,整体氛围较为热闹。年会日程与1934年在北平召开的第五次基本一致,5日上午开会典礼上总社报告今后学艺社发展方向时列出了四项事业,即充实图书设备、研究中国音乐和药物的性质与功能等、设立自然科学研究馆、编写民族复兴丛书以揭示世界各民族复兴的轨迹与现状。5日下午为预备会议;6日上午为提案讨论时间,下午宣读论文;7日社员赴各处游览观光。①然而董、理事会运营一年后筹办第七届年会时情形已快速滑坡,去年年会所列四项事业无一在活跃进行中,学社干部姿态遂与第五次年会如出一辙,年会前总社方面即撰文《敬报告于出席第七届年会各社友》,开篇直言"兹拟就总社目前困难情形,敬向诸位社友一言之",文中详细列出了学社运营的种种亏空:

　　缘本社成立,迄今整二十年;前十五年,因无一定社址,可谓正在风雨飘摇之中,民国二十一年,总社落成,富丽堂皇,佥认为自此社基永固,社务之发展,当未可限量;谁知结果,殊出意料,此固同人等力薄能鲜,有以致之,但亦有其他原因在也。盖总社社所落成以后,除一座巨厦外,别无基金,且当时因建筑费不足之故,借欠银行巨万,亦别无还债之准备。论经费,则每月寄宿之收入,尚不足以维持本社最低限度之支出,遑论经常事业及修理等费。职是之故,近五年来,同人等虽无日不思对于社务有所发展,但多方设法,所得结果,仅能使旧日积欠酌量清债,日常开支勉强应付。不独社务未能发展,甚至社所破漏亦竟无力修理。此种情形,自为建筑社所时初意所不及料,恐亦为一般社友所不甚明瞭者也。

　　以上所述,犹为过去之情形,而迄最近,则更有甚于此者;按此数年来,总社日常经费之得以维持,全恃国内各处之捐款;今则中央捐款,由每月千元减至八百元;更由八百减至六百四十元;福建捐款亦由每月一百减至八十二;上海市政府补助费更由每月二百五十元减至一

_____
①《第六次年会专号》,上海市档案馆,Y4-1-587。

百二十五元。再如寄宿舍之收入，亦因上海房租之普遍的减低而逐渐减少。于此收入骤减情形之下，总社遂不得不紧缩支出，以求收支之相抵，如以编辑干事兼任南京学艺中学校长，移编辑事务于首都；如裁去文书干事由总办事处诸同事兼司其事，凡此种种，就办事系统及行政效力而言，虽不甚合理，要出于不得已也。同人等初尚希于此不得已局面之下，勉强支持，徐图发展；但经济之压迫，日甚一日，总社本身基础，渐形摇动，几有不能自保之势，遂使同人等对于南京学艺中学欲求勉强支持而几不可得；此事经过，详见本期社报理事会消息栏内，不复赘述。兹有不得已于言者，南京学艺中学，原由一部分热心社友所发起，数年以来，总社于经费万分困难之下，先后拨付该校各种费用共达一万五千余元之巨，而历年因垫付学艺中学之借款利息及最近一年来学艺中学校长之薪金尚不在内。虚靡巨款，而结果如此，殊非意料所及。本社前此创办学艺大学，既已夭折于前，而学艺中学又复在风雨飘摇之中。言念及此，实可痛心。唯同人等于此，得一极有价值之教训焉，即凡事必须"慎始"是也。将来重要社务进行，如能以此为准，则塞翁失马，焉知非福乎？

第七届年会于1936年7月18日至20日在南昌召开，形式同之前数次基本一致，但由于社章规定社员大会为每两年一次，因此此次年会对提案进行的讨论并无社员大会之强制力，仅能供理事会参考。讨论之第一案为如何发展学艺中学，此后第二案即如何维持本社经费并发展社务，而会上似未有提出一劳永逸之解决方案。在此基调下，其他提案，如江西分社针对1931年之后的国难大局提出的学术救国方案，虽得"原则通过"，仍只能照旧"决而不行"。①

在学艺社为经济此般费心之中，一些本身具有可持续性的工作往往反而得不到重视，如1934年夏开办的人事咨询所在改制后仍仅有出版组在运作，其所办理之稿件数量已增长至二十余部。直到1935年10月理事会召开第九次会议

---

① 《敬报告于出席第七届年会各社友》，《中华学艺社社报》1936年第9卷第2期；《第七届年会特辑》，《中华学艺社社报》1936年第9卷第3期。

时才反应过来"是项工作尚可发展",并认识到"职业咨询组亦有尽速举办之必要",并请庶务干事李南荸兼任咨询所干事,着手筹设职业组以"为失业社员介绍职业"并"代各机关或私人物色人材"。这一工作开始后近一年间理事会又不再过问此事,到了1936年秋季才再次报告人事咨询所近况,评价其在介绍人才和优秀稿件上"成绩尚属不恶"。然而毕竟缺乏学社积极支持,咨询所在这些业务上的成绩也并不亮眼:相对1935年度出版咨询组经办21部稿件其中合格12部,1936年到秋季仅通过并介绍3部。另外,刘百闵1933年接任总务部主任后开设英语补习班,并有增加其他语种将之扩大至补习学校之计划,至1934年底1935年初学艺社有意开办日语速成学校,并试图通过日本驻上海总领事与外务省文化事业部沟通补助事宜,而此时学艺社的经营状况在日本人看来也无力维持此项事业,10月第九次理事会上重提此事决定先行筹备试办外国语专修班,此后又无下文。[①]

在为经济问题奔波之中,学艺社自主规划的各项事业往往无法顺利开展,甚至一直以来尚能勉力维持的出版事业都受到影响。1936年,为了响应节省经费的需求,理事会有将《学艺》改为季刊之议,第七届年会上社员论及此事方才决定维持年出十册这一原则。[②]然而就其规模而言,学艺社毕竟为国内屈指可数之学术团体,因此不乏配合社外组织乃至个人开展的事业和活动——如果单看这一方面,董、理事会并行时期的学艺社业务甚至有繁荣之象。一方面,学艺社名声在外,社会组织在开展学术相关事业时常常会将其纳入考虑,如1935年4月教育部发训令要求学艺社签注改订度量衡标准制单位与定义之意见,学社接令后请周昌寿、谭勤余、曾珹益三位社员起草签注意见,总社汇总后回复教育部。不久中国文化建设上海分会函请学艺社参加科学演讲设计委员会并推派代表,上海市民众常识指导委员会亦函请推派固定代表,学社推荐谭勤余和马

---

① JACAR:Ref.B05016121000,《満支人日本語研究状況調査関係雑件 第一巻(H-7-1-0-6_001)》(外務省外交史料館);《理事会》,《中华学艺社社报》1935年第8卷第8期;《人事咨询所近况》,《中华学艺社社报》1935年第8卷第8期;《总办事处·民国二十四年度工作总报告》,《中华学艺社社报》1936年第9卷第1期;《人事咨询所近况》,《中华学艺社社报》1936年第9卷第3期。

② 《理事会》,《中华学艺社社报》1936年第9卷第1期;《第七届年会特辑》,《中华学艺社社报》1936年第9卷第3期。

宗荣分别担任。商务印书馆设立高梦旦奖学基金,函请学艺社推派委员会委员,由长期在商务印书馆任职的周昌寿出任。同期国民政府行政院筹办京滇公路周览会,至1937年春准备实施时函请学艺社指派一名技术人员参加,学社即推荐现任浙赣铁路运输处长的社员曾世荣前往。然而,一旦此种事业涉及经费,学艺社顿失果决。1935年前半以中国科学社为首的18个学术团体筹划在首都南京建设一座学术团体联合会所,以方便各学术团体在京布置据点以及互相联络和合作,到1936年秋学艺社方决定加入,而参与除提交申请外尚需入会费150元以及办公室一间摊派的建筑补助费800元,于是又不得不进行募捐,而直到1938年秋——此时全面抗战早已爆发、南京亦已陷落——所募总数也不过五百余元,学艺社只得先将入会费缴付,余款暂存社中。①

学艺社除受邀参加外部活动,也积极主动提供社所于外部组织共同开办事业。董事会时期即于1934年10月开始配合上海市教育局举办的巡回学术讲演,这一合作在董、理事会并行时期得到延续,继1934年秋季的三次讲演后,1935年3月至5月间每月又有两次,演讲者中包括潘公展、李石曾、何炳松、陈立夫;讲演全部结束后教育局又与学艺社在同年夏天7月8日至28日开办了暑期学校。同期,在国民党上海市特别市党部的组织号召下,学艺社与上海各大学教职员利用社所合办了一所识字学校,共招到六十余名学生,于7月10日开始授课。至1936年9月,理事会决定效仿之前与上海市教育局的合作再次开办学术讲演,于11月15日起至年底每两周举办一次,次年春改为每月一次。在这些教育事业外,学社仍时常为各类展览会提供场地,1935年10月承办了全国木刻展览会以及决澜社、中华独立美术协会主办的展览;1936年5月底和6月初又分别举办了教育部高等教育司司长顾荫亭和画家潘玉良的个人作品展。这些活动仅需场地,学艺社尚能慷慨,上文提到1934年在北平开完第五次年会后北平

---

① 《科学新闻·首都拟建学术团体联合会所》,《科学》1935年第19卷第4期;《理事会》,《中华学艺社社报》1935年第8卷第1/2/3/4/5/6期;《理事会》,《中华学艺社社报》1935年第8卷第7期;《理事会议重要纪录·第十八次理事会议重要纪录》,《中华学艺社社报》1936年第9卷第4期;《参加南京中国学术团体联合会所》,《中华学艺社社报》1936年第9卷第4期;《参加京滇公路周览会》,《中华学艺社社报》1937年第10卷第1期;《参加南京中国学术团体联合会所收到捐款续报》,《中华学艺社社报》1938年第10卷第2期。

大学师生来访由学社提供住行,1936年北平大学工学院学生前往上海参观,学艺社又如法炮制。然而一旦涉及费用,学艺社则又显踌躇。1936年春孙科、吴铁城、钱永铭、何炳松以阐扬蔡元培学术为名发起子民美育研究院,租学艺社为筹备处,不久即因经费支绌请学社降低房租,学艺社遂在每月50元租金中以学社名义捐助20元,将实际租金减为30元;到了秋季研究院再进一步请学艺社代为募捐,学艺社便一反之前痛快作风,理事会仅议决"保留"。①

董、理事会制始于1935年初,此时九一八、一·二八事变皆已过去三年,而国民政府在抗日动员上缺乏一贯性,因此民间对日情绪难以维持高涨状态,学艺社同日本的交流也随着时间流逝重新开始活跃。上节已经提到董事会时期傅式说就代表学社向日本外务省文化事业部请求补助社所建筑费贷款、翻译书籍出版费用以及设立学艺中学开支,1933年日本外务省收集外交史料时亦请学艺社代为搜寻和调查。1935年初新社章下理事会、董事会产生后,日本方面文化事业部、驻上海总领事馆、上海自然科学研究所、明治大学等机构皆有人员前往学艺社参观;6月中旬文化事业部部长冈田兼一来华访问,学艺社联合中华民国医药学会和东南医学院在学艺社食堂设宴。另一方面,学艺社员对赴日考察的抵抗也有所减弱。1935年春大夏大学就傅式说、马宗荣、林希谦三人赴日考察一事,通过日本驻上海总领事馆联系外务省文化事业部,希望能得到补助(傅、马二人皆在学艺社任理事和董事),由于三人无法赶在春假出行,遂更改计划至暑假,其间马宗荣因受教育部任命不得不取消行程,傅、林二人各得文化事业部日金700元补助,于7月12日自上海出发。1935年春夏之际,早在1925年就为学艺社派遣赴日考察团出谋划策、此时已经回到日本、在宇都宫高等农林学校任教的山崎百治致函学艺社,邀其再次派员出席日本学术协会大会。学艺社照往例征求社员报名,不久即得20余人有意前往,而后山崎又来信通知日方办法有变,仅招待2名中方代表,且需由驻日中华民国大使馆办理相关事宜,此

---

① 《总办事处》,《中华学艺社社报》1935年第8卷第1/2/3/4/5/6期;《总办事处》,《中华学艺社社报》1935年第8卷第7期;《总办事处》,《中华学艺社社报》1935年第8卷第8期;《总办事处》,《中华学艺社社报》1936年第9卷第2期;《第十七次理事会议》,《中华学艺社社报》1936年第9卷第3期;《筹备举行定期学术讲演》,《中华学艺社社报》1936年第9卷第3期;《理事会议重要记录·第十八次理事会议重要纪录》,《中华学艺社社报》1936年第9卷第4期;《举行定期学术演讲》,《中华学艺社社报》1936年第9卷第4期;《举行定期学术演讲》,《中华学艺社社报》1937年第10卷第1期。

事遂作罢。[①]

与此同时,就学艺社在1931、1932年间积极参与抗日活动来看,其对日本之后在华持续的侵略活动自然心知肚明,而社中经济窘迫有时又不得不从日本方面寻找机会,这种矛盾也体现在学艺社对一些事务的处理上。1935年春日本的社团法人工政会酝酿在中国(包括伪满)以及朝鲜巡回开办东洋工业会议,通过外务省与中国方面沟通,6月在上海招待当地中方学者交流此事并窥探其意向,张操代表学艺社、另外学社理事傅式说代表大夏大学出席,会上中方出席者对举办此会表示赞同,双方就基本方针达成大体一致,其中即包括用中华学艺社讲堂作为上海会场一项。此后日方前往其他开办地继续沟通,至8月着手安排日程和会场时再度明言,拟于10月9日借中华学艺社社所作为上海会场,9月中旬将出发日期推后,会期亦相应调整,变为10月18、19两日。直到此时日本驻上海总领事馆才正式联系学艺社接洽租借会场一事,学艺社认为日方未经正式联络便擅自声明已借定学社场地已有不妥,而日方指定的日期学社方面早已议决将会场借于决澜社开办展览,遂回函拒绝。9月底日本总领馆再次发函协商借用场地,学艺社再次强调指定日期场地已借出,"唯演讲日期倘能移至十月廿四以后则敝社或可遵办,敬希早日示复并盼将参加会议人员名单及演讲题目即日见示以便参考"。

对日方来说,学艺社在会场问题上不愿通融并非整件事情唯一不畅之处。8月底国民政府外交部就曾传达出讯号,认为中方无参与此日本召集活动的必要,学界对此事态度遂瞬间降温。9月下旬至10月中旬日方忙于同中国各方面斡旋此事,强调该会议为单纯学术交流,毫无政治内涵,以试图争取中方支持。日本外交部门内部通信中对中方态度一变之原因多有猜想,有怀疑因东洋工业会议巡回讲演中包括伪满引起国民政府不满者,更有甚者传出决澜社实为国民政府授意专门在此时举办展览以使东洋工业会议无法顺利召开之谣言,后来日方自行将这一误解消除。外交上的种种努力最终取得成效,而会议经此耽误亦

不得不再次延期,学艺社从日总领事馆获知后允诺"自廿五至廿八之四日自可任择两日"。于是日方代表 10 月 22 日从东京出发,25 日下午抵达上海,26 日由上海市长、学艺社董事吴铁城借学艺社礼堂设宴招待代表团,次日日方答宴,会议讲演亦于这两天内进行,此事乃于表面上得到圆满解决。①

东洋工业会议准备阶段的种种波折当然并非偶然,而是在日本长期侵华活动局面下中日双方互不信任的具体表现。以学术为名的交流活动落实到学艺社层面尚且有此等龃龉,日本方面明目张胆的侵略活动无疑只会激起更强烈的反应。东洋工业会议一事过后不久,1935 年 11 月 25 日,时任国民政府河北省蓟密、滦榆二区行政督察专员的殷汝耕勾结日本军方制造冀东事变,叛国成立伪自治委员会,立即遭到全国上下谴责。殷汝耕为学艺社员,20 世纪 20 年代中期在学社运营中较为活跃,上节提到其 1931 年九一八事变后还曾与学艺社其他主要成员共同依托留日大高同学会开展抗日活动。此番叛变,学艺社方面反应迅速,于一周后 12 月 3 日召开的理事会议上议决殷等四人叛国有据,依据社章开除其社籍。②

由此种种,学艺社在勉力招架不景气的外部环境和社内经济之中迎来了创设二十周年。1936 年 1 月 22 日召开的第十一次理事会议上即初步定下纪念二十周年方案,包括在总社和各地分社同时举行纪念会、《学艺》杂志刊行二十周年特刊、在报纸上刊行特刊、以及编印社员纪念册。这些事项不免又会产生开支,于是学艺社同时号召社员每人捐款二元以上以作支持。春夏间学社忙于处理学艺中学问题以及举办第七次年会,至 11 月 9 日第十八次理事会议重提此事,报告《学艺》特刊出版将迟于计划,社员纪念册因社员对调查表响应不积极只得作罢,而纪念大会和报纸特刊二事则进展顺利。11 月 25 日,学艺社将报纸特刊稿件寄至各地分社以分发当地报纸刊行,共有五篇:

---

① 《东洋工业会议我方认无参加必要》,《申报》1935 年 8 月 29 日;《理事会·第七次理事会议》,《中华学艺社社报》1935 年第 8 卷第 8 期;《理事会·第八次理事会议》,《中华学艺社社报》1935 年第 8 卷第 8 期;《总办事处·日本工政会访华代表团假本社举行讲演纪述》,《中华学艺社社报》1935 年第 8 卷第 8 期;JACAR:Ref.B04122411100、Ref.B04122411200、Ref.B04122411300、Ref.B04122411400,《東洋工業会議関係一件(B-10-6-0-69)》(外务省外交史料馆)。

② 《冀东廿二县组伪自治委会》,《申报》1935 年 11 月 26 日;《理事会·第十次理事会议》,《中华学艺社社报》1935 年第 8 卷第 8 期。

何炳松　　　　中华学艺社的责任和前途

王兆荣　　　　中华学艺社二十周年感言

谭勤余　　　　二十年来中华学艺社之出版事业

周宪文、符彪　二十年来之中华学艺社

周宪文　　　　中华学艺社的社员

12月3日,上海《新闻报》用半版篇幅刊载其中四篇,《申报》则以三分之一版刊载三篇。当日下午六时学艺社在社所举行宴会和余兴招待来宾,包括上海市长吴铁城、学艺社董事长陈其采,到会者共有百余人。同日江西、南京、武汉分社也各自举办纪念活动,当地报纸亦刊载相关稿件。①

纪念会后不久,理事会于12月14日召开第十九次会议,就理事任期将满如何改选进行讨论,议决按照社章月内由原有理事通信互选5人为下届理事,余下6个名额则在次年2月前由全体社员通信选举;12月中理事互选,何炳松、傅式说、陈立夫、潘公展、周宪文5人当选。至1937年2月,由于收到投票数不多,学艺社将开票延至3月12日,周昌寿、谭勤余、刘百闵、白鹏飞、王兆荣、瞿荆洲当选填满余下理事名额,罗宗洛、雷震、马宗荣、陆志鸿、郑贞文、陈高佣、欧元怀7人为候补理事。3月28日新老理事会交接,第二届理事会第一次会议再选何炳松为理事长,同时决定第八届年会于7月20日以后在福州举办。会上讨论今后社务方针时财政再成焦点,决定将总社社所"仅留足用之办公处所",余下"以全部出租为原则",且"务求用途适当租金较多";南京学艺中学方面也请王兆荣起草办法交由社友办理,"务求办理者适当而本社之补助较少"。②

但理事会换届多多少少也有新起点的意味,因此学艺社还是设法在力所能

<hr>

①《理事会·第十一次理事会会议》,《中华学艺社社报》1936年第9卷第1期;《理事会议重要纪录》,《中华学艺社社报》1936年第9卷第4期;《本社成立廿周年纪念》,《中华学艺社社报》1936年第9卷第4期;《江西分社》,《中华学艺社社报》1936年第9卷第4期;《南京分社》,《中华学艺社社报》1936年第9卷第4期;《武汉分社》,《中华学艺社社报》1936年第9卷第4期;《中华学艺社二十周年纪念特刊》,《新闻报》1936年12月3日;《中华学艺社廿周纪念特刊》,《申报》1936年12月3日。

②《理事会议重要纪录》,《中华学艺社社报》1936年第9卷第4期;《进行选举第二届理事会理事》,《中华学艺社社报》1936年第9卷第4期;《第二届理事会成立》,《中华学艺社社报》1937年第10卷第1期;《第一届理事会第二十一次会议》,《中华学艺社社报》1937年第10卷第1期;《第二届理事会第一次会议录》,《中华学艺社社报》1937年第10卷第1期。

及的范围内开展一些新事业。这其中包括同样在第二届理事会第一次会议上
议决办理的与南京正中书局接洽出版百科全书一事;此外早在1930年就已经
计划出版的由郑贞文等三位社员翻译的片山正夫《化学本论》一书终于交商务
印书馆付印,并编为学艺社"自然科学丛书"之一,而该丛书计划直到6月理事
会开第三次会议方才正式确定。在此期间学社还讨论了如何继续国乐研究所、
如何设法补救《学艺》杂志延期过久、学艺中学应求如何发展等社务中的重要问
题,并决定在福州举办第八届年会的同时召开第二届董事会。社内事务之外,
学社与日本方面的交流又有复苏,1937年2、3月间外务省文化事业部田村真吾
理事官来华视察,3月至上海时受到学艺社接待。5月学艺社回应日本东亚同
文会下东亚同文书院邀请决定组织赴日考察团,但与以往不同,此次学艺社格
外重视其作为中国学术团体的立场以及国民政府的支持:

(甲)须得政府主管机关之许可

(乙)目的在宣扬今年中国建设情形,指正过去日本对华政策之错
误,希望今后日本对华能有比较正确之认识

(丙)所有演讲题稿,事先送政府主管机关核阅,事后在各日报刊布

6月,学社选定何炳松、叶溯中、潘公展、刘百闵、王兆荣、傅式说、周宪文7
人为团员,预备于8月初出发。日本驻上海总领事馆7月8日向外务省发函报
告此事时,强调参加者中有不少在中国教育界任要职之人士,建议将此行按照
纯粹学术团体交流来处理,外交部门虽尽力给予方便,但不必出头声张。[1]殊不
知前日深夜华北日军制造卢沟桥事变,其后战事迅速扩大,这一计划当然化为
乌有。

1928年社务改革至1937年抗战全面爆发期间,中华学艺社的发展长期受
到社内经济窘迫和日本侵华活动的制约。虽然内部经济和外部局势是这一时

---

①《日本文化事业部田村氏来社》,《中华学艺社社报》1937年第10卷第1期;《第二届理事会第二次
会议录》,《中华学艺社社报》1938年第10卷第2期;《第二届理事会第三次会议录》,《中华学艺社社报》
1938年第10卷第2期;《第四次理事会会议录》,《中华学艺社社报》1938年第10卷第2期;JACAR:Ref.
B05015793300,《满支人本邦视察旅行关系雑件 / 便宜供与关系 第九卷(H-6-1-0-4_3_009)》(外务省外
交史料馆)。

期民间社团面对的普遍课题，但学艺社恰恰是在中日关系之困局中寻求机会来解决经济之窘境，这无形中构成恶性循环，学社运营步履蹒跚也就不足为奇。上章已经详细叙述了自20世纪20年代前半起中日间因返还庚子赔款问题产生的种种冲突，而学艺社一方面因大量社员的留日背景成为日本方面试图笼络的对象，另一方面学社刚恢复社务并改制正欲大施拳脚开展事业，在寻求资源时积极利用的又正是这层日本背景，因此往往不能强势发声。这种矛盾处境到20世纪20年代中期学艺社开始实际得到日本挪用庚款的资助后进一步加剧，虽然会馆建设费用一事早在1931年国难前就已经落实，但学艺社从未公开点明这笔钱由何处来，仅在社报刊载之建筑设备费决算中列出来自"国外"的两次"文化事业捐款"，后来获日本外务省补助社所欠款时更是含糊其辞，只说款项乃自"海外"筹得。①

在日本外务省文化事业部看来，中华学艺社的规模和潜在的影响力虽有值得关注之处，但落实到发放补助层面无非是众多拨款对象之一，并无特殊对待。除社所一举募得日金十万元之外，学艺社仅有国难前每年派员赴日和20世纪30年代出版两种书籍得到资助，学艺中学和充实图书馆皆未获允，更不用说数次争取巨额基金的尝试。当然，学艺社争取资源并非仅限于日本，在国内为募捐一事也没少花力气，然而由于学社在拓展获取资源的渠道上取得的成绩有限，因此始终无法建立发展事业所需的稳定经济基础。虽然文教界中地位较高的人士如蔡元培、吴稚晖，乃至在国民党内拥有极大话语权的陈立夫和陈果夫皆先后被学艺社纳为名誉董事或董事，但为学艺社谋求发展显然并非他们着重关心的事项，到头来学社仍不得不自食其力。与此相对，中国科学社既有核心成员参与运营用美国返还庚款成立的中华教育文化基金会，又通过人脉长期积累了较大影响力并因此谋得国民政府巨额补助，乃至可以设立自己的图书仪器公司。学艺社虽与科学社来往不多，但1936年统计社员人数也有867人之多，同为国内最大规模之学术团体，这些情况也都看在眼里，因此社员对经济在学

---

① 《中华学艺社社所建筑设备费决算表》，《中华学艺社社报》1933年第5卷第4/5/6期；《董事会》，《中华学艺社社报》1934年第7卷第5/6/7/8期。

社发展中的关键作用有着清醒认识,无奈始终未能寻得打开局面之良策。[1]社务不振也常引来社员批评,其中对学社"大而无当"之形容可谓贴切。[2]

　　受迫于经济,1931年国难后学艺社虽在抗日这一原则问题上立场坚定,但仍然不得不继续向日本方面请求补助,而取得的成效仅为将本就靠日方资助才建起的社所欠款还去大半。社所虽能通过出租获取一定收入,但维护修缮等开支亦不少,因此亦无法支撑学社运营。仅凭少部分社员的微薄捐助支撑,学艺社计划的规模较大之事业几无能顺利发展者,尤以学艺大学和学艺中学这些教育方面的尝试为甚。即便是较为持续地有成果问世的出版事业,20世纪30年代的种种新计划也多以虎头蛇尾告终,反倒是20世纪20年代即启动的"学艺丛书"和"学艺汇刊"因依托商务印书馆,在一·二八事变造成毁灭性损失后仍能继续撑起学艺社的门面。国民政府时期政局相对稳定,学艺社却反而于1929年、1931年、1934年三次修改社章并更迭学社组织形式,频繁如斯在很大程度上正是源于经济困难中社务开展之不顺。在这种状况中学艺社运营本已艰难,1937年抗日战争全面爆发更是雪上加霜,社务在此危机中陷入全面停滞。

---

　　[1] 社员人数为1928—29年社务改进后重新统计,人数见《社员学历统计表》,中华学艺社总办事处编:《中华学艺社概况》,1936。1936年中国科学社统计社员登记人数为1870人,"确知其住址与职业状况者"约有1200人,见《中国科学社总干事报告》,《中国科学社第二十一次年会报告》,1936,第20页。

　　[2] 雷震:《社务改进之我见》,《中华学艺社社报》1931年第3卷第6期。

挣扎、衰落与结束(1937—1949)

　　全面抗战爆发后,中华学艺社社所因地处上海租界,所受直接物理影响相对有限,但全国规模的内迁迫使人员大量流动,因此战事最初学艺社短期参与在沪抗日救国运动后社务迅速陷入停滞状态。社所按照1937年春确定的全部出租方针,当年秋季起出租于交通大学,上海方面虽有理事长何炳松和理事周昌寿先后驻守,但不过是最低限度维持社产而已。随着各类机构向大后方迁移,从属于这些组织的社员亦四散往各自的新据点并努力开展工作,对学社事业自然无暇过问。1938年学艺社即有迁往重庆之议,但战中条件困难,重重耽误之下待社员在渝再开活动时已是1943年秋,而此后至抗战结束并未见学社有实质性事业之开展。

　　抗战结束学艺社即开始组织复员,不料却在回收社所一事上与借方产生龃龉,因此直到1946年7月方正式在上海恢复总社,旋即理事长何炳松离世。学社内部已是多事之秋,此时的国内局势剧变更添雪上加霜之效,高通胀更是进一步压缩了学艺社在出版外开展事业的空间。但学社仍努力开展活动,除坚持出版《学艺》杂志外,还编撰"日本研究资料"丛书并连年举办周年纪念会,同时干部选举亦恢复常规。在局势与资源限制下,这些活动当然无法突破学社以往的事业范畴,而且规模皆有缩小,没过多久社务便显疲态,因此在针对解放后新时期的需要进行调整时力不从心,解放初期所做的一些积极尝试终究抵挡不过长期以来学社"大而不当"的巨大惯性,以至于社领导都无意维持,浑浑噩噩数年后至1958年乃告结束。

第一节　战时的无形中止与恢复

　　1937年7月7日深夜发生的卢沟桥事变引发了全面的抗日战争。起初战事集中于平津一带,与1931年国难时一样,学艺社赴日考察计划取消,但除此之外,因总社在上海受到的直接影响有限,干部和职员的反应也主要集中在积极参与上海各界组织的抗日救国活动。7月14日,上海各界集会筹划成立上海市各团体援助抗敌将士联合会,至19日正式定名为上海市各界抗敌后援会,于22日正式举行成立大会,选定执行委员121人、监察委员25人。翌日该会即召开首次常务委员会议,决定主席团和秘书处人选,9位主席团成员中即有学艺社理事潘公展,秘书处秘书则包括了另一学社理事周宪文。8月,后援会决定筹设战时知识讲习所,向市民传授必要的战时知识。10日首次所务会议的出席者中除周宪文外还有学艺社候补理事陈高佣。讲习所正式开课前淞沪抗战已于8月13日爆发,但依托上海租界该事业仍得以推进,8月中旬照计划开始授课,至9月上旬办完两期,学员达数千。[1]

　　但学艺社干部往往并非以学社名义参与这些活动,如战时知识讲习所并未利用学艺社社所;正相反,此时学艺社对待社所并非着眼于利用,而是在推进落实春季做出的全部出租这一决定。1937年10月15日,学艺社召开抗战全面爆发后的首次理事会议(第二届理事会第五次会议),会议录仅有对"如何维持社所案"之讨论,其内容显示社所运营已几临濒危:

　　(a)本社除旧欠不计外,现存现金约计一百八十元许。

---

①《上海各团体一致声援抗敌将士》,《申报》1937年7月15日;《上海市各界组抗敌后援会》,《申报》1937年7月20日;《昨五百余公团热烈参加抗敌后援会成立》,《申报》1937年7月23日;《昨抗敌后援会首次常会》,《申报》1937年7月24日;《各界抗敌后援会筹办战时知识讲习所》,《申报》1937年8月10日;《战时知识讲习所务积极推进》,《申报》1937年9月8日,临时夕刊。

180

（b）本社本月份急须支出之数,则有巡捕捐电水费电话费工薪职薪煤费杂支共计七百七十九元九角一分。

（c）本社八九两月份应收未收房租尚有六百九十元七角五分外计十月份房租约计六百四十九元三角。

房租欠收自然很大程度上是因为战争在个体层面上造成的经济困难,学艺社对此虽有理解,但仍无助于解决燃眉之急:

> 如至本月二十日止所收房租,仍不足支出上项紧急费用,则至本月二十五日左右,水电势必断绝,迅即通知一般住客,俾作准备,并对已付房租之住客,表示歉意。

不到十天,24日理事会再次开会,报告收得房租总算勉强够付水电费,但会上讨论认为这不过缓解一时之难,而经济问题并未得到根本改善,于是议决将社所全部出租于因校址正好落在法租界外而陷入战区的交通大学,由傅式说、周宪文接洽。一周后10月31日召开的第七次理事会议上通过了租借契约。总社社所除保留数间房间自用外,其余房屋自11月起全部出租,每月收租650元;1938年、1939年7月交通大学两次续租一年,月租改为1200元,学艺社明言"所收月租用以整理社债"。有此收入学艺社终于还清全部欠款,产生的盈余则存入上海银行。[①]

由于学艺社社所在上海租界中,所以尽管8月起上海即发生战事,但出租工作反而得益于交通大学受到战事影响而能够顺利推进。这一安排虽然缓解了长期困扰学艺社的经济问题,但在战事迅速恶化的大环境下,开展新事业自然毫无可能,而维持原有事业也不可避免地越来越困难。《学艺》杂志第16卷第4期在淞沪会战前正拟出版,但八·一三后南京亦于12月初沦陷,而上章提到杂

---

① 《第五次理事会议录》,《中华学艺社社报》1938年第10卷第2期;《第六次理事会议录》,《中华学艺社社报》1938年第10卷第2期;《第七次理事会议录》,《中华学艺社社报》1938年第10卷第2期;《社所全部出租及社务收缩经过》,《中华学艺社社报》1938年第10卷第2期;《社所继续租借交通大学》,《中华学艺社社报》1939年第11卷第1期。

志编辑部1935年已迁至南京学艺中学,因此该期《学艺》未能面世,杂志整体乃至学艺中学亦不得不停办。此外,上章还提到1937年学艺社酝酿夏季派遣赴日考察团一事受战争影响夭折,而第二届理事会履新时即议决在福州召开第八次年会,其间考虑到夏期包括考察团在内大型活动较多遂决定延期至寒假,战事爆发后当然也只能于"无形中停止举行"。①

整体来看学艺社社务在战前已欠发展,进入全面抗战时期再受此番影响,活动进一步收缩在所难免。另一方面,学艺社运营多由有志社员兼职负责,战事爆发后学社多数干部需集中精力于本职工作方面的应对,社务更是无人照料。如何炳松于1935年初出任理事长一职时已在商务印书馆身居要职,而不过半年于7月初又受到国民政府聘任为国立暨南大学校长,本已事务繁多,1937年全面抗战爆发后只能优先考虑维持大学。7月中旬何炳松按照计划前往庐山出席蒋介石召集的全国教授谈话会,回沪后即着手安排将暨南大学从真如校舍迁往租界,至8月依其学艺社关系设大学临时办事处于社所,还一度将大学的各种设备什物搬入,临近淞沪抗战全体学生亦转移至社所一时避难(此时尚无将社所出租于交通大学一议)。秋季何炳松为暨南大学内迁一事前往江西等地考查,缺席学艺社理事会第五、六、七次会议,至次年初在长沙因过度劳累卧病。1938年3月何炳松召集学艺社理事在汉口开会,议决将总社迁往重庆,上海方面接到通知后遂将社印邮寄曾在董事会时期担任常务董事、现在仍任新制董事的重庆大学校长胡庶华,请其转交学社代理总干事马宗荣。②

何炳松一番奔波后教育部却电令暨南大学暂时留在上海租界办学,于是1938年中何炳松回到上海主持校务。鉴于学社社所地处租界内尚得安宁,而租金收入又使经济状况有所改观,何炳松遂提议继续战前一度中止的国乐研究所工作,请沈三明研究昆曲歌谱。此事未见有实质性成果,而学艺社决定总社迁

---

① 《第二届理事会第三次会议录》,《中华学艺社社报》1938年第10卷第2期;《第八届年会暂停举行消息》,《中华学艺社社报》1938年第10卷第2期;《学艺杂志续出十五卷十期及十六卷一二三四期》,《中华学艺社社报》1938年第10卷第2期。

② 房鑫亮:《忠信笃敬——何炳松传》,浙江人民出版社,2006,第197—198、209—210页;《行政院昨开例会》,《申报》1935年7月3日;《国立暨南大学通告》,《申报》1937年8月15日;《社所全部出租及社务收缩经过》,《中华学艺社社报》1938年第10卷第2期;《总社迁渝经过》,《中华学艺社社报》1946年第13卷第1期。上章提到董事会本拟于学社第八届年会上换届,但由于年会流产,董事会成员应为直接延续第一届。

渝后驻沪办事处虽有何炳松和谭勤余两位多年来为社务操劳的干部主持,然实则"仅办理社员通讯及管理杂务而已"。杂务之中即包括学社财务,会计报告显示学社通过收缴租金至1940年底在银行存款已达近一万六千元国币,后来上海事务所报告这笔钱此后分三次、每次五千元汇往重庆供总社支用。重庆方面发展则并不顺利,1938年学社决定迁渝后社印在邮寄途中不幸遗失,而内迁社员又往往流离各地难以组织,因此在较长时期内没有活动,国民政府要求团体重新登记时学社也未能在期限内提交申请。直到1940年,理事王兆荣、周昌寿、周宪文等先后因事前往上海,借机与理事长何炳松会商,最终由何炳松于1941年在沪召集第九次理事会议,议决委托理事谭勤余赴重庆时顺便促成总社迁渝事宜。同年夏天王兆荣、谭勤余等先后抵达重庆,将此决议转达给在重庆的社员,得到董事长陈其采以及陈立夫、潘公展、刘百闵、范寿康、龚学遂、何公敢等诸多董理事和各辈社员的热心推动。[①]

迁渝一事虽终得付诸实施,但谭勤余赴渝后驻沪办事处仅剩理事长何炳松与理事周昌寿二人。1941年12月太平洋战争爆发,何炳松又随同暨南大学迁避福建建阳。周昌寿在1920年代长期以副总干事一职领导学社,因其功劳学社数次改制周昌寿仍屡次当选干部,但1932年夏辞去实际职务后即疏远学社运营,此番一人留守上海,虽有总务干事辅佐,其中辛酸仍可想而知。太平洋战争爆发后,租界不再有保护功能,局势亦趋恶化,驻沪办事处"迭遭敌军搜索,丧失一部分图书,更被勒索社所中全部水汀,以供军用,几经苦抗,始获幸免"。到战争末期通货膨胀又日益加剧,原本产生可观盈余的租金竟难以维持学社职员最低限度之生活,一名工友甚至被敌杀害,驻沪办事处在此境况下艰难支撑至抗战结束。[②]

重庆方面,虽然受托负责内迁事务的谭勤余1941年已经抵渝,但学艺社在战争时期的恶劣环境下迟迟未能开展工作,直到1943年10月23日方组织社友

① 房鑫亮:《忠信笃敬——何炳松传》,浙江人民出版社,2006,第209页;《驻沪办事处消息》,《中华学艺社社报》1939年第11卷第1期;《本社国乐研究所继续办理经过》,《中华学艺社社报》1939年第11卷第1期;《会计报告专号》,《中华学艺社社报》1940年第12卷第1期;《总社迁渝经过》,《中华学艺社社报》1946年第13卷第1期。

② 《驻沪办事处最近五年来经过概况》,《中华学艺社社报》1946年第13卷第1期;《重要会议纪录》,《中华学艺社社报》1946年第13卷第1期。

座谈会,理事王兆荣、谭勤余、刘百闳,候补理事雷震、史维焕,以及社员共有11人出席,会上成立"中华学艺社社务促进会",到会者皆为委员,推举谭勤余、刘百闳、雷震为常务委员;同时议决借中国工矿银行一部分为社所,并向该行借款一万元,另外还决定向政府呈请登记和调查社员现状。12月3日适逢学社成立纪念日,促进会借国民参政会之机召开会议,议决推举李毓田为学社总干事,负责办理备案及社员调查等事宜。1944年1月,学艺社第十次理事会议得以在重庆召开,在渝理事、候补理事陈立夫、张梦麟、郑贞文、刘百闳、潘公展出席——郑贞文于1933年离沪赴闽后时隔十年再次参与社务。会上正式通过李毓田担任总干事一案,报告董事长陈其采从驻沪办事处存入上海银行的款项中提出21416.54元,并提议今后每年向每位社员征收社费100元。1944年4月15日学社举办重庆分社成立大会,总社方面向国民政府社会部申请备案时对社章有所修改,社会部指令学社进一步修正后于6月9日准予备案,随后学艺社领得图记,"于六月二十七日备文呈报启用日期",由是在渝正式恢复。新社章对学社组织又有调整,理事会由9—11人扩编至15—21人,取消董事会改设5—7人之监事会,产生方式与理事会相同。[①]

总社虽然得以恢复,但仍值战期,因此开展活动的空间极为有限。1944年7月31日,第十一次理事会会议暨总分社干事联席会议在重庆召开,会上讨论了重庆分社永久社址、推举陈其采暂时代理理事长、恢复社报等案,其中需要事后落实的事项未见下文。同年12月3日,学艺社在重庆召开第二十九周年纪念大会,会上不对现下社务进行布置,反而大谈有朝一日战争胜利收复台湾东北后如何接收的问题。[②]台湾、东北自全面抗战爆发前皆为日本长期占领,与战中沦陷区不同,有日本设立并耕耘之各种事业,而学艺社以其留日背景社员众多为优势不免对此觊觎,而时下虽然日本在太平洋战场上面对美军渐难招架,

---

① 《总社迁渝经过》,《中华学艺社社报》1946年第13卷第1期;《总社在渝筹备成立情形》,《中华学艺社社报》1946年第13卷第1期;《重要会议纪录》,《中华学艺社社报》1946年第13卷第1期;《中华学艺社社章》,《中华学艺社社报》1946年第13卷第1期;《社会部指令》,《中华学艺社社报》1946年第13卷第1期。提出的2万余元为上文提到的驻沪办事处分三次汇出共计1.5万元增值后的金额,但学艺社的会计报告中无该笔资金运作之记录。

② 《重要会议纪录》,《中华学艺社社报》1946年第13卷第1期。

但国内主战场日军颓势并未明晰,因此学艺社此番议论不过纸上谈兵,在次年8月日本投降前无论该案还是社务整体皆未有实质进展。

第二节 战后复员

抗日战争胜利不久,中华学艺社驻沪办事处即接到总干事李毓田和理事王兆荣、谭勤余来函交代接收社所和筹备复员事宜。理事刘百闵由重庆赴上海,向教育部主张社产主权,同时与交通大学方面沟通交接事宜。1945年10月4日,驻沪办事处召集了欢迎复员在沪社员茶会,由留沪理事周昌寿主持,刘百闵报告了总社迁渝后的情况。刘提到在渝总社曾集会多次,议决募集基金、接办日本在华文化事业中上海自然科学研究所和东亚同文书院北平人文研究所等机构,希望发动社友早日推动相关工作。11日学社召开筹设上海方面社务推进委员会发起会,由于抗战后期通货膨胀造成学社经济再度紧张,会上报告活动经费由社员杨俊生垫借10万元,并确定下属总务组、财务组、出服组、其他文化事业组人员。14日委员会召集第一次各组联席会议,理事长何炳松因前往重庆出席教育复员会议经过上海顺便参会并主持,会上决议请何赴渝后接洽总社,共同商议呈请教育部补助事业费、请求董理事筹经常费、筹备年会、改选理事监事各项事宜。后因何炳松留沪,改由社员杜佐周赴渝转达。①

11月5日,教育部部长朱家骅抵沪到社视察,学社召集全体社务推进委员宴请。朱家骅虽身居要职又为学艺社旧制董事,但席上并未带来太多利好消息。一方面学艺社寄以厚望的日办上海自然科学研究所和东亚同文书院北京人文研究所已拨给其他机关接收,另一方面教育部亦无充裕经费可补助学艺社,仅能介绍学社向他处借款。为解决学社经济问题,朱家骅建议将现有社所出售,另置规模较小之社所,则余款即可充抵基金。学艺社战中将社所出租于交通大学所得租金此时早已不足成事,于是学社以道契为抵押向中央信托局借

---

① 《总社复员经过》,《中华学艺社社报》1946年第13卷第1期;《重要会议纪录》,《中华学艺社社报》1946年第13卷第1期。

款490万元,1946年6月底期满还清前依靠杨俊生运作得以支撑社务。交通大学方面租约本应于1946年1月到期,但到期前交大未同学艺社商议即将社所转让于国立临时大学,于是学艺社抗议,最后在政府教育部门斡旋下达成妥协,临大于同年7月结束后与交大共同分担费用以修理社所并交还学艺社。[①]

1945年秋,国民政府收复台湾,随即组织国内有关力量接收台湾各事业。由于台湾日据时期较长,国民政府在任命接收人员时不免有相关考量,学艺社遂有部分社员成为接收文化教育事业的要员,如范寿康、周宪文战后长期在台湾活动,负责接收台北帝国大学的罗宗洛亦为学艺社员,周昌寿也在战后不久前往台湾并停留数月。学艺社既有诸多社员在台,便借机组织台湾分社,于1946年3月6日成立。不久,周昌寿于5月由台返沪,同为理事的王兆荣则由成都抵沪。此时理事长何炳松因承担暨南大学、上海商学院的复校和教育部上海甄审区等工作,旧疾复发,卧床不起,为商讨社务学社理事在何病榻前集会多次,其中就有6月23日战后首次在上海召开的理事会议(第十二次)。会上报告《学艺》杂志、年会地点、社屋修葺和运用、任命职员等事项,并议决总社于7月1日迁回上海社所办公。[②]

1946年7月国立临时大学结束,社所虽由学艺社收回,但在交通大学和临大经年使用后已破败不堪,因此学社"开始复员以来,第一项工作,即为修葺社所"。这当然又需要大笔资金,学社初估最少需6000万元,而教育部只核准交大临大赔偿3000万元,学社遂不得不先向银行透支款项并一边继续交涉,直到年底才最终解决这一问题。与此同时,学社一方面着手进行复员工作,如开始举办社员重新登记,另一方面亦试图开展事业。7月6日,学社召开理干事会议,议决事项中包括设立数理专科学校兼办补习学校和设立行政法学、中国经济、国语、化学、民族卫生、天文等各研究室。同月25日,理事长何炳松因病在社所住处逝世,学艺社一边积极参与料理后事,一边继续推进社务。8月11日第十五次理事会议决由周昌寿任代理理事长,候补理事罗宗洛递补理事。15日理事会进一步对学社事业进行安排,布置事项包括搜集日本出版有关研究我国之文献资料、调查并介绍战后日本之各种设施状况、搜集抗战以来所有日本出

[①]《总社复员经过》,《中华学艺社社报》1946年第13卷第1期。

[②]《总社复员经过》,《中华学艺社社报》1946年第13卷第1期;《重要会议纪录》,《中华学艺社社报》1946年第13卷第1期;《分社情况》,《中华学艺社社报》1946年第13卷第1期。

版图书杂志、派遣专家赴日本、朝鲜等地视察当地设施。同期学艺社对外交流亦逐渐恢复,于8月13日招待赴日参加中国代表团文化工作的吴文藻,9月12日又联合其他九个团体在社所举行茶话会,欢迎来华讲学的美国哥伦比亚大学历史教授裴斐(Nathaniel Peffer)。[①]

1946年10月,面向社员的通讯《中华学艺社社报》复刊,报中刊登启事预告《学艺》杂志亦将恢复,定于12月3日学社二十九周年发行复员特号,并向社员征求稿件。在准备《学艺》复刊的同时,10月13日何炳松追悼大会在学艺社社所三楼大礼堂举行,300余人出席;26日学社又在社所大厅为何炳松家属发起募捐,共募得700万元。[②]11月1日,周昌寿为发行《学艺》杂志请求社会局登记,陈述杂志"发行旨趣为研究真理昌明学术,编辑纲要及特长为纯学术性文章"。社会局第十科考察意见认为"该刊为纯学术性刊物,已有20年之历史,现在胜利复刊……复核通过"。年底稿件整理就绪,但登记手续直到次年3月方才办妥,《学艺》于第17卷第1号正式复刊,标记1947年1月出版,其后第2、3号亦陆续出版。自此卷起杂志附英文目录,1号杂志西文名称仍用德文Wissen und Wissenschaft,2号起改为英文Arts and Sciences。[③]

《学艺》杂志复刊虽未能赶上12月3日学社成立纪念日,但经念日当天学艺社仍举办聚餐会庆祝。事后报告此次为"本社成立第二十九周年",但早在1944年12月抗战尚未结束时,总社已经在重庆举办过第二十九周年纪念大会,而考虑到丙辰学社成立于1916年,这两次聚会的数字显然皆有出入,疑为多年战乱加上学社本身人员更迭造成记忆偏差。1946年这次虽有学社创始人之一、又在

---

①《何理事长炳松病逝上海》,《中华学艺社社报》1946年第13卷第2期;《周理事昌寿被举为代理事长》,《中华学艺社社报》1946年第13卷第2期;《罗候补理事宗洛递补理事》,《中华学艺社社报》1946年第13卷第2期;《欢迎美国裴斐教授茶话会》,《中华学艺社社报》1946年第13卷第2期;《欢迎吴文藻先生茶话会》,《中华学艺社社报》1946年第13卷第2期;《与交大临大交涉迁房及赔偿修葺费经过》,《中华学艺社社报》1946年第13卷第2期;《本社社所修葺情况》,《中华学艺社社报》1946年第13卷第2期;《旧社友踊跃登记》,《中华学艺社社报》1946年第13卷第2期;《理干事会议决议本位工作计划》,《中华学艺社社报》1946年第13卷第2期。

②《学艺杂志复刊启事》,《中华学艺社社报》1946年第13卷第1期;《何理事长炳松病逝上海》,《中华学艺社社报》1946年第13卷第2期;《本社为何理事长家属发起募捐》,《中华学艺社社报》1946年第13卷第2期。

③《上海市社会局(关于)中华学艺社、中华学艺通讯社(季刊)》,1946年,档案号:Q6-12-32,上海市档案馆;《学艺杂志复刊经过》,《中华学艺社社报》1947年第14卷第1期。

20世纪20年代长期以副总干事主持社务的周昌寿坐镇,但周在20世纪30年代亦曾一度疏远学社活动,印象不免弱化。既然已经疏远社务,那么战中回归主持驻沪办事处可能是不得已为之,而非出于本意,但周氏功劳社员自然看在眼里。1946年底,学艺社组织理、监事会改选,总社将选票寄发各地社员,1947年3月底截止,4月5日开票共计得263票,逾期失效2票,周昌寿以215最高票当选理事,高出次位雷震45票之多。①

虽然1946年底学艺社已经开始操办改选事宜,但并没有因此暂停开展事业。1947年1月18日,学社成立日本研究会,并于1月18日、1月25日和2月25日迅速召开三次座谈会,先后讨论如何联系日本方面并拟定组织大纲。4月5日选举开票后第三届理监事第一次联席会议于同月20日召开,会上报告了复员以来的社务,并确定了此届学社干部:

理事长	周昌寿				
常务理事	周昌寿	雷震	罗宗洛	刘百闵	戴时熙
理事	周昌寿	雷震	白鹏飞	罗宗洛	王兆荣	刘百闵
	陈立夫	张梦麟	谭勤余	李毓田	胡政之	杨云竹
	陆志鸿	潘公展	朱家骅	戴时熙	戈绍龙
候补理事	范寿康	欧元怀	杨俊生	郑贞文	史尚宽	王云五
	何公敢	钱歌川				
常务监事	陈其采				
监事	龚学遂	何基鸿	陈其采	陈大齐	周宪文
候补监事	陈果夫	王宠惠			

1947年5月17日常务理事会召开会议,议决通过了1947年度工作计划,其中即包括出版"日本研究丛书"一项。同期国民政府社会部令各团体改选备案,学艺社将新理监事名单呈报,于6月13日获准立案。7月6日,集合全国自然和应用科学各种定期刊物的中国科学期刊协会成立,《学艺》杂志当选为监事,由

---

① 《本社第二十九周年聚餐会》,《中华学艺社社报》1946年第13卷第2期;《理事会筹备改选》,《中华学艺社社报》1946年第13卷第2期;《第三届理事会改选揭晓》,《中华学艺社社报》1947年第14卷第1期。

张梦麟以及学社新任编辑干事郑允恭出席相关会议。[①]

1947年8月起学社开始准备年会，10日召开的第四次常务理事会上推举总社以及各地分社筹备委员，10月16日召开三十周年年会的第一次筹备委员会，考虑到交通等因素，议决年会分区举行，除京沪杭为一区，其余地方各自为一区，个别可同时举行，会上同时确定了年会职员名单。12月3日，学艺社30周年纪念会——纪年延续了前一年的偏差——暨抗战胜利后首届年会如期召开，总社方面会员连带家眷共有百余人出席。上午为开幕式，主席程时煌致词、理事长周昌寿报告年会筹备经过后，上海市教育局局长李熙谋、中国科学社理事长任鸿隽、名誉社员张元济及各地分社代表逐一致词。总社干事李毓田随后报告会务，提到学艺社现有社员2300余人，此次大会另有全国十个分社以及华盛顿、日本两处在各地庆祝，而目前重要社务为出版杂志及丛书。开幕式结束之后，参会人员出席上海市长吴国桢主办的宴会，下午进行学术演讲和社务讨论，3日至7日社所二楼同步举办文物展览。年会同日成都、武汉、江西、贵州、福州各地分社亦开会庆祝，台湾与广州分社则各自于6日和7日延期举办。值得一提的是，福州分社提交于总社的年会报告为郑贞文撰写，而郑贞文似并未出席当日纪念活动，其致辞文章以回顾学社发展为主，开篇即指出学社成立于"民国五年即丙辰年"，疑有提醒更正学社纪年之意。[②]

1947年底学艺社的出版事业有新的成果问世，年中付印的罗宗洛译日本池野诚一郎著《植物系统学》上下二册由商务印书馆以"中华学艺社自然科学丛书"第二种出版（第一种为战中出版的《化学本论》）；年初学社成立的日本研究会组织编撰的"日本研究资料"第一辑由大成出版公司同期出版，次年初第二辑

---

① 《本社成立日本研究会》，《中华学艺社社报》1947年第14卷第1期；《第三届理事会改选揭晓》，《中华学艺社社报》1947年第14卷第1期；《第三届理监事第一次联席会议》，《中华学艺社社报》1947年第14卷第1期；《本社本年度工作计划》，《中华学艺社社报》1947年第14卷第2期；《社会部颁发本社新立案证书》，《中华学艺社社报》1947年第14卷第2期；《本社出席科学期刊协会理监事会》，《中华学艺社社报》1947年第14卷第2期；《编辑干事到社就职》，《中华学艺社社报》1947年第14卷第2期。

② 《本年度年会筹备委员会议》，《中华学艺社社报》1947年第14第卷3期；《本社京沪杭区三十周年举行胜利后首届年会》，《中华学艺社社报》1948年第15卷第1期；《台湾分社年会报告》，《中华学艺社社报》1948年第15卷第1期；《成都分社年会报告》，《中华学艺社社报》1948年第15卷第1期；《武汉分社年会报告》，《中华学艺社社报》1948年第15卷第1期；《江西分社年会报告》，《中华学艺社社报》1948年第15卷第1期；《广州分社年会报告》，《中华学艺社社报》1948年第15卷第1期；《贵州分社报告年会情形来函》，《中华学艺社社报》1948年第15卷第1期；《福州分社年会报告》，《中华学艺社社报》1948年第15卷第1期；郑贞文未见于福州分社年会合影中，见同期第11页。

亦问世,全套共10册:

《战后日本与盟国》

《对日管制概说》

《战后日本的财政经济》

《战后日本的实业状况》

《战后日本的文教》

《战后日本的文艺及社会》

《战后日本的社会》

《投降前后的日本政局》

《战后日本的政党与议会》

《战后日本的宪法与皇室》

　　该丛书虽然涉及话题较多,但篇幅不长,皆为三四十页前后之小册子,主要便于读者对日本有大概认识和了解。①《学艺》杂志亦于1947年出满12号,为杂志创办以来期数最多之一年,然而篇幅上每号仅有32页,远少于全面抗战前1936年的每号百余页,内容的吸引力也因此相应降低,20世纪30年代主持编辑部的周宪文于1948年初在社报刊文直指"没有几位社友会对今天的学艺杂志感到兴趣的"。但周同时指出这一问题并不在《学艺》杂志本身,而是来源于学艺社的综合学术团体属性,因此从这个角度来说应更加强化其内容的专业性,但在运营上可拓宽思路以节省开支。②

　　1948年6月,因接到主管机关指示"社报"二字不妥,《中华学艺社社报》自第15卷第2期起改为《学艺通讯》,仍以通报社务为主要内容。但这一年学社动静不多,6月28日理事白鹏飞在桂林病故,同两年前何炳松去世时一样,学艺社组织追悼募捐,理事空缺由范寿康递补。年中常务理事会开会商讨本年度年会举办方法,议决仍照去年总社分社分别举办之方式,"并更进一步,不限于已成立分社各地。凡有社友住在之处,少至三五人,亦可自由集合,共襄盛举";时间

---

① 《编印日本研究资料》,《中华学艺社社报》1947年第14卷第3期;《日本研究资料新刊》,《中华学艺社社报》1948年第15卷第1期;《发刊旨趣》,《战后日本与盟国》,大成出版公司,1947。

② 周宪文:《关于学艺杂志的一点意见》,《中华学艺社社报》1948年第15卷第1期。

亦仍定于12月3日,此次终将纪年更正,曰"本社成立满三十二年纪念日"。11月6日,学艺社召开第四次理监事联席会议,会上着重讨论理事刘百闵提出的临时动议筹办"学艺学院"一案并得到理监事一致通过,遂当即组成"学艺学院筹备委员会",公推周昌寿为召集人,预计翌年1月开始招生开课,为恢复学艺大学之先声,并拟顺便恢复学艺中学并添设职业补习班。12月3日第三十二周年年会如期召开,然"因时局关系,一切从简",签名到会者仅35人,于下午四点到五点举行茶会,六时聚餐;各地分社亦于成立纪念日前后举办年会。①

年会后不久,鉴于次年理监事会任期将满,学艺社于1948年12月12日理事会议上讨论改选事宜,会后即进入互选留任理监事流程,次年春开票,周昌寿、罗宗洛、王兆荣、范寿康、戴济民、张梦麟、谭勤余、李毓田、戈绍龙九人留任理事,龚学遂、何基鸿、周宪文三票留任监事。其余理监事名额本应由全体社员普选补足,但渡江战役展开,不久上海解放,时局突变,只得暂且作罢。②实际上自抗战末期以来,国内经济状况每况愈下,学艺社经营状况亦随之逐渐恶化。1948年通胀最为剧烈之时,《学艺》杂志单册定价一度达到十万元,而即便如此仍因"社费支绌,而印刷费,排工与及纸张等无不飞涨"不得不将18卷9、11号和10、12号各自合刊出版,至1949年改卷号为19卷后,非但篇幅进一步缩减,所刊稿件竟直接从封面印起。③此等经济局面下国民政府之失败在所难免,但对学艺社来说复员不过3年则又要根据外部政局之变化进行调整。

尾 声

1949年4月23日,中国人民解放军占领南京。见渡江战役已取得重要战果,交通大学于5月初组织疏散,学艺社受到牵连:

---

① 《本社报更名启事》,《学艺通讯》1948年第15卷第2期;《白理事鹏飞病逝桂林》,《学艺通讯》1948年第15卷第3期;《本社为白故理事鹏飞募集子女教育金第一次报告》,《学艺通讯》1948年第15卷第3期;《范候补理事寿康递补理事》,《学艺通讯》1948年第15卷第3期;《本年度年会办法》,《学艺通讯》1948年第15卷第3期;《筹备恢复学艺大学》,《学艺通讯》1948年第15卷第4期;《本社第三十二周年纪念会》,《学艺通讯》1948年第15卷第4期。

② 《一年来之上海总社》,《学艺通讯》1949年第16卷第1期。

③ 《编辑后记》,《学艺》1948年第18卷第9/11号。

……五月四日，国立交通大学突派事务员引导士兵一连，荷枪实弹，开到本社，既不征求本社同意，又不问本社房间能否容纳，强将本社各房间用粉笔一一加以号配，乱行搬拆，然后以数辆大卡车载五百余架铁床，以及若干木炭、米粮、铁锅、木桶等，蜂拥而来，将所有本社前楼及后楼一部分乃至天井、走廊等，尽行占用，以致图书档案陈设等乱堆一团，桌椅门窗玻璃纷纷破损，又因人多且少管理，更演成严重卫生问题，粪尿四溢，污水满地……

遭此莫名之飞来横祸，学艺社自然反应强烈，一方面制止交大人员不再破坏糟蹋，另一方面与交大交涉损害赔偿并令其迁出，过程牵连到上海文教界多个方面。学社理事长周昌寿即行致信国民政府教育部驻沪办事处：

查本社为国内著名纯粹学术团体，三十余年来对于国家社会之贡献世所周知，乃日前交大竟带引军队，突将本社加以强占，将图书档案任意乱掷，将桌椅拆毁遗弃道旁，将本社唯一办公室亦加以解散，办事员驱逐于外。此次本社所遭遇之惨，比在敌伪时期尤有过之，此种惨况仍在继续扩大中，为此迫切恳请

钧座迟赐饬令前途限本月九日迁出并员担因此事件所有一切损害赔偿不胜屏营待命之至谨呈

教育部驻沪办事处主任委员程

——中华学艺社理事长周昌寿

5月19日，在教育部代表程时煃、复旦大学校长章益、大夏大学校长欧元怀列席下，学艺社与交大双方举行会谈，就道歉、使用、迁出、费用等事宜达成一致。5月27日解放军控制上海，30日交大致函学艺社重申将尊重并履行之前所作承诺，之后交大学生返回原校址，此事终告解决。①

---

①《中华学艺社关于恳请谕令交大学生限期迁出本社的报告》，档案号：B1-1-2212-67，上海市档案馆；《中华学艺社关于交大学生住宿问题的谈话记录》，档案号：B1-1-2212-70，上海市档案馆；《一年来之上海总社》，《学艺通讯》1949年第16卷第1期。

此番交大制造事端当然有局势驱动之因，但学艺社亦直接受局势影响，自身尚且应对不及再遭如此无理取闹，自然反应激烈。学艺社总社就职能来说规模并不大，与社所体量显然大不匹配，抗战后在上海复员不久即自1946年9月起将后楼租于商务印书馆，直至1949年退租。交大强行夺占学艺社社所无疑有觊觎其规模之因，而1949年5月中旬解放军进入上海后，也曾多次向学艺社商借社所以供住宿之用，此时学社对形势把握尚不清晰，接待时虽如实报告情形并领看房间，但"每日送往迎来，终觉惴惴不安"，恰好筹备恢复学艺大学一案有王兆荣、周昌寿等先另行创办私立人文大学及附设中学之议，学艺社便将该大学、中学招牌挂出，"从此问房者始日见稀少"。[1]

解放伊始不确定性较强的时期很快过去，学艺社得以在社务上开始进行调整。考虑到战争仍未结束，与国内社员联络不易，学艺社遂暂继续搁置改选，而在6月27日组织原理监事及创办人扩大会议，议决组织临时社务委员会作为过渡措施。1949年7月1日开第一次社务会议，推举周昌寿、罗宗洛、龚学遂、周予同、张梦麟为常务委员，李毓田为总干事。7月3日召开第一次常委会议，推举周昌寿为主任常务委员兼《学艺》杂志发行人。同时，为在新政权下取得自身合法性，学艺社积极办理相关手续，包括向高等教育处呈报备案、向文教管理委员会申请《学艺》杂志登记、向地政局申请以私立学术团体之属性豁免地税。另一方面，学社也投入到解放后上海的社会活动中，以组织社员写慰劳信和募捐的方式参与劳军救灾运动，并附和筹备上海科学技术团体联合会之必要性。此时学艺社仍由临时社务委员会主理社务，而主任委员周昌寿由于近来一系列变故操劳过度，以急须静养为由坚决辞去主任委员一职，该职位后由龚学遂、罗宗洛代理。[2]

1949年10月1日，中华人民共和国正式成立。10月14日，学艺社召开社友座谈会，学社虽一贯坚持不问政治，但此次座谈会议题直接将政治属性冠于学社，社员对新局势把握之差异在讨论中无比明晰。议题由林植夫发起，林早在1920年代以林骥之名行事时，就对参与政治活动较为积极，第三章提到其在1925年五卅运动后与何公敢（时名何崧龄）二人代表学艺社签名加入上海各学术团体联名呼吁抗议，后来林一度远离学社活动并加入新四军参与革命，抗战

---

[1]《一年来之上海总社》，《学艺通讯》1949年第16卷第1期。

[2]《一年来之上海总社》，《学艺通讯》1949年第16卷第1期。

后复员时期起又重新活跃于社内。此番新中国成立，林植夫响应形势，高声疾呼学社"应承认学术艺术的阶级性，而首先来一个清社运动，把一切反动份子清除出社，俾保持本社的纯洁"。座谈会上林即以此论点打响头炮，同时提议《学艺》杂志需改变方针"以便工农的阅读"。林的提议得到社员盛沛东的赞同，盛甚至进一步主张"向苏联一边倒"。其余参会社员的观点皆相对保守，即便原则上同意林植夫的提议，在落实上也往往持保守姿态，如陈岳生认为清查社员应有一定范围，宋大仁提出"无论反动与否，其社员资格总应有的，不应取消其社员资格"；针对《学艺》杂志则有朱洗认为现下"内容很好，不一定学时髦，假若今忽然改变方针，一反过去传统，而落于流俗，不见妥当"，郑允恭亦希望对完全推翻现状一事慎重考虑，吴岐更是以"如照林社友所提，可依据辩证唯物论观点撰文，不必问其通俗与否"为论点，主张《学艺》仍保持其高深传统。[①]

由研讨会情形来看，学艺社总体对新局势的把握仍不明确，因此新中国成立后较长一段时间内，学社处于调整应对状态。1949 年 12 月 3 日学艺社召开年会，会上额外推举十数名社务委员，由龚学遂任主任委员，后由罗宗洛代理，总干事则仍由李毓田担任，后由费鸿年代理。1950 年初，周昌寿因脑淤血去世，失去元老更为社务更新带来障碍，直到下半年学社活动才逐渐复苏。7 月 2 日，上海市科学团体联合大会在学艺社大礼堂举行；同月底《学艺》杂志恢复出版；8 月 12 日，学艺社第八次社务会议召开；同月 18 日代理总干事费鸿年出席在北京召开的全国科学工作者代表会议；8 月 30 日，学社召开第九次社务会议，会上议决开辟书报阅览室，公开供人民阅览，10 月 4 日正式开放。另外，下半年举行四次演讲，第一、二次内容为米丘林学说——这正是上年林植夫大力提倡学艺社介绍的学说之一，第三次为东化工业及华东教育会议，第四次主题则为朝鲜问题。这一系列活动显示出学艺社在努力适应新时期的发展要求，这一倾向在 1950年 12 月 4 日举行的学社成立三十四周年纪念会上得到集中体现。主席罗宗洛致开会词时对过去进行检讨直言有"与政治缺乏联系"之不足，由杭州前来参会的朱章宝亦指出当下学社与政府之间应有的关系："本社犹一细胞，政府犹一大

---

① 《社友座谈会》，《学艺通讯》1949 年第 16 卷第 1 期；林植夫：《致全体社友》，《学艺通讯》1949 年第 16 卷第 1 期。

脑,细胞本身固然要努力工作,更须与大脑配合相辅而行。"①

1950年秋起,学艺社筹划改选临时社务委员会1951年度社务委员:

　　……名额规定二十五名,由本届社务委员会提出三十四候选人名单,函请上海区社友圈选名额中三分之二,即十七名,余三分之一名额,即八名保留由各地社友圈选。

次年1月7日社务会议对上海区选举开票,当选委员17名,候补委员八名:

委员	罗宗洛	费鸿年	李季谷	程时烺	华汝成	陈岳生	张梦麟
	张有桐	欧元怀	盛沛东	宋大仁	许君远	朱洗	高公度
	屠模	范扬	杜佐周				
候补委员	周伯棣	陈则道	唐惟倣	高铦	杨俊生	杨鹏	郑允恭
	魏肇基						

这一名单中学社创始人仅剩候补委员之高铦与杨俊生,而20世纪20、30年代活跃的社员亦所剩无几。1951年1月10日新一届临时社务委员会第一次会议召开,讨论通过委员会章程、本年度工作计划,推举罗宗洛、程时烺为正副主任委员,费鸿年为总干事,任命常务委员9人,设立财务、出版、联络、服务四委员会并任命负责人。②

1951年的社务基本按照此次会议决定的工作计划展开,除发行《学艺》杂志和运营图书馆这些常规工作外,学艺社继续为适应时代努力探索。2月郭沫若率领中国代表团出席世界和平理事会,同月7日学艺社发公开信于日美两国人民。另外,上年秋中国人民志愿军赴朝鲜援助抗美,学艺社自4月27日起发动签名运动,拥护缔结和平公约、反对美国武装日本;6月27日又义映电影《以身许国》,将入场收入捐献武器;8月23日举行烈军属招待会,放映电影《游击英雄》。这些活动显示学艺社已在积极将政治要素融入社务,而实际开展的活动也脱离了严肃学术而更亲民化。这在学社方方面面的社务中皆有反映,如社内

---

①《中华学艺社一九五〇年度社务总报告》,《学艺通讯》1951年第18卷第1期;《总社社务会议汇报》,《学艺通讯》1951年第18卷第1期。

②《总社社务会议汇报》,《学艺通讯》1951年第18卷第1期。

有庆祝春节、五一、国庆的社员交谊会,也组织昆曲和昆剧演出,来招待社友和各界人士,尤其是利用昆曲这一艺术形式,尽量配合当前人民的爱国运动,创造了具有民族形式的大众化新型歌舞剧《中朝人民胜利舞》和《干将莫邪》。①

这种政治性与亲民性结合的方式也逐渐渗透到学社的学术活动中。1951年间学社举办了五次讲演会,其中第一、二次为学术讲演会,内容分别是巴甫洛夫的条件反射理论对于教育与学习的关系和飞行原理。之后学艺社认为应对讲演的对象和目的有明确规定,明确以广大的劳动人民为对象,以提高劳动人民的生产技术和政治水平为目的,并在讲演结束之后安排文娱节目。学艺社遂与沪南文化馆和上海总工会卢湾区办事处合作,拟定每月举行一次讲演,完毕之后由沪南文化馆配映电影,入场券则由总工会发放至各工厂工人。此后的三场讲演会风格急转,9月8日题目为"纺织理论和郝建秀工作法的精神",来响应上海棉纺织工人对将郝建秀工作法推广至上海的期待,会后放映苏联影片《愤怒的火焰》;10月13日为时事讲演会,题为"日本人民决定反对美英对日媾和",会后播放电影《攻克柏林》;11月17日则举办新民主主义经济建设讲座,题为"工人阶级在新民主主义经济建设中的任务",会后播放电影《翠岗红旗》。②

对于这一年的社务,学艺社适应形势反省了在工作中的缺点,但其论调基本重复20世纪30年代社员对学社"大而不当"的评价:"对社友联系不够,缺少发动积极的社友来参加业务活动,致本社今日社友虽多,反而形成了一个庞大无力的组织,因此不能发挥出整个学艺社的潜在力量。"在此基础上,"工作的计划性也不够,工作的重点应该放在哪里,没有明确的规定,如讲演会,科学和政治任务的题材没有计划的分配,致讲材不够结合劳动人民生活和生产的实际需要"。学社因此计划在1952年度改进,包括:强化科学技术讲演会事业,每月至少举行两次,仍以徐家汇一带工厂的工人为对象,内容与劳动人民生活和生产技术的实际需要结合;充实图书馆设备,扩大阅览区域,为知识分子进行自我思想改造和文化水平较低的群众学习文化提供实质帮助;改革《学艺》杂志,内容上理论与实际相结合,为国家建设服务,并努力增加发行量,不能始终停留在1000

---

① 《中华学艺社1951年工作总结报告》,载何志平、尹恭成、张小海:《中国科学技术团体》,上海科学普及出版社,1990,第128—131页。

② 《中华学艺社1951年工作总结报告》,载何志平、尹恭成、张小海:《中国科学技术团体》,上海科学普及出版社,1990,第131—132页。

册;设置研究日本问题资料室,将藏书中有关日本问题的书籍另行分类编目,日文杂志也编成索引,并准备与日本方面进步的出版社建立联系,争取更多书刊供应,以为研究日本问题的团体或个人提供服务;有效联系社友,争取更多社友参加社务以发挥学社潜在力量,并组织从事学术研究的社友研究和解决国家建设中亟待解决的科学问题。①

　　然而此后学艺社的活动与这些计划表现出的雄心可谓背道而驰。1952年7月,中华学艺社通过新社章,并产生新理事会,薛德焴出任理事长,欧元怀、李季谷为副理事长,三人皆在华东师范大学任教,同年12月,许君远当选学社总干事。据许回忆,1953年学艺社理事会改选,但因范扬、吴歧二人非法活动选举,未能产生新理事会,原理事长副理事长总干事"数度请求摆脱",但上海市民政局希望四人能继续维持。在这种状态下自然无法期待学社能开展活动,至1954年底上海市党政部门开始讨论撤销学艺社事宜。1956年上海市将学艺社划归自然科学专门学会联合会领导,但后者无意承担领导管理职责,学艺社处置遂一度搁置,其间又有《学艺》杂志广告跑街人员引出学社干部间矛盾问题,上海市政府见状开始着手准备撤销学艺社。经多方商讨后,学艺社于1958年7月30日向民政局提出结束申请,8月4日民政局通知接受,5、6日学艺社在《解放日报》刊载结束声明,报告将于"3日后将全部财产、业务、人事等交给政府安排处理"。②自1916年12月3日至此,在走过了四十一载有余的岁月之后,中华学艺社正式退出历史舞台。

---

　　①《中华学艺社1951年工作总结报告》,载何志平、尹恭成、张小海:《中国科学技术团体》,上海科学普及出版社,1990,第131—132页。

　　②范铁权:《知识传播与学术转型:中华学艺社研究》,人民出版社,2019,第144—149页;许君远:《自传》,载《许君远文集 上》,百花文艺出版社,2007,第303页。

结　语

　　1916年丙辰学社创立时,袁世凯刚去世不久,又正值欧战,国内外局势动荡,另一方面学社创始人集体皆成长于晚清年间,有些甚至亲身参与过辛亥革命,学社可谓自酝酿起就处于近代中国社会转型的风暴之中。创立学社本身即是对这种转型的一种回应,但中国社会近代化并无系统性组织规划,很多事件往往源于应激反应,这种无序对自发团体的长期发展极为不利,丙辰学社受到1918年中日关系突变影响导致社务停滞正源于此。1923年学社更名为中华学艺社亦远不足以对这一大环境制造有效抗衡,军阀混战、五卅运动、北伐战争、自九一八开始的长期日本侵略,这些近代史上的重大事件都对学社的活动产生了深刻、有时甚至是长期的影响。

　　在社会外部因素的制约下,学艺社长达近42年的历史在时间分布上显得极不均匀,如1923年社务改革至1937年全面抗战爆发不过14年,而这一时期学社的体量和活跃程度远高于此后直至1958年学社结束的21年时间,这种不均匀性也反映在前面各章的篇幅上。创立之后一年多内,丙辰学社主要编辑发行《学艺》杂志,1918年至1920年社务停滞,其后虽恢复活动,但在到1922年秋开始讨论社务改革的这段时间内无非继续出版杂志而已。至1923年社务改革开始落实,学社事业乃一举扩大,一方面出版事业扩展到书籍,另一方面积极筹办学艺大学并以此和争取庚款为契机加强与日本方面联系。于是至1926年这三年间,虽有军阀生乱,但学艺社社务进行密度极大,如"学艺丛书"和"学艺汇刊"从规划到逐渐开始问世、学艺大学从筹划到失败、社所随之二度搬迁、从组织赴日考察团到出席泛太平洋学术会议。1926年中北伐战争开始,长期主持社务的郑贞文、周昌寿又于秋季辞职,学社活动又陷入消沉。1928年国民政府将全国纳入治下后学社再度组织改革,同期配合商务印书馆启动辑印古书事业,建设会馆所需资金的交涉亦逐渐深化,至1930年学社新领导层稳固下来,同时,学社在国内外交流、出版等事业上逐渐活跃。其后九一八、一·二八再次扭转学社发展势头,前者导致抗日长期化,学艺社亦觉有参与相关活动之必要,后者更是直接波及社产。20世纪30年代学社陷入社务不振于是更迭组织方式,但在新体制下社务却愈趋滑坡的恶性循环之中,因此学社虽然有通过自身努力和依靠外部力量振兴自身的种种尝试,但从1930年至全面抗战爆发的7年间看似繁忙,实际上却近乎碌碌无为,仅在长期耕耘的出版事业上有较为可观的成绩,而即便是在这个领域也往往虎头蛇尾,缺乏系统性。学社长期处于这种不健康的状态中,1937年全面抗战爆发后自然无力坚持活动,战后复员总社和各地分社内部集会趋于频繁,但亦未能拓宽活动空间以在社外产生有效影响。解放后,学社面对时代需求进行调整更是力不从心,1952年至1958年结束可谓一事无成,被时代淘汰自然在所难免。

纵观中华学艺社之发展历程,阻碍其事业成长的核心因素无疑是经济。早在20世纪20年代中期学艺大学即因费用不足受挫,其后学社干部虽知募集基金之重要性,但终究未能寻得有效渠道。经济因素作为决定社务开展范围和成效的关键环节也与学社如何处置与外部的关系有着紧密联系。学艺社参与争取外国返还庚款运动在相当程度上是出于自身发展需要,一方面从日本名为返还实为挪用的对华文化事业中获利之后发声不复积极,另一方面对于他国返还庚款似自知竞争力不如国内其他团体,自始至终未表现出太大兴趣。实际上,学艺社社员中虽有大量在国内文教界从事工作者,其中不乏影响力较大的知名人士,但核心社员和开展的事业往往游离于文化教育"主流"之外。在日成立这一背景亦在无形中塑造学社之身份认同,学艺社在较长时期内对联系中国科学社代表的国内其他主要学术团体乃至融入"主流"的积极性不高,这种身份认同造成的或是矜持或是忌惮不无影响。从结果来看,20世纪20年代中期美国返还庚款成立中华教育文化基金会,国人在其运营中享有较大自主权,科学社有核心成员参与其中,亦有相当程度之获益,但同等规模的学艺社却彻底成为事外之身。在笼络有力人士方面亦是如此,国民政府成立后科学社迅速获得大额补助,学艺社对此虽有觊觎却无有效人脉,1933年夏起每月从国民党中央党部得到的捐款仅能勉强维持社务。

与此相对,学艺社能够争取到的大额经济支持几乎清一色来源于日本。学艺大学迟到的补助来自日本工商业界,学艺社社员出访日本、乃至1930年建设社所的支出全部来自日本挪用庚款设立的对华文化事业。事业如此属性,获益已有"原罪",在20世纪20、30年代中日间摩擦不断且逐渐升级的情况下,学艺社拿此"不义之财"的潜在争议性只能愈发增强,学艺社对此亦有认识,20世纪30年代未见公开渠道中有联系学社与对华文化事业之报道。尽管如此,学艺社仍与日本保持联系直到全面抗战爆发前,这种心虚却难以收手的状态可谓学社运营困境的集中体现。然而日本方面的补助亦仅针对学艺社实际开展活动的开销,而并非单纯给予金钱奖励;学社本寄希望于日方资助建设的会馆提供租金收入以充实经费,但因经营不善反而又要为维护想法设法筹款,巨额社所反而沦为累赘。

必须承认,中华学艺社在20世纪20年代和30年代尚且活跃的时期受到社会条件的种种制约有其必然性。在丙辰学社成立的日本,近代化由明治政府主导,目的性相对明确,也具有相当的规划性和执行力,而反观国内,丙辰学社成立时虽然满清政府已被推翻,但北洋政府无论在所有资源和实际掌控力上皆无法与日本相提并论——提倡并促进学术竟需要由身在海外的留学生来发起这件事本身就体现了中日两国在近代社会转型中的差异。作为民间社团,尤其是初期以留学生为主的阶段,丙辰学社在策动资源开展事业上具有先天劣势,直到活动据点逐渐转移到国内后,凭借核心社员在商务印书馆工作的关系其主要事业《学艺》杂志的出版方得以继续。国内局势长期动荡的情况下,包括丙辰学社在内的各民间社团只能自食其力,短时间内活跃性很高的社团时有出现,如中华教育改进社在争取庚款中的积极活动,但能够长期保持较大影响力的几乎唯中国科学社一家。历史上出现这种情形几乎毫无疑问意味着种种偶然的重合,但在比照之下也不难看出学艺社理念宽泛抽象、目标不明确、核心成员在政界和文教界中地位不高、凝聚力不强,这些在本已恶劣的社会环境中只会制造更多不利的特征。

这些不利虽然主要表现在资源匮乏上,但在更深层次上也反映了学术在近代社会转型中的复杂地位。中国的学问正统由儒学依靠科举制度长期占据,但在1905年科举被废除后这一地位不再牢固,辛亥革命后不久新文化运动兴起,即有为学术正统寻求替代之意。中国科学社、丙辰学社于1915、1916年先后在美国和日本成立,分别以促进科学和学术为目标,无疑有呼应国内正蓄势待发的新文化运动之成分。然而科学乃至新学术的地位并非天赋,对其重要性的认识最初恰恰在极大程度上局限于以这些团体创始人为中心的小规模留学生群体之中。此时国内政局不稳,知识界又有大量国外学说涌入,为学术发展争取空间的难度可想而知。在这种格局下,学术团体欲产生影响力,首要任务无疑是让更多人理解学术之重要性以支持其发展,科学社的"科学救国"和学艺社的"学术救国"论调虽然反映了创始者的信念,但其口号背后无疑亦有此因素作用。换言之,在社会转型过程中学术的作用远非不言自明的程度,其价值乃至存在意义只能通过学术团体自身不断大声疾呼才能成为较大范围的共同认知,而对于学艺社而言,在争取资源和产生广泛影响上的挫折相辅相成,导致双双无法取得较大成绩。

当然,随着社会条件的不断演化,参与定义学术意义和价值的主体也有变动。1928年南京国民政府统一全国后教育行政得到强化,政府作为学术发展监管者和推动者的角色初具雏形,包括学艺社在内的学术团体于此时期须进行登记备案。然而国民党统治层对学术理解有限,很多相关事务交由蔡元培等本来就对发展学术具有极大热情的文教界名士打理,因此监管相对宽松,与之相应官方提供的资源亦较为有限,学艺社的艰难运营无法通过政府渠道得到改观,却又不用过于自诘存在意义和价值,乃浑浑噩噩延续其游离于"主流"之外之状态。需要重申的是,就当时看来,自身定位不明确是绝大多数类似团体的共同特征,而在近代中国的社会转型之中,要求这些社团能够适应频繁的外部剧变无疑是勉为其难,要在意义和价值不断暧昧化之中保持活跃只能依靠资源提供的惯性,以学艺社为代表的诸多社团坎坷命运的必然性以及科学社经验的不可复制性亦可从这一角度理解。

在这一普遍性较强的大背景下,仅以其无法有效调整与社会之间的关系而对中华学艺社进行负面评价无疑过于片面。相反,正是因为种种桎梏的广泛存在,才更有必要强调学艺社在逆境中取得的成绩。暂且抛开学术在社会中的存在意义和价值不谈,学艺社为学术本身的发展提供了一个具有一定影响力的平台,从学社的各类出版物即可看出,在这个平台上各路思潮皆能得到表达机会并互相碰撞,这对近代中国学术水平的提升有很大促进作用。如钱宝琮和李俨研究中国古代数学史的工作皆通过《学艺》杂志以及"学艺汇刊"流传于世,而此时科学史作为单独学科在中国成立的条件远未成熟,李俨更是在本职工作之余单纯出于兴趣开展研究工作。时过境迁,学术的意义和价值亦被不断重新定义,1957年中国科学院创建自然科学史研究室时即任命李俨为主任,钱宝琮亦于同期调入研究室从事研究工作,"学艺汇刊"中两人所著分册至今仍有部分藏于中国科学院自然科学史研究所图书馆。

学艺社取得的这些成绩主要来自其资源相对充沛的出版事业,尤其是与商务印书馆长期的密切关系为学社提供了一个持续性较强的活动渠道。不难看出,在资源允许时,民国时期相对无序的社会状态反而为学人开展原创性工作提供了一定自由空间。但社会毕竟不能长期无序,学术发展所需的资源日益渐长,导致对政府的依赖性增强,在这些趋势下,学术工作对监管产生需求可谓必然。监管并不意味着抑制学术自由,相反,在资源极为匮乏的时代,它实际上代表社会需要为学术工作指引了方向,诸如科学史之类的学科建立如此,两弹一星的成功亦然。社会需求的一个重要特征是其随时代演进的动态性,当下中国资源匮乏的境况已经得到极大改观,学术工作及其监管有必要适应"创新策源""文化自信"等新的需求,而反过来看,政府作为学术工作的主要资源提供方和监管方,亦必然要对其与学术之间的关系进行相应调整。历史记述本身能回答的问题当然有限,但中华学艺社作为中国近代史上规模最大的综合学术团体之一,加深对其成功和失败经验的理解想必能为当下学术、科教、文化事业的有效发展提供洞见。

附录一　中华学艺社主要干部、职员及其经历

丙辰学社 → 中华学艺社主要干部、职员年表

年	干部、职员				
1916	理事	副理事	总务干事	编辑长	评议长
	陈启修	杨栋林	王兆荣	吴永权	陈瑾昆
1917	王兆荣	傅式说	?	文元模	罗鼎
1918	同上	周昌寿	?	同上	?
1919	社务停滞				
1920	驻沪干事	北京干事	驻日干事	编辑主任	—
	郑贞文 王兆荣	吴永权 杨栋林	许崇清 白鹏飞	郑贞文 陈承泽	
1921	郑贞文 周昌寿	王兆荣 杨栋林	白鹏飞 张资平	同上	
1922					首席干事
	郑贞文 周昌寿 范寿康 李希贤	吴虞 王兆荣 周建侯 李贻燕	龚学遂 刘文艺 杨敬慈 危诰生	郑贞文 范寿康	郑贞文
1923	郑贞文 周昌寿 范寿康 江铁	文元模 李贻燕 李书华 吴虞	刘文艺 杨希慈 滕固 吴歧	同上	同上

年	干部、职员			
	更名为"中华学艺社"			
1924	总干事	副总干事	庶务干事	编辑干事
	郑贞文	周昌寿	何崧龄 林骙 郑尊法	范寿康 郭沫若
1925	同上	同上	郑尊法	同上
1926	同上	同上	郭心崧 常云湄 郑尊法	同上
1927	王兆荣	范寿康	周昌寿 史维焕	屠孝寔 郑贞文
1928	同上	同上	同上	同上

1929	社务改进委员会				
	执行委员会				监察委员会
	主席	常务秘书	总务部长	编辑部长	主席
	屠孝寔	屠孝寔	傅式说	范寿康	经亨颐
1930	傅式说	马宗荣	周昌寿	同上	同上
1931	同上	同上	同上	同上	同上

1932	董事会			总务部主任	编辑部主任
	主席	书记	基金监		
	傅式说	周昌寿	王兆荣 谭勤余	白鹏飞 (罗宗洛代)	周昌寿 →周宪文
1933	同上	同上	同上	刘百闵	周宪文
1934	同上	同上	同上	同上	张梦麟

1935	理事会			董事会		
	理事长	书记	总办事处 总干事	董事长	基金监	书记
	何炳松	刘百闵	刘百闵	陈其采	傅式说 陈大齐	潘公展

续表

年	干部、职员					
1936	同上	同上	同上	同上	同上	同上
1937	同上	瞿荆洲	瞿荆洲			
~	全面抗战					
1943	社务停滞					

中华学艺社社务促进会(重庆)		
1944	理事会	监事会
	理事长	总干事	—
	陈其采(代理)	李毓田	—
1945	何炳松	同上	
1946	周昌寿(代理)	同上	
1947			编辑干事	常务监事
	周昌寿	同上	郑允恭	陈其采
1948	同上	同上	同上	同上
1949	临时社务委员会		
	主任委员	—	总干事
	周昌寿→龚学遂	—	李毓田
1950	罗宗洛(代理)		李毓田→费鸿年
1951		副主任委员	
	罗宗洛	程时煌	费鸿年
1952	理事会		
~	理事长	副理事长	总干事
1958	薛德焴	欧元怀 李季谷	许君远

　　白鹏飞(1889—1948),字经天。广西桂林人。毕业于日本东京帝国大学,修兽医、统计、政治、经济、法律诸科,获硕士学位。1924年回国,任省立广东工业专门学校、北京政法大学、中俄大学等校教授,讲授行政法等课程。1931年任国立北平大学法学院院长兼政治系主任。1933年任高等考试典试委员兼北平

办事处主任;"一二·九"运动中,任华北民众救国团联合会副主席。1938年任国立广西大学校长。1939年任广西省政府顾问。1940年任监察院监察委员。次年任高等考试监视委员。[①]

常云湄(1898—1940),四川华阳(今属双流)人。早岁,赴德国留学,入基尔大学,获经济学博士学位。归国后,历任广州国立中山大学法科教授兼图书馆馆长、私立上海法科大学经济系主任。1928年7月,任国民政府审计院审计。1931年3月,任审计部审计。1936年9月,免审计部审计职;同月,任河南省审计处处长。1940年5月,调审计部任审计兼第三厅厅长;同年9月逝世。

陈承泽(1885—1922),字慎侯,福建闽侯人。18岁中举。科举废除后,入中国公学。1904赴日,1906年考入明治大学。在日本加入同盟会。1909年进商务印书馆,主持国文部、杂纂部。参加辛亥革命,任福建都督府政务院参事兼秘书长、国会议员。后致力于文言语法研究,所著《国文法草创》是《马氏文通》以后研究国文最有创见的著作之一。另编有《中文大字典》及《综合英汉大字典》。1920年,与郑贞文合编《学艺》杂志,任文科编辑。另外创办政治性刊物《孤军》杂志,主张恢复约法,在约法的基础下进行社会改革。

陈大齐(1886—1983),字百年,浙江海盐人。心理学家。1886年8月22日生于浙江海盐,曾任浙江高等学校校长,北京大学教授、系主任、代理校长。抗战后去台,任台湾大学校长、国民党中央评议委员。著有《心理学大纲》、《现代心理学》等。

陈瑾昆(1887—1959),字文辉,号克生。1908—1917年留学日本,毕业于东京帝国大学法律系。归国后历任北洋政府奉天省高等审判所推事和庭长、修订法律馆纂修、大理院推事、最高法院院长。

陈其采(1880—1954),字霭士,浙江吴兴人,陈其美胞弟。早年入金陵同文化馆、南洋武备学堂,1898年留学日本,初入日本成城学校,后入日本近卫步兵第四联队任见习士官,见习结束后进入日本士官学校,1902年毕业。回国后任驻沪新军统带,后赴湖南参与创办湖南武备学堂,任总教习。1905年任湖南新军第五十标首任统带,不久调任第四十九标统带。1907年赴南京任陆军第九镇

---

① 周川:《中国近现代高等教育人物辞典》,福建教育出版社,2012,第97页。

正参谋官,旋进京任军咨府第三厅厅长,掌理全国新军及调度事宜,曾兼任保定陆军速成学校监督。辛亥革命时期赴上海,后任江苏都督府参谋厅长、临时大总统府咨议。1912年12月30日授陆军少将。1913年任中国银行杭州分行副行长。1927年南京国民政府成立后历任浙江省财政厅厅长、财政部江海关监督、江苏省财政厅长、国民政府主计处筹备委员会主任委员。主计处成立后1931年任处属岁计局局长,1932年任主计处主计长,1944年兼任中央银行常任理事,1946年任国民政府委员、国策顾问。1949年前往香港,后赴台湾,仍任国策顾问。

陈启修(1886—1960),又名陈豹隐,笔名勺水、惺农、罗江等,四川中江人。1907年留学日本,考入东京第一高等学校预科,1913年升入东京帝国大学,攻读法科。1914年翻译小林丑三郎《财政学提要》,由上海科学会编译部出版发行。1916年在日本发起组织丙辰学社,任首届执行部理事。1917年毕业,在日本参加留日学生爱国活动,1918年以留日学生归国代表的身份回国,参加反帝爱国运动。1919年被聘为北京大学法商学院教授,1921年任北京大学马克思学说研究会《资本论》研究组导师,和李大钊等人一起宣传马克思主义。1923年12月,受北京大学派遣前往欧洲学习考察,1924年7月前往莫斯科东方大学学习,并加入中国共产党。1925年回国继续任教于北京大学,1926年赴广州,在黄埔军校和广州农民运动讲习所授课,"四一二"政变后流亡日本。1930年受蔡元培聘请回国,历任北京大学、西南学院教授、川北大学商学院、重庆大学商学院院长。新中国成立后,筹建四川财政学院,任教务长、教授。全国政协委员,四川省政协常委,民革中央常委。所译《资本论》第一卷第一份册,为中国最早的中译本;译文开创了用白话文翻译经济著作的先河。著有《经济现象的体系》《新政治学》《财政学总论》等。

程时烺(1890—1951),号柏庐,江西新建人。早年毕业于江西实业学堂,后入日本东京高等师范学校数理化学部。1915年归国,任江西省立师范学校教员、省立第一中学校长、教育厅二科科长等职。1919年任北京高等师范学校图书馆主任(即馆长)、教育学科教授。1923年赴美,先后在芝加哥、哥伦经亚两大学攻读教育学,获硕士学位。1925年归国,任北京师范大学教授,次年任上海大夏大学教授兼教育科主任。1927年任中央大学教授兼教育行政院普通教育处处长。1928年后历任福建省、江西省教育厅厅长。1947年受聘为教育部教育研究委员会委员。中华人民共和国成立后,任上海大同大学教授。

范寿康(1896—1983),浙江上虞人。1913年留学日本,毕业于东京帝国大学,获教育与哲学硕士学位。1923年回国,历任商务编译所编译、中山大学秘书长、春晖中学校长、安徽大学文学院院长、武汉大学哲学系主任。抗日战争期间任国民教育军委会政治部第三厅副厅长兼第七处处长、文化工作委员会国际研究室主任、政治部设计委员、行政院参议,编写《日寇暴行录》等资料。抗战胜利后去台湾,历任东南行政长官公署教育处处长、台湾大学哲学系教授兼图书馆馆长。1982年经美国回国,当选为第六届全国政协委员、常委。著有《中国哲学史通论》《朱子及其哲学》《教育哲学大纲》等。

费鸿年(1900—1993),浙江海宁人。1916年赴日本留学,1921—1923年在日本东京帝国大学深造。回国后先后在北京大学、广东大学(现中山大学)、武昌大学、广西大学等院校任教。其间创建广东大学和广西大学生物系。中华人民共和国成立后,历任农业部参事、水产部副总工程师、南海水产研究所研究员兼副所长等职。先后当选为中国水产学会秘书长、副理事长、名誉理事长,中国鱼类学会名誉理事长,中国生态学会顾问和《水产学报》副主编。研究领域广泛,是中国运用数学模型研究水产资源数量变动规律的主要开拓者和带头人之一。所撰《动物生态学纲要》(1937)和《鲶鱼呼吸生理之研究》(1934)分别是中国生态学的第一本专著和中国鱼类生理学的第一篇论文。1953—1954年主持黄河流域水产资源考察,为开发和研究该水域的水产资源奠定了基础。1964—1965年,又主持南海北部底拖网鱼类资源调查并主编了调查报告。

傅式说(1891—1947),字筑隐,又名式悦,浙江东清人。1903年入中山学堂,1905至1918年两次赴日本留学,获东京帝国大学工学学士学位。1924年在沪创办大夏大学,任校董、教授兼总务长、会计室主任等。1927年任交通部上海电报局监理,财政部煤油特税处处长等职。1940年后任汪伪政权浙江省省长、建设部部长。抗战胜利后,被国民政府以叛国罪判处死刑。著有《化学概论》等。

龚学遂(1895—1968),原名伯循,曾用名志仁。江西金溪人。1924年6月,日本东京帝国大学矿山学科毕业回国。先在萍乡、抚顺、开滦煤矿做练习生,后在南浔铁路公司、南京农矿部、铁道部任职。1929年,任南浔铁路管理局局长兼该局国民党特别党部主任委员、江西省党部执行委员。1930年12月任江西省政府委员兼建设厅长,兼任南昌市政主任委员、江西省党政委员会政务委员。1937年7月1日,南昌市政府成立,龚任市长。1938年3月至1949年2月,先后在西南运输处、军委会运输统计局、交通部等部门任职,也担任过国民大会代表立法院委员、大连市选举事务所主任委员、青岛市市长等职。1949年2月辞去青岛市市长职务,隐居上海。1949年5月上海解放,应邀列席全国政协首届一次会议。1953年起在山东煤炭工业管理局任职,同时任中国国民党革命委员会中央团结委员、山东省政协常委、山东省科普协会委员等职。著有《欧美十六国访问记》《中国战时交通史》等。

郭沫若(1892—1978),本名郭开贞,字鼎堂,号尚武,乳名文豹。中国现代作家、历史学家、考古学家。出生于四川乐山沙湾。1914年1月,赴日本留学。1915年,进入冈山第六高等学校。1918年,升入九州帝国大学医学部。1919年,组织抵日爱国社团夏社。1921年8月,诗集《女神》出版。1924年完成历史剧《王昭君》。1927年加入中国共产党。"四一二"政变后赴日,其间完成论著《甲骨文字研究》《殷周青铜器铭文研究》等。1937年归国参加抗战,在上海主办《救亡日报》。1938年4月,任国民政府军委会政治部第三厅厅长,并在抗战期间写成多部历史剧。1948年当选为第一届中央研究院院士。新中国成立后历任政务院副总理、文化教育委员会主任、中国科学院院长、中国文联主席等职。

郭心崧(1897—1979),字仲岳。浙江平阳人。早年就读于浙江省立十中。后留学日本京都帝国大学,修经济学,获学士学位。回国后,任广州国立中山大学法科教授,兼经济系主任。1928年任国民政府考试院参事。1931年任国立中央政治学校教授。同年任国立中央大学经济系教授,兼任主任、代理法学院院长、秘书长。1932年任教育部高等教育司司长。同年底任交通部参事。1935年至1943年任交通部邮政总局局长。其间曾任高等考试初试典试委员。1948年任中国驻日代表团团长。后任教于日本东京大学。[1]

何炳松(1890—1946),字伯臣、柏承,浙江金华人。1903年中秀才。1912

---

① 周川:中国近现代高等教育人物辞典,福建教育出版社,2018,第545页。

年入美国威斯康星大学,1915年获学士学位,同年转入普林斯顿研究所,攻读史学,1916年获硕士学位后归国。1917年任北京大学文预科讲师,后任历史系教授。1922年任浙江省第一师范校长。1923年加入中华教育改进会,1924年至1932年任上海商务印书馆编译、史地部主任、副经理、编译所副所长、《教育杂志》主编。1933年当选为中国教育学会理事,后任中华学艺社理事。1935年任暨南大学校长,1942年任英士大学校长。著有《中古欧洲史》《近世欧洲史》《历史研究法》等。

　　何崧龄(1888—1977),福建闽侯人。曾留学日本,1911年在日本东京参加中国同盟会,旋即归国参加辛亥革命。后再赴日本,入东京帝国大学经济学系,1920年毕业。回国后,历任上海商务印书馆编辑、福建省教育厅厅长、国民革命军总司令部总政治部宣传处处长。1927年任福建省政府委员、秘书长兼福建盐运使。1931年起任福建省财政厅厅长、福建省财政特派员。1933年福建事变中任中华共和国人民革命政府闽海省省长。1941年加入中国民主政团同盟。先后任中国民主同盟中央委员、民盟重庆市支部、南京市支部主委等职。新中国成立后,历任福建省人民代表大会代表、福建省政协委员、全国政协委员、福建省司法厅厅长、民盟福建省委副主委等职。

　　经亨颐(1877—1938),字子渊,号石禅,晚号颐渊,浙江上虞人。中国近代教育家、书画家。光绪二十八年(1902年)留学日本。回国参加筹建浙江官立两级师范学堂,辛亥革命后任校长,兼任浙江省教育会会长。"五四"运动时期鼓励支持爱国民主斗争,倡导新文化运动,大胆改革教育,因遭守旧势力排挤离职。此后在上虞创办春晖中学并担任校长。1923年到宁波任省立四中校长。1925年参加国民革命,曾任国民政府常委、教育行政委员会委员、中山大学副校长。1930年被北平反蒋派推为中央党部组织部长,被南京国民党中央党部开除中国国民党党籍。

　　李季谷(1895—1968),原名宗武,浙江绍兴人。1917年毕业于浙江省立第一师范学校,得校长经亨颐器重。次年,以官费生赴日本留学,入东京高等师范学校。1924年归国,历任南开大学讲师、北京大学教授,并加入改组后的国民党。1927年,任浙江省第一中学校长。翌年赴英国留学,初入布列斯多大学,后入剑桥大学研究院,专攻近代史,获硕士学位。1930年,游学西欧诸国,归国后仍任北大教授,兼任北平大学女子文理学院文史系主任。1937年7月卢沟桥事变发生后,赴西北联大任教授兼历史系主任。1943年后在鲁苏皖豫地区任国民政府招训委员会主任委员,从事战区失学失业青年工作。抗战胜利后,任台湾师范学院院长、浙江省教育厅厅长。新中国成立后在上海华东师范大学任教。

李书华(1889—1979),字润章,河北昌黎人。1920年前后在法国巴黎大学从事极化膜渗透性的研究,获得法国国家理学博士学位。1922年9月到北京大学任物理系教授。1928年,北京9所国立大学和天津国立北洋大学合并为国立北平大学,先后出任副校长、代校长。1929年起任北平研究院副院长襄理院务。1943年9月接替叶企孙出任中央研究院总干事。1949年8月起先后侨居法国、德国和美国。1949—1950年间曾短期任巴黎大学物理、化学和生物学研究所负责人;1951—1952年任德国汉堡大学访问教授,后为美国哥伦比亚大学访问学者。

李希贤(1884—1949),字书城,江苏泰州人。1904年,以半官费留学日本,先入早稻田大学预科学习二年,后就读于千叶医科大学,获学士学位。1913年学成归国。1916年,受聘于张謇出任南通医院眼耳鼻咽喉科诊病,1919年起任西医主任。1928年,任南通大学医科首任科长兼南通大学医科附属医院全科诊病,1930年辞职。后任南京平安里创城中医院,兼中央医院眼科门诊。

李贻燕(1891—?),字翼廷,福建闽侯人。曾留学日本,毕业于东京高等师范学校,回国后历任北京高等师范学校教授、北京女高等师范学校教务长、青岛大学教务长、国民政府编译馆专任编译兼事务组主任等。[1]

李毓田(1904—?),字馨畹,北京延庆人。日本东京帝国大学政治经济科毕业。曾任朝阳大学、大夏大学教授、国民政府外交部研究室主任,香港国际通讯社主任编审委员。1945年4月任第四届国民参政会政员。[2]抗日战争期间前往香港,任大夏大学港校教授,教授政治学。

林植夫(1891—1965),原名林葆骙,号翁康,福建人。1906年前往日本,进入东京成城中学,1910年春考入第一高等学校的预科,同年加入同盟会,在日本

---

① 橋川時雄:《中國文化界人物總鑑》,中华法令编译馆,1940,第165页。

② 重庆市政协文史资料研究委员会,中共重庆市委党校;中国第二历史档案馆:《民国参政会纪实续编》,重庆出版社,2016,第159页。

留学期间就读于东京帝国大学林学科,1920年毕业回国,在森林公司任技师。1925年参与组织独立青年党。1927年任国民革命军总司令部政治部宣传处股员,宣布独立青年党加入中国国民党。后对国民党失望,开始关注共产党和工农红军。抗日战争期间,反蒋抗日,1937年加入新四军,任军部秘书。亲历"皖南事变"。抗战胜利后,加入中国民主同盟。

刘百闵(1898—1969),名学逊,以字行,浙江黄岩人。少时就读清献中学堂,后师从富阳夏震武,专修中文与理学。1927年,由县选派至上海进修日语。后公费留学日本政法大学和早稻田大学哲学系。1930年毕业回国,任教育部长陈立夫的秘书,兼中国日本研究会主事人,主编《日本评论》,向国内系统介绍日本情况。1932年应聘为"国难会议"会员。后历任南京中央大学、中央政法学校、复旦大学、大夏大学、暨南大学教授。1935年,参加教育部组织的南京、上海、杭州十大教授轮流讲学。抗战期间任中国文化服务社社长,从事文化教育出版事业,并协助陈立夫完成《唯生论》编著。1938年,任国民党中央宣传部宣传指导处长,同年被选为国民参政会参政员。1939年春,奉蒋介石命在四川乐山创立复兴书院,任总干事。1948年5月当选第一届立法委员。1949年4月去香港,与钱穆、张丕介等筹建新亚书院。1952年去台湾,次年任香港中文大学中文系教授,至1967年辞职。

刘文艺(1896—1941),字德先,法名本,山西平定人。1913年,由平定中学毕业,考取山西大学预科。1916年考取山西省留日官费生。1917年东渡日本,考入帝国大学预科。1919年进入本科采矿系。1925年初学成归国,应聘于山西大学采矿系执教。1930年改任山西省建设厅第一科科长。1932年前往江西建设厅萍乡煤矿任调查专员。1935年出任江西钨矿局技正。1936年出任南昌钨矿业管理处技正,是发展钨矿的先驱。

罗鼎(1887—?),字重民,1918年东京帝国大学法科大学经济学科毕业,同年入大学院攻读,专门研究货币银行论。回国后历任修订法律馆纂修,京师高等审判庭推事,国民政府司法部科长,国立中央大学法学院政治系副教授及法制、商法起草委员会委员。

罗宗洛(1898—1978),浙江人。1922年入日本北海道大学农学部就读,1930年毕业回国。著名的植物生理学家和我国现代植物生理学的奠基人之一。

历任中山大学、暨南大学、浙江大学教授等。

马宗荣（1896—1944），字继华，贵州贵阳人。早年就读于贵州省立模范中学。1916年毕业，任息烽县立两级小学校长。1918年公费留学日本，先后入第一高等学校预科、第八高等学校。后入东京帝国大学，修社会教育学、图书馆学。1929年毕业回国，任上海市教育局督学、大夏大学教授兼图书馆馆长。后兼国立暨南大学、国立劳动大学、江苏省立民众教育学院、国立浙江大学、中国公学、立达学院等校教授。1937年兼任文通书局编辑所所长。1941年主持筹建中央民众教育馆。著有《图书馆概论》《现代图书馆序说》等。

欧元怀（1893—1978），字愧安，福建莆田人。早年留学美国哥伦比亚大学，修教育学，获硕士学位。后入美国西南大学，获博士学位。1922年回国，任厦门大学教育科教授兼主任、总务长，讲授教育哲学等课程。1924年5月，与另三位教授突被校方辞退，引发全校学潮。7月，在上海另行组建私立大夏大学。1928年后，任大夏大学副校长，兼任上海光华大学教授、中央政治大学教授、国民党上海政治分会教育委员、上海公共租界工部局教育委员。抗战爆发后，任第二联合大学（大夏大学与复旦大学组成）副校长，参与主持学校西迁贵州。1938年当选国民参政会参政员，次年任贵州省政府委员兼教育厅厅长。1945年出任大夏大学校长。1951年起，任华东师范大学筹备委员会事务委员、教育系教授。曾当选上海市政协委员。著有《论今日大学教育诸实际问题》《抗战十年来中国的大学教育》《论战后我国的留学政策》等。①

潘公展（1894—1975），原名有猷，字干卿，号公展，浙江湖州人。曾任中国公学校长、《晨报》社长、《申报》董事长等。著有《罗素的哲学问题》等。毕业于上海圣约翰大学。曾参加南社。五四运动中参加全国学生联合会，主编该会会报，还先后担任《时事新报》副刊《学灯》和《民国日报》副刊《觉悟》的特约撰稿人。1921年入上海《商报》任电讯编辑，后任编辑主任。1926年为《申报》要闻编辑。同期兼任上海大学、国民大学、南方大学教授。1927年初，由陈果夫推荐见蒋介石，"四一二"政变后，历任国民党上海特别市党部常务委员、上海市农工商局长、社会局长、教育局长。1932年4月在沪创办《晨报》，任社长。1935年11

---

① 周川：《中国近现代高等教育人物辞典》，福建教育出版社，2012，第393页。

月当选为国民党中央委员。抗日战争期间,历任国民党中央宣传部副部长、新闻检查处长、中央图书杂志审查委员会主任委员等职,并在中央训练团、政治大学新闻系兼任教授。1942年后,任国民党中央常委。抗日战争胜利后,担任《申报》董事长、《商报》副董事长、上海参议会议长等。1949年离沪赴香港创办国际编译社,后去加拿大。1950年5月抵美定居,初入《纽约新报》主持笔政,1951年5月与友人合办《华美日报》。

瞿荆洲(1902—1992),湖北黄梅人。13岁入武昌修善学堂学习,旋即考入武昌博文书院。1924年赴日本留学,1932年归国。先任中央银行经济研究处协纂,并为《中央银行月报》《金融周报》担任编辑工作。1935年,兼任中国实业银行专员。1937年一度调任湖北省政府建设厅秘书。1939年初,任江西裕民银行副总经理。同年秋,兼任中国茶叶公司江西省茶叶管理处副处长。1940年,离赣赴闽,任福建省银行协理。1942年,兼任该行上海分行经理,后又聘为南洋商业银行副总经理。抗战胜利时,到台湾接收台湾银行。1951年,辞去台湾银行总经理职务,改任顾问,并任东海大学教授。两度赴日出任使馆经济参事。

史维焕(1895—1945),字奎光,贵州贵定人。早年赴日本留学,获东京帝国大学法学学士学位。1924年归国后先在国立北京政法大学、民国大学任教授。曾任中国国民党中央党部训练部秘书、南京市党部执行委员、中央党部训练部党化教育科主任、中央陆军军官学校政治教官。曾于1929年8月出任审计院审计。1930年起连续任立法院第二、三、四届立法委员。1942年就任社会部劳动局副局长。有《富之研究》《交通论》《社会问题与财政》等译著。

谭勤余(1895—1968),原名谭文英,贵州清镇人。1910年毕业于清镇县立高等小学堂。1912年春到贵阳,考入尹笃生任校长的贵州省立初级师范学校。1917年春以优异成绩毕业,年底考取公费生东渡日本留学。1919年3月考入日本东京高等工业学校色染科。1924年毕业,升入同校研究部,研究有机色素化学一年。1925年夏回国,经人介绍进入商务印书馆编审部,初任编译员,后任编审员,专门编辑和翻译化学书籍。1941年受商务印书馆派遣赴重庆成立编审部。抗日战争胜利前从重庆回到贵阳,主持恢复中华学艺社贵州分社,同时任贵州省卫生用品经理委员会总干事。1946年起陆续在贵州大学工学院、贵阳医学院、贵阳师范高等院校兼课。1959年调到贵州大学化学系任教,历任化学系系主任、化学系党总支委员、校党委委员等职。

滕固(1901—1941),字若渠,上海宝山人。1918年毕业于上海美术专科学校,留学日本东京东洋大学,攻读文学和艺术史,获硕士学位。1929年又赴德国柏林大学留学,1932年获美术史学博士学位。回国历任行政院参事兼中央文物保管委员会常务委员、行政院所属各部档案整理处代理处长、重庆中央大学教授等职务。其间继续从事艺术、考古等方面的撰著,被德国东方艺术学会推举为名誉会员。1938年,国立北平艺专与国立杭州艺专合并成立昆明国立艺术专科学校,滕固出任校长,两年后离职。

屠孝寔(1898—1932),字正叔,江苏常州人。1913年赴日本,后入早稻田大学攻读文学。1918年回国,历任北京大学、民国大学、朝阳大学、女子师范大学等校哲学、文学教授。1926年被教育部委任北京法政大学校长。北伐战争后,历任中国公学教授,安徽大学、武汉大字哲学系教授和北平大学法学院教授。对伦理学、宗教、哲学、文学研究较深,著有《名学纲要》《哲学概要》《伦理学》《宗教哲学》《信仰论》《新理想主义人生观》等。

王兆荣(1888—1968),字宏实,四川人。1906年赴日求学,1915年日本东京帝国大学政治科肄业。1918年任留日学生救国团团长回国,创立《救国时报》。1920年后,历任北京法政专门学校教务长、安徽法政专门学校校长、四川省教育厅厅长、两广政治分会建设委员会专门委员。1929年出任南京国民政府考试院编纂,1931年当选国民会议代表,1932年任四川大学校长。

文元模(1893—1946),字范邨,又字范臣,贵州贵阳人。1910年留学日本东京帝国大学,获理学学士,后赴德国柏林大学学习。回国后,历任北京医科大学讲师、中央大学理学院物理系副教授、北平师范大学物理系教授、系主任、北京大学物理系教授、中央气象台台长、东亚文化协会理工部部长等职。1943年后在伪华北政府和汪伪政府任职。著有《从牛顿到爱因斯坦》《科学之价值》《相对原理及其推论》等。

吴永权(1889—1961),字君毅,四川成都人。1905年赴日留学,1908年考入第一高等学校法科,后毕业于东京帝国大学,获法学士学位。1917年4月毕业归国。不久赴英国伦敦大学及德国柏林大学研究。归国后先后任北京法政专门学校教务长、国立北京法政大学政治科主任、北京政府国务院法制局参事、成都大学法学院院长、国立四川大学法学院院长。1946年任国民政府法制院参事。著有《晚近刑法之政治化》等。

吴虞(1872—1949),原名姬传、永宽,字又陵,亦署幼陵,号爱智,四川新繁(今成都市新都区)龙桥乡人。早岁肆业于成都尊经学院,1905年赴日求学,入东京法政大学。1907年回国,先后担任成都府中学堂、四川公立法政专门学校教习,曾主编《蜀报》。1910年任成都府立中学国文教员,不久到北京大学任教。1919年11月,在《新青年》6卷6号发表《吃人与礼教》。曾先后担任《西成报》主编、《公论日报》主笔、《四川政治公报》主编。1920年,任北京大学、北京高等师范学校国文系教授。1933年,因遭尊孔复古派的排斥打击,被迫辞职。晚年任教于成都大学、四川大学。

许崇清(1888—1969),字志澄,广东番禺人。1905年留学日本,入东京高等师范学校学习,并加入同盟会。1911年回国参加辛亥革命,1912年复回日本。1918年东京帝国大学文学部毕业,并入该校研究员。1920年夏毕业回国,1921年任广州教育局局长,1923年任国民党临时中央执行委员会候补委员,1924年起任广东省教育厅厅长,1936年起任中山大学校长。新中国成立后任中山大学校长,广东省副省长,并当选为全国政协常委,全国人大代表。著有《人类底实践与教育底由来》《人的全面发展的教育任务》《许崇清教育论文集》等。

许君远(1902—1962),河北安国人。1928年北京大学英文系毕业后任《庸报》编辑,1936年担任上海版《大公报》要闻编辑,抗日战争爆发后,先后担任《文汇报》《大公报》编辑。1941年香港沦陷后,转赴重庆担任《中央日报》副总编辑,后在重庆美国新闻处工作;1946年出任上海《大公报》编辑主任,兼任上海暨南大学新闻系客座教授,讲授报刊编辑学。1949年5月上海解放后,调任《大公报》资料组组长。1953年调上海四联出版社任编辑,1955年任上海文化出版社编辑室副主任。

薛德焴(1887—1970),字良叔,江苏江阴人。1905年毕业于辅延学堂,后留学日本,进入宏文学院学习。1909考入帝国大学动物系,师从国际生物学权威丘浅次郎。回国后历任江西高师、武昌高师、武昌师大、北京师大、北京大学、第四中山大学、安徽大学、浙江大学等校教授、系主任。抗战胜利后任同济大学教授、系主任、理学院院长。一度从事出版事业,任正中书局自然科学部门编辑主任。1951年调至华东师范大学任教授和工会委员会副主席。

杨敬慈(1899—?),贵州毕节人。曾留学日本,毕业于东京高等工业学校。回国后历任青岛电话局技师、东三省兵工厂科长、东北大学讲师。有《义贼毕加林》《人世地狱》《狂人》《日美军人眼中之日美危机》等译著。①

张梦麟(1901—1985),贵州贵阳人,字伯符。1918年留学日本,入京都帝国大学文学系,获文学学士学位。1921年回国后任上海中华书局编译所编辑。1932年秋任大夏大学附设中学部主任兼文史教员、抗战时期,任第二联合大学第二部英文系主任、贵州省立贵阳中学校长、大夏大学教授;1940年与谢六逸、蹇先艾等发起组织"中华文艺界抗敌协会贵阳分会",并参加《中央日报》《贵州日报》副刊编辑,受聘为文通编辑所编审委员。1944年担任中华书局《中华少年》主编。抗战胜利后返回上海。译著有《悲惨世界》等以及论文、小说百余篇。②

张资平(1893—1959),原名张星仪,又名张声,广东梅县人。1906年入美籍传教士创办的广益中西学堂读书。1910年考入广州高等警官学堂求学。辛亥革命后被派赴日本留学。1914年7月,和郭沫若、郁达夫同时考入日本东京第一高等学校。1915年转入第五高等学校。1919年考入东京帝国大学理学院地质系学习。自1920年起陆续创作并发表作品。1921年夏,在日本东京参与发起新文学团体——创造社,为该社初期骨干成员之一。1922年5月毕业返国,任广东省熊岭矿山经理兼技师。1924年冬任湖北武昌师范大学地质系教授。1926年陆续发表中篇小说《飞絮》《苔莉》及短篇小说《不平衡的偶力》等。北伐期间曾任国民党总政治部国际宣传局少校翻译。抗战后投靠日伪政权,任汪伪农矿部简任技正等伪职。1948年被国民党司法当局判刑1年零3个月。新中国成立后为商务印书馆编译《实用矿物岩石学》《化工大全》等自然科学著作。③

郑贞文(1891—1969),字幼坡,号心南,晚年又号经余老人、龙山砚雯,福建闽侯人。1907年留学日本,在日本加入同盟会。1912年回国,1913年被聘为厦

① 橋川時雄:《中國文化界人物總鑑》,中华法令编译馆,1940,第608页。
② 唐承德:《贵州近现代人物资料》,《中国近现代史史料学会贵阳市会员联络处》,1997,第174页。
③ 刘勇、李怡总:《中国现代文学编年史第四卷》,文化艺术出版社,2017,第60页。

门集美学校(后改名为厦门大学)教务长,后任商务印书馆编辑所理化部主任,继承徐寿完成中译化学名词工作。1933年任福建教育厅厅长,1943年赴重庆任中央考察委员,后辞职返乡。著有《无机化学命名草案》《有机化学命名草案》《中国化学史》等,主编《自然科学词典》《百科小丛书》《少年自然科学丛书》等。

郑尊法(1899—1970),浙江镇海人。1917年毕业于浙江省立第四中学,同年9月去日本留学,先入东京东亚预备学校学习日语,次年入东京高等工业学校攻读应用化学,1922年3月毕业,1923年1月回国,同年进上海商务印书馆编译所任理化部编辑。1924年在沪集资创办民生墨水厂,任厂长,为我国墨水工业开拓者。1931年创设光华工艺厂,兼华丰铁厂业务经理。1956年民生工厂公私合营后,1963年改名为民生墨水厂,1966年改名为上海墨水厂,继续担任厂长职务,主要负责技术工作。

周昌寿(1888—1950),字颂九,贵州麻江人。1906年留学日本,先入东京第一高等学校,后考取东京帝国大学,攻读物理学,1915年获博士学位。1920年回国,供职于商务印书馆,担任物理化学部编审。1945年辞去商务印书馆工作,赴台湾接收台北帝国大学为台湾大学,任校部秘书长,后回沪,先后在大夏大学、复旦大学、交通大学任教。编写部分中小学、大学物理教科书。著有《相对论的由来及其概念》《天体物理学》《宇宙学》《译刊科学书籍考略》等。

周建侯(1886—1973),幼年曾就读于张表方(即张澜)等名流任教的两等小学。1904年考中秀才,1905年成为广安州首批公费留日学生。到日本后先入成城中学,1909年考取第一高等学校公费,后转入东北帝国大学预科。1911年辛亥革命时辍学回国,1913年返回日本复学,1915起年就读于北海道帝国大学农学部农艺化学系,1918年毕业回国。1920年在国立北京农业专门学校(后更名国立北京农业大学、国立北平大学农学院)任教并长期兼任农业化学系主任。同时在国立北京高等师范学校兼课。此间曾担任青岛商品检验局化验处主任。1937年5月至9月出任国立北平大学农学院院长。全面抗战爆发后,先后任国立西安临时大学、国立西北联合大学农学院院长。1939年至1949年,在家乡泸县创办酒精代汽油的制造厂,并曾兼课于国立西南农学院。1951年7月出任华北农业科学研究所理化系主任。

周宪文(1907—1989),字质彬,号毅恒,笔名惜余,浙江黄岩人。17岁东渡日本求学,遇关东大地震返国转读于上海同文书院,毕业时获商务学士学位。22岁被选送日本京都帝国大学专攻经济学。1928年后学成回国,受聘为中华书局编辑。1934年出任驻日留学生监督。次年辞归任国立暨南大学经济学教授兼系主任,继任商学院院长。抗日战争胜利后,受台湾省行政长官公署陈仪邀请,出任台湾省立法商学院院长。后任台湾大学教授、法学院院长,兼台湾人文研究所所长。1964年,建议当局筹设台湾经济研究所,获准后辞去商学院院长等职,转入筹建工作。同年末,成立台湾银行金融研究室,任主任,直至1972年退休。有《中外古今谈》《文化与经济》《台湾经济史》《橘逾淮集》等著述。

附录二　中华学艺社规章制度

丙辰学社社章

（1916年）

第一章　纲领

第一条　本学社定名曰丙辰学社

第二条　本学社不分畛域不拘党见专以研究真理昌明学术交换智识为宗旨

第三条　本学社对于有关学术事业皆量力次第举办期达立社本旨

第二章　社员

第四条　本学社员分为正社员与名誉社员二种

一　正社员

第五条　具左列资格之一者为本社正社员

甲　本社创立人

乙　有本社正社员二人以上之绍介经理事认定者

第六条　正社员有参与本社一切社务之权

第七条　正社员有选举及被举为本社职员之权

第八条　正社员有利用本社各种设备之权

第九条　正社员有遵守本社一切规则之义务

第十条　正社员有维持本社及扩充本社之义务

第十一条　正社员有愿退社者得通知本社自由退社

第十二条　正社员有损坏本社名誉及延欠社费至三次以上者经理事及评议部提交社员总会议决得令其退社

第十三条　凡已故及退社之正社员所纳社费概不退还

二　名誉社员

第十四条　有下列各项事情之一者公推为本社名誉社员

甲　捐助款项于本社者

乙　投稿本社杂志登载至三期以上者

丙　本社延聘讲演者

丁　本社曾刊布其著述或编译者

戊　对于本社有各种襄助之盛举者

第十五条　名誉社员备本社之咨询

第三章　社务

第十六条　发行杂志　本社按期刊行杂志以为发表研究所得之机关

第十七条　举行讲演　本社按期由理事推荐社员或延聘名人讲演学术及种种问题

第十八条　刊布图书　本社随时搜罗各种稿本无论著述编译皆量力代行刊布

第十九条　搜集书物　本社尽力搜求古今东西各种图书器物以供同人等阅览参考之用

第二十条　本社编辑讲演刊布阅览各事宜之细则及其程序另以专则订定

第二十一条　本社除举办上列各事项外当随时扩充事业以图发达

第四章　机关

第二十二条　本社机关分为　社员总会　执行部　评议部三种

一　社员总会

第二十三条　社员总会由全体正社员组织之

第二十四条　社员总会为本社最高机关有造立意思及监督社务之全权

第二十五条　社员总会由理事遵章招集理事缺员时由评议部代行招集

第二十六条　通常总会每年岁首定期招集一次

第二十七条　招集临时总会之事由如左

甲　理事认为必须者

乙　评议部议决者

丙　社员十人以上连名要求者

第二十八条　通常会或临时会理事托故不招集时由评议部代行招集

第二十九条　总会开会前由理事或评议部通知开会日期及所议事项发信日期由理事或评议部酌定远道者须一月以前近处者须于七日以前通知

第三十条　社员总会议长即以评议长充任但评议部被纠劾时议长须另行改选

第三十一条　社员总会必须全体正社员三分之一以上到会始得开议

第三十二条　总会提议事件须有到会者三分之一以上投票认为应议者始得付议凡议案须将通知所列事项尽先付议

第三十三条　表决议案之法以投票者之过半数决之赞否同数时由议长采决表决权得以书函代行之付议事项与正社员私人有关系者该社员无表决权

二　执行部

第三十四条　执行部以理事一人副理事一人及总务编辑二科组织之

甲　理事及副理事

第三十五条　理事及副理事由社员总会从正社员中分别票选之

第三十六条　选举时须有社员总会全体四分之三以上之投票占票数三分之二以上之最多数者为当选人

选举三次尚无当选人时就第三次得票最多数二人中决选之以得票占比较多数者为当选人票数相同时以抽签法决定之

第三十七条　理事代表本社有督理本社社务之全权

第三十八条　副理事平时襄赞理事擘画社务理事旷职或缺员时代行其职权

第三十九条　理事及副理事任期各一年得连任

第四十条　理事及副理事任期中失职或辞职时由社员总会议决得令其退职但议决时须有社员总会全体四分之三以上之投票得三分之二以上之同意方得有效

乙　总务科

第四十一条　总务科设总务干事一人副总务干事一人庶务干事若干人会计及书记各二人

第四十二条　总务干事以理事兼任之副总务干事以副理事兼任之

第四十三条　庶务干事及书记由理事从正社员中举任之

第四十四条　会计由社员总会从正社员中选出以占票五分之一以上之最多数者二人为当选人缺员或退职时以次多数者充任

第四十五条　总务干事指挥各员综理本科一切事务

第四十六条　副总务干事平时辅佐总务干事整理事务总务干事缺员或旷职时代行其职权

第四十七条　干事员办理本社一切庶务

凡支社未成立之地由理事量设分驻干事若干人代表本社经理社务

第四十八条　书记管理本社文录钤记

书记对外文件须与理事连署方得有效

第四十九条　会计掌理本社出纳存放事宜

第五十条　本科各员任期一年得连任

第五十一条　本科各员任期中因事辞职时经理事及评议部之同意得听其退职

丙　编辑科

第五十二条　编辑科由编辑长一人编辑员若干组织之

编辑员额数由理事与评议部及编辑长随时斟酌定之

第五十三条　编辑各员由理事与评议部从正社员中推举之编辑长由编辑员互选之

第五十四条　编辑长综理本社编辑事务编辑员分担本社编辑事务

第五十五条　编辑各员除编辑长外皆得兼任他职

第五十六条　编辑各员任期六月得继续连任

第五十七条　编辑科各员因事辞职时经理事与评议部商定后得任其退职

三　评议部

第五十八条　评议部由评议长一人评议员若干人组织之

评议员额数由社员总会临时酌定之至少五人多不得逾二十人

第五十九条　评议部员由社员总会从正社员中选出得总投票三分之一以上者为当选人不足额方另行补选评议部长由评议员互选之

第六十条　评议部员有纠劾全体社员监视总会议场检查各部职员稽核本

社会计审判社内一切权限上纷争之权

评议部长代表本部处理部务

第六十一条　评议部议事以评议员之过半数决之赞否同数时则取决于评议长

第六十二条　评议部各员任期一年得连任

第六十三条　评议部各员缺员或退职时以候补者充任

第五章　经费

第六十四条　本社正社员入社时须纳二元以上之入社金

第六十五条　本社经常社费定为每年二元分两期交纳或按月分纳亦可

第六十六条　本社遇有特别需用时经理事与评议部协议后由执行部临时设法募集

第六十七条　会计须造具预算表交社员总会审定

每年决算须经评议部检查后再行报告社员总会

第六十八条　本社所有存款除举办社务外不得支用

第六十九条　本社遇有不得已事故须解散时所余财产永储为奖励学业之资金社员不得分受

第七十条　本社各项职员概不支薪但公用开支及雇员薪工不在此限

第六章　附则

第七十一条　本社章须有社员总会全体三分之一以上之同意始得变更

第七十二条　本社解散之事由如左

甲　正社员减少至三人以下

乙　正社员全体之同意

第七十三条　本社各项细则由各部自行订定但实施前须通知各社员

第七十四条　本社事务所暂设于日本东京变更社址及设支社时须由社员总会议决

第七十五条　本社章自本社成立之日实施

来源:《学艺》1917年第2号。

中华学艺社社章

（1923年）

第一章　纲领

第一条　本社定名为中华学艺社。

第二条　本社以研究真理,昌明学艺,交换智识,促进文化为宗旨。

第三条　本社对于有关科学艺术之事业,皆量力次第兴办,期达立社本旨。

第二章　社员

第四条　具下列资格之一者为本社社员:

甲　前丙辰学社正社员。

乙　由本社社员二人以上之介绍,经总事务所干事会议认可者。

第五条　社员有参与本社一切社务之权。

第六条　社员有选举及被举为本社职员之权。

第七条　社员有利用本社各种设备之权。

第八条　社员有遵守本社一切规则之义务。

第九条　社员有维持本社及扩充本社之义务。

第十条　社员有愿退社者,得通知本社,自由退社。

第十一条　社员有损坏本社名誉,经该地方社员会议决,提交总事务所干事会议审查后,得令其退社。

第十二条　社员有延欠社费二年以上者,停止社员一切之权利。

第十三条　凡已故及退社之社员,所纳社费,概不退还。

第三章　社务

第十四条　发行杂志:本社按月刊行学艺杂志,以为发表研究所得及介绍东西文化之机关。

第十五条　举行讲演:本社随时由干事推荐社员或延聘名人讲演关于学术各种问题。

第十六条　刊布图书:本社随时征集各种稿本,经本社认为有价值时,当为刊印。

第十七条　设图书馆:本社搜求各种图书,筹设图书馆,以供参考。

第十八条　设研究所:本社筹办各科研究所,购置专门书籍器械,以资研究。

第十九条　本社除举办上列各事项外,当随时扩充事业,以期发展。

第四章　机关

甲　事务所

第二十条　本社设总事务所于上海,设事务所于各省区及各外国。

第二十一条　总事务所称曰中华学艺社总事务所,地方事务所称曰中华学艺社某地事务所。

第二十二条　事务所之所在地,以都会为原则。

第二十三条　同一区域之内,总事务所干事会议认为因扩充社务有另设事务所之必要时,得分设事务所,但须得该区域内事务所干事之同意,并协商划分其范围。

乙　干事

第二十四条　总事务所设总干事,副总干事各一人;庶务科干事,会计科干事,文牍科干事,编辑科干事,交际科干事各若干人;其人数由总干事视事务之繁简临时酌定。

第二十五条　总干事会同总事务所各干事,办理本社一切社务,所有对外一切事件概由总干事负责。

第二十六条　副总干事平时襄赞总干事处理社务,总干事缺席时,得代行其职权。

第二十七条　庶务科干事办理本社一切庶务。

第二十八条　文牍科干事管理本社文录钤记。

第二十九条　会计科干事管理本社出纳存放款项事宜。

第三十条　编辑科干事编辑学艺杂志及社务报告事宜。

第三十一条　交际科干事办理本社招待交际事宜。

第三十二条　各地方事务所干事一人至四人,司本社与各该地方社员之联络,办理该事务所一切事务及总事务所委托事务。征收社费,得由总事务所委托各事务所办理,但须汇缴总事务所。

第三十三条　各地方事务所干事,视事之繁简,亦得由干事自行商酌,分掌职务。

第三十四条　总干事副总干事由社员总投票选举之,以得票比较多数者当选,选举票须于发通告后四个月内,寄至总事务所,逾期无效。

第三十五条　总事务所各科干事,由总干事于社员中推举之。

第三十六条　各地方事务所干事由各该地方社员选举之,以得票比较多数者当选。但第一任干事,或地方社员未能自行选出干事时,得由总干事于社员中委托一人或二人充任。

第三十七条　总干事副总干事及总事务所各科干事任期各二年。地方干事任期各一年,皆得连任。

第三十八条　总干事副总干事之选举,以八月至十一月为期。地方事务所干事之选举,由地方社员会自定之。

第三十九条　总干事或副总干事于任期内失职时,由社员二十人以上之提议,或由任一地方社员会之提议,经各地方事务所干事过半数之同意;总事务所各科干事失职时,由总干事提交总事务所干事会议决;各地方事务所干事失职时,由地方社员过半数之同意;得令其退职。辞职亦如之。

第四十条　总副干事或地方事务所干事去职时,由次多数递补;总事务所各科干事去职时,仍按第三十五条推举,概以原任期满为止。

丙　委员会

第四十一条　对于社务进行上,总事务所干事会议认为有设委员会必要时,得征求地方事务所干事过半数之同意后组织之。

第四十二条　各种委员会委员,由总干事推举,但须得各地方事务所干事过半数之同意。

丁　研究会

第四十三条　本社对于研究讨论各科学术,得设各科研究会,其规则另定之。

第五章　会议

第四十四条　本社每年举行年会一次,报告本社进行状况,由总干事召集之。开会时期及地点,由前届开会时议定。

第四十五条　各地方每年开社员常会两次,于春秋二季,在各事务所所在地举行。但遇必要时,得开临时会,由各该地方干事召集之。

第四十六条　各地方社员会,议决各该地方本社进行事宜,至有关系于全社之事,须由各该地方干事提出于总事务所。

第四十七条　各地方事务所干事提出议案。不背于本社章者,总干事得执行之;总干事不同意时,当以理由知会原提案者,若原提案者认为不满意时,总干事当提出于各地方事务所干事取决于多数。

第六章　经费

第四十八条　本社社员入社时,须纳二元以上之入社费。

第四十九条　本社经常社费,定为每年三元,得分两期交纳。但在日本或边地各省,得以该地之银元计算,不必补水。

第五十条　本社遇有特别需用经费时,由总事务所干事会议决,得临时募集之。

第五十一条　各事务所常费最多不得过该地方社员所纳常费总额三分之一,但必要时,经总事务所干事会议认可,得临时增加。

第五十二条　各事务所用费须造清册报告于总事务所。

第五十三条　总事务所会计科每年须造具预算决算表,报告社员全体。

第五十四条　本社所有存款除举办社务外,不得支用。

第五十五条　本社遇有不得已事故,须解散时,财产永储为奖励学业艺术之资金,社员不得分受。

第五十六条　本社各项职员概不支薪,但公用开支及雇员薪工不在此限。

第七章　附则

第五十七条　本社章须有社员全体过半数之同意,始得变更。

第五十八条　本社解散之事由如下:

甲　社员减少至三人以下

乙　社员全体之同意

第五十九条　本社各项细则由各机关自行订定,但实施前须通知全体社员。

第六十条　本社章自公布之日施行。

来源:《学艺》1923年第5卷第2号。

中华学艺社社章

（1929年）

第一章　纲领

第一条　本社定名为中华学艺社。

第二条　本社以研究真理，昌明学艺，交换智识，促进文化为宗旨。

第三条　本社对于有关科学艺术之事业，皆量力次第兴办，期达立社本旨。

第二章　社员

甲　社员

第四条　凡具有专门学识，由本社社员二人以上之介绍，经监察委员会之认可者，得为本社社员。

第五条　凡社员一次交足十年之社费者，为永久社员。

第六条　社员有参与本社一切社务之权。

第七条　社员有选举及被举为本社职员或代表之权。

第八条　社员有享用本社各种设备之权。

第九条　社员有遵守本社一切规则之义务。

第十条　社员有维持本社及扩充本社之义务。

第十一条　社员有愿退社者，得通知本社，自由退社。

第十二条　社员有损坏本社名誉之行为者，经各该地方社员会议决，提交总社，经监察委员会审定后，得取消其社员资格。

第十三条　社员有延欠社费一年以上者，停止社员一切之权利。

第十四条　凡已故及退社之社员，所纳社费，概不退还。

乙　名誉社员

第十五条　凡学术上，或经济上能赞助本社者，由执行委员会提出，经监察委员会通过，得推请为本社名誉社员。

第十六条　名誉社员有享用本社设备之权利，及赞助本社进行之义务。

第三章　社务

第十七条　研究学术：本社组织各种学术研究会，并量力次第筹办研究所。

第十八条　刊布图书:本社征求各种名贵图籍及优良稿本,随时刊印。

第十九条　发行论文专集及杂志:本社为发表研究所得,并介绍东西文化,刊行论文专集及定期杂志。

第二十条　举行讲演:本社随时由执行委员会或分社干事,推荐社员,或延聘国内外学者,举办学术讲演会。

第二十一条　设图书馆:本社搜求各种图书,筹设图书馆,以供社内外人士之参考。

第二十二条　设博物陈列所:本社搜求各种博物标本,筹设博物陈列所,以供社内外人士之浏览。

第二十三条　本社除举办上列各事项外,当随时扩充事业,以期发展。

第四章　组织

甲　总社及分社

第二十四条　本社设总社于上海,设分社于各省市及各国外重要地点。

第二十五条　总社称曰中华学艺社;分社称曰中华学艺社某地分社。

乙　执行委员会

第二十六条　本社设执行委员会,以执行委员九人至十三人组织之;办理本社一切社务,并为本社对外代表。

第二十七条　执行委员会,由执行委员互选一人为主席

第二十八条　执行委员会,设总务编辑二部,各部设部长一人,由执行委员互选之;遇必要时,得设各种专务委员会,其委员由执行委员会于委员或社员中推举充任。

第二十九条　总务部设文牍,会计,庶务干事各一人至三人,交际干事若干人,由执行委员互推或另推社员充之。

第三十条　编辑部设编辑,出版干事各若干人;遇必要时,得设各种刊物编辑委员会,其干事或委员,由执行委员互推或另推社员充之。

第三十一条　执行委员会设驻社常务秘书一人,为有给职,承执行委员会之命,办理一切事务,由执行委员兼任,或由执行委员会聘请社员充之。

第三十二条　执行委员会,每月开常会一次;遇必要时,得由主席召集临时

会。凡开会时常务秘书及干事均应列席。

丙　监察委员会

第三十三条　本社设监察委员会,以监察委员五人至七人组织之。

第三十四条　监察委员会之职权如下:

(A) 审定社员之入社退社事宜。

(B) 会同执行委员会选出下届执监委员之候选人。

(C) 审定本社推请名誉社员之事宜。

(D) 审核本社之预算决算。

(E) 稽核总社及分社之社务进行情形。

(F) 纠察执行委员会之职守,遇必要时,得召集临时社员大会提出弹劾案。

第三十五条　监察委员会,设主席一人,书记一人,由监察委员互选之。

第三十六条　监察委员会,每年开常会两次;遇必要时,得由主席召集临时会。

丁　执监委员之任期及选举

第三十七条　执监委员任期各为二年,连举得连任;在任期中有不得已事故,提出辞职时,得由各该会决定之。

第三十八条　执监委员任期未满前四个月,由执监联席会于社员中选出二倍之人数,并加入现任执监委员作为候选人。

第三十九条　执监委员,由全体社员于候选人中通信投票选出之,以得票比较多数者当选,各以次多数若干人(不得过于当选之人数)为候补者。

第四十条　候补执监委员,得列席于执监各会议;执监委员有缺席时,得由候补执监委员各依次照额递补,但递补人数,不得过执监委员人数三分之一。

戊　分社干事

第四十一条　分社设干事一人至五人,司本社与各该地社员之联络,办理该分社一切事务及总社委托事务。

第四十二条　分社干事视事之繁简,得由干事自行商酌,分掌职务。

第四十三条　分社干事任期一年,由驻在各该地之社员选举之,以得票比较多数者当选。

但第一任干事,或各地社员未能自行选出干事时,得由执行委员会于社员中委托一人至三人充任。

第四十四条　分社干事有失职时,得由执行委员会提交监察委员会审定处理之。

第五章　会议

第四十五条　本社会议分下列各种:

(A)社员大会。

(B)年会。

(C)执监联席会。

(D)总分社职员联席会。

(E)各委员会常会。

(F)各地社员常会。

(G)纪念会。

第四十六条　社员大会,为本社最高会议,议决本社重要社务,每两年举行一次,由执行委员会召集之。

第四十七条　社员大会,须有社员全体过半数之代表权出席时,方得开会。社员不能出席时,得委托其他社员为代表,但一人代表之权数,至多不能过社员总数二十分之一。

第四十八条　年会为恳亲会,每年举行一次,由执行委员会召集之;以联络感情,报告社务,发表研究。

第四十九条　执监联席会,每两年开常会一次,于选举下届执监委员四个月之前举行,由执监委员会召集之;但遇必要时得开临时会。

第五十条　执监联席会之任务如下:

(A)推举下届执监委员之候选人。

(B)议决不及待社员大会决定之重要社务。

第五十一条　总分社职员联席会无定期,执行委员会认为必要时,或经三个以上分社之联合请求,由执行委员会召集之。

第五十二条　总分社职员联席会,讨论进行社务之方针,及处理社务之方法,但不得与社员大会之议决案相抵触。

第五十三条　各委员会常会,议决各该委员会之事宜;其会期及细则由各委员会自定之。

第五十四条　各地社员常会,每年至少举行二次,由分社干事召集之。

第五十五条　各地社员常会,议决各分社进行事宜;至关系于全社之事,须由各该地分社干事提出于执行委员会。

第五十六条　本社以十二月三日为创立纪念日,由总分社职员分别召集纪念会,以表庆祝,并宣传本社社务。

第六章　经费

第五十七条　本社经费如下:

(A)基金。

　　(1)入社费。

　　(2)永久社员之社费。

　　(3)特募之基金。

(B)常年社费。

(C)出版物收入。

(D)公团补助费。

(E)捐款。

(F)其他收入。

第五十八条　基金由执行委员会组织基金委员会保管之;只得支用利息。

第五十九条　入社费每人五元,常年社费每人五元,得以所在地之银元计算,不必补水。

第六十条　本社遇有特别需用经费时,由总社执行委员会议决,得临时募集之。

第六十一条　各分社经常费,最多不得过该地社员所纳常年社费总额三分之一;但必要时,经总社执行委员会认可,得临时增加。

第六十二条　各分社用费,须造清册,每年底报告总社一次。

第六十三条　总社会计干事,每年须造具预算决算表,交由监察委员会审核后,报告社员全体。

第六十四条　本社所有存款,除举办社务外,不得支用。

第六十五条　本社遇有不得已事故,须解散时,财产永储为奖励学业艺术之资金。

第六十六条　本社各项职员,除执行委员会之常务秘书外,概不支薪,但公用开支及雇员薪工不在此限。

第七章　附则

第六十七条　本社章遇有不完善之处,得由社员大会议决修改之。

第六十八条　本社章自公布之日施行。

来源:《学艺》1929年第9卷第8号。

中华学艺社执行委员会办事细则

（1930年）

一、本委员会主席，及总务编辑两部部长，干事，办公时间，定为每日下午四时至六时，驻社常务秘书，及雇员办公时间，每日上午九时至十二时，下午二时至六时。

二、本委员会开常会时，由常务秘书于五日前用书面通知，但临时会议，得随时通知。

三、本委员会委员，如于本会开常会时有提议事项，须先期三日通知常务秘书，由常务秘书汇编议事程序。

四、本委员会委员，如有因事不能到会者，须托他委员代表之，惟须先期通知常务秘书。

五、本委员会议决事项，由主席签交常务秘书整理，刊登本社社报公布之。

六、本委员会议决应办事项，由主席分别发交总务编辑两部负责办理。

七、总务编辑两部，须随时将办理情形报告常务秘书，由常务秘书汇报主席，并于开会时报告全体执行委员。

八、本社对外重要文件，须经本委员会主席签名盖章。

九、本委员会会计干事付款，悉凭总务部长签字之传票，如付支票须经主席盖章。

十、会计干事须于每月初会同庶务干事编造预算表，交总务部长核定，每月底编造收支报告表，经总务部长审查后，登载社报公布之。

十一、常年社费入社费捐款及关于本社刊物之收入等各种收入均由会计干事存入银行。

十二、本社每年预决算，由会计干事编制，提交本委员会通过后，交监察委员会审查。

十三、凡五十元以下之支出，由总务部长决定，但超过五十元时，须经本委员会开会通过。

十四、本委员会庶务干事需款时，须具传票，由总务部长签核送交会计付款。

十五、关于本社刊物收入之分配,须由总务部会同编辑部出版干事处理之。

十六、编辑部应按本社各种刊物,组织小委员会处理之。

十七、编辑部于接到稿件时,应即行登记投稿者姓名,地址,及稿件名称后,分别送交各小委员会审查之。

十八、审查通过之稿件,应即交出版干事付印,不能通过之稿件,即行挂号寄还。

十九、本委员会雇员,由常务秘书监导工作。

二十、总务部部务会议,暂定每月一次,编辑部部务会议暂定间月一次,其日期由各该部长决定通知。

二十一、各种会议,主席及常务秘书,均应出席。

二十二、本细则有未妥善处,得由执行委员会开会修改之。

来源:《中华学艺社社报》1930年第1期。

中华学艺社社章

（1931年）

第一章　纲领

第一条　本社定名为中华学艺社。

第二条　本社以研究真理,昌明学艺,交换智识,促进文化为宗旨。

第三条　本社对于有关科学艺术之事业,皆量力次第兴办,期达立社本旨。

第二章　社员

甲　正社员

第四条　凡具有专门学识者,由本社社员二人以上之介绍,经董事会之认可,得为本社正社员。

第五条　凡正社员一次交足十年之社费者,为永久社员。

第六条　正社员有参与本社一切社务之权。

第七条　正社员有选举或被举为本社董事或代表之权。

第八条　正社员有享用本社各种设备之权。

第九条　正社员有遵守本社一切规则之义务。

第十条　正社员有维持本社及扩充本社之义务。

第十一条　正社员有愿退社者得通知本社自由退社。

第十二条　正社员有损坏本社名誉之行为者,经各该地方社员会议决,提交总社,经董事会审定后,得取消其社员资格。

第十三条　正社员有延欠社费两年以上者,停止其应享之权利。

乙　名誉社员

第十四条　凡在学术上有特著之贡献,经董事会通过者,得推请为本社名誉社员。

第十五条　名誉社员有享用本社设备之权利,及赞助本社进行之义务。

丙　赞助社员

第十六条　凡对于本社捐助款项,或其他财物者,经董事会通过,得推为本社赞助社员。

第十七条　赞助社员有享用本社设备之权利。

丁　团体社员

第十八条　凡有公私法人之团体,由本社社员五人以上之介绍,经董事会之认可者,得为本社团体社员。

第十九条　凡团体社员得推定二人至五人为代表,适用本社章第五条至第十三条之规定。

第三章　社务

第二十条　研究学术:本社组织各种学术研究会,并量力次第筹办研究所。

第二十一条　刊布图书:本社征求各种名贵图籍及优良稿本,随时刊布。

第二十二条　发行论文专集及杂志:本社为发表研究所得,并介绍东西文化,刊行论文专集及定期杂志。

第二十三条　举行讲演:本社随时由总务部或分社干事,推荐社员,或延聘国内外学者,举办学术讲演会。

第二十四条　设图书馆:本社搜求各种图书,筹设图书馆,以供社内外人士之参考。

第二十五条　设博物陈列所:本社搜求各种博物标本,筹设博物陈列所,以供社内外人士之浏览。

第二十六条　本社除举办上列各事项外,得酌量设立学校,及职业介绍部,印刷出版部等附属事业。

第四章　组织

第二十七条　本社设总社于上海,设分社于各省市及国外重要地点。

第二十八条　总社总为中华学艺社。分社称为中华学艺社某地分社。

甲　董事会

第二十九条　本社设董事会,以董事九人至十一人组织之。

第三十条　董事由正社员及团体社员代表,就全体正社员及团体社员通信投票选出之,以得票比较多数者当选,以次多数五人至七人为候补董事。

第三十一条　董事任期为三年,每届期满由董事会就原董事中抽签决定其三分之一。(如董事九人,则抽取三人,如为十一人,则抽取四人。)为下届董事,其余依照第三十条选举之,但连任者不得过二次。

第三十二条　董事会之职权如左:

(一)筹集及保管本社社产。

(二)订定本社一切规程及细则。

(三)议决本社进行方案。

(四)指挥并监督本社一切进行事宜。

(五)议决本社预算及临时用费。

(六)审核本社决算。

(七)报告预算决算于全体社员。

(八)办理本社一切选举事务。

(九)召集社员大会年会,及各分社干事联席会议。

(十)聘任总社各分社重要职员。

(十一)审定入社及退社之各项社员。

(十二)延聘名誉董事。

(十三)对外代表本社。

(十四)议决其他重要事务。

第三十三条　董事会设常务董事三人,基金监二人,书记一人,均由董事互推之。主席董事一人,由董事就常务董事中推定之,常务董事及基金监得兼书记,但主席董事及常务董事,不得兼基金监。

第三十四条　主席董事召集董事会,并为其主席,对外代表本社,及按照董事会所议决款项,会同基金监一人,签发支票。

第三十五条　主席董事及常务董事在董事会闭会期间,或董事会不能召集时,得代表董事会执行其职务。

第三十六条　基金监应随时监察本社资产。

第三十七条　董事会办事细则由董事会自定之。

乙　名誉董事

第三十八条　凡对本社捐款千元以上者,经董事会通过,得推请为本社名誉董事。

第三十九条　名誉董事有永久享用本社设备之权利。

第四十条　分社遇必要时得设名誉董事,由董事会通过聘请之。

丙　总务部

第四十一条　总务部设主任一人,会计干事一人,庶务干事一人,文牍干事一人,书记一人,均为有给职,交际干事若干人,为名誉职,均由董事会聘任之,任期各一年。

第四十二条　总务部主任承董事会之命,负责督率各干事书记,办理本社编辑以外之一切事务。

第四十三条　总务部主任每月应将本社一切社务进行状况,及收支清账,造具报告书,提交常务董事察核。

第四十四条　总务部办事细则另定之。

丁　编辑部

第四十五条　编辑部设主任一人,为有给职,编辑若干人,为名誉职,均由董事会聘任之,任期各一年。

第四十六条　编辑部主任承董事会之命,负责会同各编辑办理关于本社一切编辑及出版事务。

第四十七条　编辑部遇必要时,得由董事会聘任会计庶务文牍干事各一人,书记若干人,均为有给职,任期各一年。

第四十八条　编辑部主任按月应将编辑及出版状况,造具报告书,提交常务董事查核。

第四十九条　编辑部办事细则另定之。

戊　各种委员会

第五十条　本社遇必要时得由董事会通过设立各种委员会其主席及书记,由各该委员会互推之。

第五十一条　各委员会规程及办事细则另定之。

己　分社干事

第五十二条　分社设干事一人至五人,司本社与各该地社员之联络,办理该分社一切事务,及总社委托事务。

第五十三条　分社干事得自行商酌分掌职务。

第五十四条　分社干事任期一年,由驻在各该地社员选举之,以得票较多者当选,但第一任干事,或各地社员未能自行选出干事时,得由董事会聘请一人至三人充任之。

第五十五条　分社干事办事细则,由各分社拟交董事会议决后施行。

第五章　会议

第五十六条　本社会议分左列各种:

(一)社员大会。

(二)年会。

(三)董事会常会及临时会。

(四)总务部部务会议。

(五)编辑部部务会议。

(六)总分社职员联席会。

(七)各委员会会议。

(八)各地社员常会。

(九)纪念会。

第五十七条　社员大会为本社最高会议,议决本社重要社务,每两年举行一次,由董事会召集之。

第五十八条　社员大会,须有全体社员十分之一以上之出席,方得开会。

第五十九条　年会为恳亲会,每年举行一次,由董事会召集之,以联络感情,报告社务,发表研究,但遇必要时得由董事会议决,由年会执行社员大会之职权。

第六十条　董事会常会每年开会一次,临时会由主席董事决定召集之。

第六十一条　总分社职员联席会无定期,董事会认为必要时,或经三个以上分社之联合请求,由董事会召集之。开会时以主席董事为主席。

第六十二条　总分社职员联席会讨论进行社务之方针,及处理社务之方法,但不得与社员大会之议决相抵触。

第六十三条　总务部部务会议,编辑部部务会议,由各该部主任召集之。

第六十四条　各委员会会议,由各该委员会主席召集之。

第六十五条　各地委员常会,每年至少举行二次,由分社干事召集之。

第六十六条　各地社员常会议决各分社进行事宜,至关系于全社之事,须由各该地分社干事,提交董事会通过施行。

第六十七条　本社以十二月三日为创立纪念日,由总分社职员分别召集纪念会,以表庆祝,并宣传本社社务。

第六章　经费

第六十八条　本社经费如下:

(一)基金。

(甲)入社费。(乙)永久社员之社费。(丙)特募之基金。

(二)常年社费。

(三)出版物收入。

(四)公团补助费。

(五)捐款。

(六)其他收入。

第六十九条　基金只得支用利息。

第七十条　入社费每人五元,常年社费正社员每人五元,团体社员每团百元。

第七十一条　本社遇有特别需用经费时,由董事会决议,得临时募集之。

第七十二条　各分社经常费,最多不得过该地社员所纳常年社费总额三分之一,但遇必要时,经董事会认可,得临时增加。

第七十三条　各分社用费须造具清册,每年底报告董事会一次。

第七十四条　本社所有存款,除举办社务外不得支用。

第七十五条　本社遇有不得已事故须解散时,财产永储为奖励学艺之基金。

第七章　附则

第七十六条　本社章遇有不完善之处,得有社员大会决议修改之。

第七十七条　本社章自公布日起施行。

来源:《学艺》1933年百号纪念增刊。

总务部办事细则

（1932年）

第一条　本部依据社章,设主任一人,会计干事,庶务干事,文牍干事各一人,交际干事若干人,书记一人,办理本部一切事务。

第二条　总务主任之职权如左:

一、执行董事会及常务董事会议决属于总务部各案。

二、计划本部事务之进行。

三、会同会计干事,拟定每月预算,提交常务董事会讨论。

四、会同各干事,拟定每月社务进行预定工作。

五、指导本部各干事进行应办各项社务。

六、建议于董事会。

七、召集总务部会议,并为其主席。

八、执行总务部议决各案。

九、会签本部支取款项凭单。

十、会签本部租赁凭单。

十一、签署本部对外文书。

十二、保管本社图记。

十三、许可本部干事书记请假。

十四、会同各干事造具每月社务进行状况,及收支清册,报告于常务董事会。

十五、会同编辑部主任,商办总务编辑两部有关事宜。

第三条　会计干事之职权如左:

一、保管社中经常门款项。

二、经管本社经费收支。

三、编制预算决算。

四、登记各种账目。

五、保管各项账册及契约单据。

六、检查庶务股所购置之物件。

七、办理关于银行往来事项。

第四条　庶务干事之职权如左：

一、办理关于社中用具,及其他物品之购置,修理,保管,及登记事宜。

二、布置及修理社所。

三、保管购物账册单据。

四、保管并核发文具。

五、维持社内安宁秩序。

六、管理社内之清洁卫生。

七、进退训练及管理社工。

八、接洽并处理关于租借本社附属各室,其他杂物事项。

九、保管本社各种出版刊物。

十、批发或零售本社各项出版物,及代售各项刊物。

第五条　文牍干事之职权如左：

一、办理关于各项公牍函件之撰稿,收发,登记,及保管事宜。

二、编辑本社社报,及各项统计报告。

三、指导书记分发本社各项出版刊物。

四、办理关于社员名录底册之登记,保管,调查,及修正事宜。

五、担任总务部会议纪录,并保管之。

六、指导书记办理一切属于文牍事项。

七、办理关于其他一切文牍事项。

第六条　书记承文牍之指挥,办理一切收发,抄写,印刷,事宜。

第七条　职员除星期日及例假日外,每日办公时间,午前自八时至十二时,午后自一时至五时,但假期中值宿规定另订之。

第八条　本部每两星期开常会一次。

第九条　本细则如有未尽事宜,得随时修改,提交常务董事会讨论。

第十条　本细则自常务董事会通过之日施行。

来源:《中华学艺社社报》1932年第4卷第4/5期。

中华学艺社社章

（1934年）

第一章　纲领

第一条　本社定名为中华学艺社。

第二条　本社以研究真理,昌明学艺,交换智识,促进文化为宗旨。

第三条　本社对于有关科学艺术之事业,皆量力次第兴办,期达立社本旨。

第二章　社员

甲　社员资格

第四条　本社社员分正社员,名誉社员,赞助社员,团体社员四种。

第五条　凡具有专门学识者,由本社社员三人之介绍,经理事会之认可,得为本社正社员。

凡正社员一次缴费五十元,为永久社员。

第六条　凡在学术上有特殊之贡献,经理事会通过者,得推请为本社名誉社员。

第七条　凡对于本社捐助款项,或其他财物者,经理事会通过,得推请为本社赞助社员。

第八条　凡有公私法人之学术团体,由本社社员十人之介绍,经社员大会之认可,得为本社团体社员;团体社员,得推三人为代表。

乙　社员权利义务

第九条　凡社员有参与本社一切社务,享用本社一切设备之权利。

第十条　凡正社员及团体社员,有选举或被选举为本社理事或代表之权。

第十一条　正社员及团体社员有遵守本社一切规则之义务。

第十二条　正社员及团体社员有维持本社或扩充本社之义务。

第十三条　正社员及团体社员有愿退社者,得通知本社,自由退社。

第十四条　正社员及团体社员有损坏本社名誉之行为者,经各该地方社员开会议决,提交总社,经理事会审查后,得取消其社员资格。

第十五条　正社员有延欠社费二年以上者,停止其应享之一切权利。

第三章 社务

第十六条 研究学术:本社组织各种学术研究会,并量力次第筹办研究所。

第十七条 刊布图书:本社征求各处名贵图籍及优良稿本,随时刊布。

第十八条 发行论文专集及杂志:本社为发表研究所得,并介绍东西文化,刊行论文专集及定期杂志。

第十九条 举行讲演:本社随时延聘社员,或国内外学者,举办学术演讲会。

第二十条 设图书馆:本社搜求各种图书,筹设图书馆,以供社内外人士之参考。

第二十一条 设博物陈列所:本社搜求各种博物标本,筹设博物陈列所,以供社内外人士之浏览。

第二十二条 本社除举办上列各事项外,得酌量设立学校,及其他附属事业。

第二十三条 本社经社员大会之通过,得加入其他学术团体,为团体社员。

第四章 组织

第二十四条 本社设总社于上海,设分社于各省市及国外重要地点。

第二十五条 总社称为中华学艺社,分社称为中华学艺社某地分社。

甲 理事会

第二十六条 本社设理事会九人至十一人组织之。

第二十七条 理事由正社员及团体社员代表,就全体社员及团体社员于社员大会选出之,以得票比较多数者当选,以次多数五人至七人为候补理事,但理事及候补理事,至少须有三分之一,常驻总社所在地。

社员大会不能召集或召集而不足法定人数时,用通信选举之。

第二十八条 理事任期为二年,每届期满,由理事会就原理事会中互选,决定其二分之一,(如理事五人,则留四人。如为十一人,则留五人。)为下届理事,其余依照第二十七条选举之,但连任者不得过二次。

第二十九条 理事会之职权如左:

（一）订定或决定本社一切规程及细则。

（二）议决本社进行方案。

（三）保管社产。

（四）指挥并监督本社一切进行事宜。

（五）议决本社预算及临时用费。

（六）报告预算决算及其他社务于董事会。

（七）召集社员大会，年会，及各分社干事联席会议。

（八）聘任总社及各分社重要职员。

（九）审定入社及退社之各项社员。

（十）延聘董事，但须提请社员大会追认之。

（十一）对外代表本社。

（十二）报告社务于社员大会。

（十三）建议关于发展社务筹集社产之一切计划于董事会。

（十四）议决其他重要事务。

第三十条　理事会设理事长一人，书记一人，由理事互推之。

第三十一条　理事长召集理事会，并为其主席，对外代表本会。

第三十二条　理事长在理事会闭会期间，或理事会不能召集时，得代表理事会执行其职务。

第三十三条　理事如因事故不能出席时，得推社员为代表出席；如因事故不能担任时，得向理事会提出辞职，经理事会通过，以候补理事依次递补之。

第三十四条　理事会每月至少开会一次。

第三十五条　理事会办事细则由理事会自定之。

乙　董事会

第三十六条　本社董事会以董事十五人至二十七人组织之，以现任理事长为当然董事。

第三十七条　凡具下列各项资格之一者，得为本社董事。但第一项董事，须占全额半数以上。

（一）本社社员对于本社有特别劳绩者。

（二）在国内学术界确实有贡献者。

（三）在国内事业界确实有建树者。

第三十八条　本社董事除当然董事外,由理事会决议延聘。

第三十九条　董事会职权如左:

（一）筹划本社发展事宜。

（二）审查理事会所提出之预算及决算。

（三）接受并讨论理事会之建议。

（四）接受并审查理事会之社务报告。

（五）报告董事会会务于社员大会。

第四十条　董事会设董事长一人,基金监二人,书记一人,由董事互推之。

第四十一条　董事任期为二年。

第四十二条　董事会每半年开会一次,由董事长召集之,于必要时得开临时会。

第四十三条　董事会办事细则由董事会自定之。

丙　总办事处

第四十四条　本社于理事会下设总办事处,处设总干事一人,干事,事务员,书记各若干人,但总干事须以正社员充之。任期一年,得连任。

第四十五条　总干事承理事会之命,负责督率干事,事务员,书记等办理本会一切事宜。

第四十六条　总办事处办事人员,由理事会聘请之。得视本社经济情形,酌与报酬。

第四十七条　总干事每月应将本社一切社务进行状况,及收支清账,造具报告书,提交理事会察核。

第四十八条　总办事处得设立各种委员会。

第四十九条　总办事处办事细则,由总干事拟交理事会核定之。

丁　分社干事

第五十条　分社设干事一人至五人,司本社与各该地社员之联络,办理该分社一切事务,及总社委托事务。

第五十一条　分社干事,得自行商酌分掌职务。

第五十二条　分社干事任期一年,由驻在各该地社员选举之,以得票较多者当选。但第一任干事或各地社员未能自行选出干事时,得由理事会聘请一人至三人充任之。

第五十三条　分社干事办事细则,由各分社拟交理事会审核之。

第五章　会议

第五十四条　本社会议分左列各种:

(一)社员大会。

(二)理事会。

(三)董事会。

(四)总办事处处务会议。

(五)总分社职员联席会。

(六)各委员会会议。

(七)年会。

(八)纪念会及恳亲会。

(九)各地分社社员大会。

第五十五条　社员大会为本社最高会议,议决本社重要社务,每两年举行一次,由理事会召集之,得与年会合并举行之。

第五十六条　社员大会,须有全体社员十分之一以上之出席,方得开会。

第五十七条　总分社职员联席会无定期,理事会认为必要时,或经三个以上之分社联合请求,由理事会召集之。开会时以理事长为主席。

第五十八条　总分社职员联席会,讨论进行社务之方针,及处理社务之方法,但不得与社员大会之议决相抵触。

第五十九条　年会每年举行一次,由理事会召集之,报告社务,发表论文。

第六十条　本社以十二月三日为创立纪念日,由总分社职员分别召集纪念会,以表庆祝。并宣传本社社务。

第六章　经费

第六十一条　本社经费如下:

(一)基金。

(甲)入社费。(乙)永久社员之社费。(丙)特募之基金。

(二)常年社费。

(三)出版物收入。

(四)公团补助费。

(五)捐款。

(六)其他收入。

第六十二条　基金只得支用利息。

第六十三条　入社费每人五元,常年社费社员每人五元,团体社员入社时每团体一次缴费百元,以后免缴。

第六十四条　本社遇有特别需用经费时,得由理事会议决,提请董事会临时募集之。

第六十五条　本社所有收支,均由总干事与会计干事会签之。

第六十六条　各分社经常费,以各该分社社员所纳常年社费四分之三充之。但未设分社各地之社员,其社费应迳交总社。

第六十七条　各分社社员所纳常年社费,除四分之三划充各该分社经常费外,其余四分之一及入社费,并永久社费,应由各该分社每半年汇交总社。

第六十八条　各分社用费,应造具清册,每年底报告理事会一次。

第七章　附则

第六十九条　本社章遇有不完善之处,得由社员大会议决修改之。

第七十条　本社章自公布日起施行。

来源:《中华学艺社概况》1936年。

中华学艺社社章
（1944年）

第一章 纲领

第一条 本社定名为中华学艺社

第二条 本社以研究真理昌明学艺交换智识促进文化为宗旨

第三条 本社对有关科学艺术之事业皆量力次第兴办期达立社本旨

第二章 社员

第四条 本社社员分社员名誉社员赞助社员团体社员四种

第五条 凡具有专门学识者由本社社员三人之介绍经理事会之认可得为本社社员凡社员一次缴纳五百元者为永久社员

第六条 凡在学术上有特殊之贡献经理事会通过者得推请为本社名誉社员

第七条 凡对于本社捐助款项或其他财物者经理事会通过得推请为本社赞助社员

第八条 凡有公私人之学术团体由本社社员十人之介绍经社员大会之认可得为本社团体社员团员得推三人为代表

第九条 凡社员有参与本社一切社务享受本社一切设备之权利

第十条 凡社员及团体社员有选举或被选举为本社理事或代表之权

第十一条 社员及团体社员有遵守本社一切规则之义务

第十二条 社员及团体社员有维持本社或扩充本社之义务

第十三条 社员及团体社员有愿退社者得通知本社自由退社

第十四条 社员及团体社员有损坏本社之名誉之行为者经由各该地方社员开会议决提交总社经理事会审查后得取消其社员资格

第十五条 社员延欠社费二年以上者得停止其应享一切权利

第三章 社务

第十六条 研究学术:本社组织各种学术研究会并量力次第筹办研究所

第十七条　刊布图书：本社征求各处名贵图籍及优良稿本随时刊布

第十八条　发行论文专集及杂志：本社发表研究所得并介绍东西文化刊行论文专集及定期杂志

第十九条　举行演讲：本社随时延聘社员或国内外学者举办学术演讲会

第二十条　设图书馆：本社搜求各种图书筹设图书馆以供社内外人士之浏览

第二十一条　本社除举办上列各事项外得酌量设立学校及其他附属事业

第二十二条　本社经社员大会之通过得加入其他学术团体为团体社员

第四章　组织

第二十三条　本社设总社于中华民国首都设分社于各省市及国外重要地点

第二十四条　总社称为中华学艺社分社称为中华学艺社某地分社

甲　理事会

第二十五条　本社设理事十五人至二十一人候补理事七人至十一人组织理事会理事会得互选常务理事五人组织常务理事会

第二十六条　理事由本社社员及团体社员代表就全体社员及团体社员于社员大会选出之得票比较多数者当选以次多数七人至十一人为候补理事但理事及候补理事至少须有二分之一常驻总社所在地社员大会不能召集或召集而不足法定人数时用通信选举之

第二十七条　理事任期为二年每届期满由理事会就原理事中互选决定其二分之一（如理事十五人则留七人如二十一人则留十人）为下届理事其余依照第二十六条选举之但连任者不得过二次

第二十八条　理事会之职权如左：

（一）订定或决定本社一切规程及细则

（二）议决本社进行方案

（三）保管社产

（四）指挥并监督本社一切进行事宜

（五）议决本社预算及临时用费

（六）报告预算决算及其他社务于监事会

（七）召集社员大会年会及分社干事联席会议

（八）聘任总社及各分社重要职员

（九）审定入社及退社之各项社费

（十）对外代表本社

（十一）报告社务于社员大会

（十二）关于发展社务筹集社产之一切计划

（十三）议决其他重要事务

第二十九条　理事会设理事长一人就常务理事中推选之设总干事一人由理事会就社员中聘请之

第三十条　理事长召集理事会并为其主席对外代表本会

第三十一条　理事长在理事会开会期间或理事会不能召集时得代理事会执行其职务

第三十二条　理事如因事故不能出席时得推社员为代表如因事故不能担任得向理事会提出辞职理事会通过以候补理事依次递补之

第三十一条　理事会办事细则由理事会自定之

乙　监事会

第三十五条　本社设监事五人至七人候补监事二人至三人组织监事会并由监事中互推常务监事一人主持监事社务

第三十六条　监事产生及任期与理事同

第三十七条　监事会职权如左：

（一）稽核本社每年预算决算

（二）考核本社工作成绩及职员之勤惰

第五章　会议

第三十八条　本社会议分左列各种

（一）社员大会

（二）理事会

（三）监事会

（四）总办事处处务会议

（五）总分社职员联席会

（六）各委员会会议

（七）年会

（八）纪念会及恳亲会

（九）各地分社社员大会

第三十九条　社员大会为本社最高会议议决本社重要社务每两年举行一次由理事会召集之得与年会合并举行

第四十条　总分社职员联席会无定期理事会认为必要时或三个以上之分社联合请求由理事会召集之开会时以理事长为主席

第四十一条　总分社职员联席会讨论进行社务之方针及处理社务之方法但不得与社员大会会议相抵触

第四十二条　年会每年举行一次由理事会召集之报告社务发表论文

第四十三条　本社以十二月三日为创立纪念日由总分社职员分别召集纪念会以表庆祝并宣传本社社务

第六章　经费

第四十四条　本社经费如下：

（一）基金

（甲）入社费（乙）永久社员之入社费（丙）特募之基金。

（二）常年社费

（三）出版物收入

（四）公团补助费

（五）捐款

（六）其他收入

第四十五条　基金只得支用利息

第四十六条　入社费每人一百元团体社员入社时每团体一次缴费二千元以后免缴

第四十七条　本社遇有特别需用经费时得由理事会议决送请监事会核后临时募入之

第四十八条　本社所有收支均由总干事与会计干事会签之

第四十九条　各分社经常费以各该分社社员所纳常年会费四分之三充之但未设分社各地之社员其社费应汇交总社

第五十条　各分社社员所纳常年社费除四分之三划充各该分社经常费外其余四分之一及入社费并永久社费应由各该分社每半年汇交总社

第五十一条　各分社用费应造具清册年底报告理事会一次

第七章　附则

第五十二条　本社章遇有不完善之处得由社员大会议决修改之

第五十三条　本社章经由社员大会通过呈准主管署备案施行

来源：《中华学艺社社报》1946年第13卷第1期。

附录三、各次年会日程

中华学艺社第一届年会

（1924年3月15—17日·浙江杭州）

见第三章。

中华学艺社第二届年会

（原定1925年10月28—30日·湖北武昌）

因局势突变最终未能召开。

中华学艺社第三届年会

（原定1927年2月16—18日·广东广州）

因局势突变最终未能召开。

中华学艺社第四届年会

（1930年12月3—6日·江苏南京）

12月3日（周三）

上午　谒总理陵墓

下午　开会典礼

　　　招待宴会

12月4日（周四）

上午　宣读论文

　　　公开讲演

中午　中华书局招待

下午　社务会议

晚上　交通部招待

12月5日(周五)

上午　继续开社务会议

中午　商务印书馆招待

下午　参观各机关及学校

晚上　南京市政府招待

12月6日(周六)

中午　南京分社招待

中华学艺社第五届年会

(1934年4月4—9日·北平)

4月4日(周三)

上午　北平大学法学院大礼堂

　　　开会典礼

　　　学术演讲

中午　招待来宾

　　　社员聚餐

下午　北平大学法学院大礼堂

　　　预备会

4月5日(周四)

上午　总社及分社报告

　　　讨论社务

下午　宣读论文及大会宣言

4月6日(周五)

游览观光

4月9日(周一)

年会结束会议

中华学艺社第六届年会

（1935年4月5—7日·湖北武昌）

4月5日（周五）

上午　武昌中华大学校友总会会场

　　　开会典礼

　　　社务报告

下午　预备会议

4月6日（周六）

上午　提案讨论

下午　宣读论文

4月7日（周日）

游览观光

中华学艺社第七届年会

（1936年7月18—20日·江西南昌）

7月18日（周六）

上午　南昌教育厅大礼堂

　　　开会典礼

　　　社务报告

　　　致辞

　　　考察报告

下午　预备会议

7月19日（周日）

上午　南昌教育厅大礼堂

　　　讨论提案

下午　南昌教育厅大礼堂

　　　继续讨论提案并宣读论文

7月20日（周一）

上午　社友参观

下午　游览考察

中华学艺社第八届年会
（原定1937年夏→1938年寒假·福建福州）

因局势突变最终未能召开。

中华学艺社三十周年年会
（1947年12月3日·上海）

上午　上海绍兴路会所

　　　开会典礼

　　　报告年会筹备经过

　　　致辞

　　　报告会务

　　　上海市长吴国桢主办宴会

下午　上海绍兴路会所

　　　大会和学术讲演

中华学艺社三十二周年年会
（1948年12月3日·上海）

下午　上海绍兴路七号总社

　　　茶会

　　　交换社务意见

晚上　上海绍兴路七号总社

　　　开会

　　　报告社务

　　　讨论修改社章等要案

　　　文艺表演

附录四　中华学艺社出版目录

初版年月	书名	作者	印刷者	系列
1917年6月	中国国民道德概论	姜琦 著	丙辰学社	
1923年5月	教育哲学大纲	范寿康 著	商务印书馆	学艺汇刊（2）
1923年6月	相对律之由来及其概念	周昌寿 著	商务印书馆	学艺汇刊（1）
1924年5月	诗论	潘大道 著	商务印书馆	学艺汇刊（4）
1924年7月	内燃机关	刘振华 著	商务印书馆	学艺汇刊（5）
1924年11月	杜里舒及其学说	费鸿年 著	商务印书馆	学艺汇刊（3）
1925年1月	名学纲要	屠孝寔 著	商务印书馆	学艺丛书（1）
1925年1月	儿童心理学	R. Gaupp 著 陈大齐 译	商务印书馆	学艺丛书（2）
1925年1月	社会教育概说	马宗荣 著	商务印书馆	学艺汇刊（6）
1925年9月	近世生物学	王其澍 著	商务印书馆	学艺丛书（3）
1926年1月	原子构造概论	竹内洁 著 陆志鸿 译	商务印书馆	学艺汇刊（8）
1926年1月	地质学者达尔文	张资平 著	商务印书馆	学艺汇刊（9）
1926年2月	普通地质学	张资平 编	商务印书馆	学艺丛书（6）
1926年2月	短篇小说集（一）	中华学艺社 编	商务印书馆	学艺汇刊（10）
1926年2月	中国财政史略	徐式圭 著	商务印书馆	学艺汇刊（11）
1926年2月	唯物史观研究	中华学艺社 编	商务印书馆	学艺汇刊（12）
1926年5月	铁冶金学	胡庶华 编	商务印书馆	学艺丛书（8）
1926年5月	国故论丛	中华学艺社 编	商务印书馆	学艺汇刊（13）
1926年6月	蒸汽机	刘振华 著	商务印书馆	学艺丛书（5）
1926年7月	自然科学之革命思潮	中华学艺社 编	商务印书馆	学艺汇刊（14）
1926年11月	极大极小问题	王邦珍 编	商务印书馆	学艺丛书（13）
1926年12月	遗传学概论	王其澍 著	商务印书馆	学艺丛书（7）
1927年7月	行政法总论	白鹏飞 编	商务印书馆	学艺丛书（12）
1928年1月	性论	中华学艺社 编	商务印书馆	学艺汇刊（17）
1928年3月	现代图书馆序说	马宗荣 著	商务印书馆	学艺汇刊（16）
1928年3月	现代图书馆经营论	马宗荣 著	商务印书馆	学艺汇刊（18）

续表

初版年月	书名	作者	印刷者	系列
1928年5月	支配铁路货车概要	曾世荣 著	商务印书馆	学艺汇刊(23)
1928年7月	定量问题	王邦珍 编	商务印书馆	学艺丛书(16)
1928年8月	英语发音学	魏肇基 著	商务印书馆	学艺丛书(4)
1928年8月	石油与石炭	中华学艺社 编	商务印书馆	学艺汇刊(19)
1928年8月	西洋音乐浅说	黄金槐 著	商务印书馆	学艺汇刊(7)
1928年11月	法制论丛	中华学艺社 编	商务印书馆	学艺汇刊(22)
1929年12月	论语注疏		商务印书馆	辑印古书(1)
1930年1月	一百二十年阴阳历对照表	于树樟 著	华通书局	
1930年6月	古算考源	钱宝琮 著	商务印书馆	学艺汇刊(15)
1930年7月	东莱先生诗集		商务印书馆	辑印古书(2)
1930年7月	平斋文集		商务印书馆	辑印古书(3)
1930年9月	轨迹问题	王邦珍 编	商务印书馆	学艺丛书(15)
1930年9月	曼殊留影		商务印书馆	
1930年10月	群经音辨		商务印书馆	辑印古书(4)
1930年10月	电子与量子	中华学艺社 编	商务印书馆	学艺汇刊(20)
1930年11月	饮膳正要		商务印书馆	辑印古书(5)
1930年11月	胶质化学概要	大幸勇吉 著 高铦 译	商务印书馆	学艺汇刊(24)
1930年12月	遗传与环境	Edwin Grant Conklin 著 何定杰、张光耀 译	商务印书馆	学艺丛书(10)
1931年3月	生物地理概说	横山又次郎 著 张资平、黄嘉今 译	商务印书馆	学艺汇刊(21)
1931年4月	社会学纲要	张资平 编	商务印书馆	学艺丛书(9)
1931年4月	算术原理	王邦珍 编	商务印书馆	学艺汇刊(25)
1931年4月	威格那大陆浮动论	竹内时男 著 蔡源明 译	商务印书馆	学艺汇刊(26)
1931年4月	实用无线电浅说	张敏成 著	商务印书馆	学艺汇刊(30)
1931年5月	儿科医典	熊俊 著	商务印书馆	学艺汇刊(32)
1931年6月	中算史论丛(一)	李俨 著	商务印书馆	学艺汇刊(27)

初版年月	书名	作者	印刷者	系列
1931年8月	法律思想史概说	小野清一郎 著 刘正杰 译	商务印书馆	学艺汇刊(31)
1931年12月	中国教育史略	徐式圭 著	商务印书馆	学艺汇刊(33)
1932年6月	战争与科学	中华学艺社 编	良友图书印刷公司	
1933年2月	心理生理学序论	陶烈 著		学艺小丛书(1)
1933年3月	机械装置及管理法	黄恢权 编	商务印书馆	学艺汇刊(41)
1933年3月	近三十年来中国治文字学者的派别及其方法	郑师许 著		学艺小丛书(2)
1933年4月	化学命名法草案初稿	郑贞文 著		学艺小丛书(3)
1933年4月	中国数学史导言	李俨 著		学艺小丛书(4)
1933年4月	萧伯纳的研究	张梦麟 著		学艺小丛书(5)
1933年4月	十五年来中国之林业	陈植 著		学艺小丛书(6)
1933年4月	十五年来中国之地质研究	章鸿钊 著		学艺小丛书(7)
1933年5月	唐庆增经济演讲集		世界书局	中华学艺社丛书(1)
1933年7月	研究文字学之几条方法	陈柱尊 著		学艺小丛书(8)
1933年7月	东洋天文学史研究	新城新藏 著 沈璿 译	中国科学图书仪器公司	
1933年8月	教育哲学	姜琦 著	群众图书公司	中华学艺丛书
1933年9月	应用图案	马公愚、李善静 编	中华书局	中华学艺社丛书
1933年10月	两宋思想述评	陈钟凡 著	商务印书馆	学艺丛书(11)
1933年11月	山谷外集诗注		商务印书馆	辑印古书(6)
1933年11月	梅亭先生四六标准		商务印书馆	辑印古书(7)
1933年11月	三国志		商务印书馆	辑印古书(8)
1933年11月	陈书		商务印书馆	辑印古书(9)
1933年11月	吉金彝器之辨伪方法	郑师许 著		学艺小丛书(9)
1934年2月	哲学导论	罗鸿诏 编	商务印书馆	学艺丛书(14)
1934年2月	认识论入门	罗鸿诏 著	商务印书馆	学艺丛书(17)
1934年3月	国外汇兑之理论与实务	资耀华 著	中华书局	学艺文库(1)

续表

初版年月	书名	作者	印刷者	系列
1934年4月	读白鸟库吉博士「大秦之木难珠与印度之如意珠」一文辨答	章鸿钊 著		学艺小丛书(10)
1934年5月	比较教育	陈作梁、刘家壎 编	商务印书馆	学艺丛书(18)
1934年9月	中国大赦考	徐式圭 著	商务印书馆	学艺丛书(19)
1934年9月	会计学纲要	瞿荆洲 著	商务印书馆	学艺丛书(20)
1934年10月	肺结核疗养新术	远藤繁清 著 文介藩、彭丰根 译	商务印书馆	学艺丛书(21)
1934年11月	近代几何学	王邦珍 编	商务印书馆	学艺丛书(22)
1934年11月	物质波与量子力学	A.HAAS 著 章康直 译	商务印书馆	学艺汇刊(34)
1934年11月	近世道路工程学	袁汝诚 著	中华书局	学艺文库(2)
1935年1月	日本近世卫生设施发展史	石原修 著 陶炽孙 译		学艺小丛书(11)
1935年3月	细胞之生化学	柿内三郎 著 于景让 译	商务印书馆	学艺汇刊(35)
1935年5月	中国田制史略	徐式圭 著	商务印书馆	学艺汇刊(36)
1935年9月	农畜饲养学	Oskar Johann Kellner 著 刘运筹、崔廷瓛 译	商务印书馆	学艺丛书(25)
1935年11月	乐善录		商务印书馆	辑印古书(10)
1935年11月	名公书判清明集		商务印书馆	辑印古书(11)
1935年11月	武经七书		商务印书馆	辑印古书(12)
1935年11月	搜神秘览		商务印书馆	辑印古书(13)
1935年11月	矿物颜料	万希章 编	商务印书馆	学艺汇刊(37)
1935年12月	太平御览		商务印书馆	辑印古书(14)
1935年12月	中国田赋问题	刘世仁 著	商务印书馆	学艺丛书(23)
1935年12月	中算史论丛(二)	李俨 著	商务印书馆	学艺汇刊(28)
1935年12月	中算史论丛(三)	李俨 著	商务印书馆	学艺汇刊(29)
1936年1月	中国上古天文	新城新藏 著 沈璿 译	商务印书馆	学艺汇刊(38)
1936年5月	诗集传		商务印书馆	辑印古书(15)

初版年月	书名	作者	印刷者	系列
1936年12月	新唐书		商务印书馆	辑印古书(16)
1937年5月	战争与经济	卢勋 编	中华书局	学艺文库(3)
1937年5月	中国监察史略	徐式圭 著	中华书局	学艺文库(4)
1937年6月	经济本质论	周宪文 著	商务印书馆	学艺丛书(24)
1939年5月	化学本论	片山正夫 著 郑贞文 译	商务印书馆	中华学艺社自然科学丛书(1)
1940年6月	宛陵先生文集		商务印书馆	
1947年2月	中算史论丛(四·上)	李俨 著	商务印书馆	学艺汇刊(52)
1947年2月	中算史论丛(四·下)	李俨 著	商务印书馆	学艺汇刊(53)
1947年8月	植物系统学	池野诚一郎 著 罗宗洛 译	商务印书馆	中华学艺社自然科学丛书(2)
1947年12月	战后日本与盟国	中华学艺社 编译	大成出版公司	日本研究资料(1)
1947年12月	对日管制概说	中华学艺社 编译	大成出版公司	日本研究资料(2)
1947年12月	战后日本的财政经济	中华学艺社 编译	大成出版公司	日本研究资料(3)
1947年12月	战后日本的实业状况	中华学艺社 编译	大成出版公司	日本研究资料(4)
1947年12月	战后日本的文教	中华学艺社 编译	大成出版公司	日本研究资料(5)
1948年3月	战后日本的文艺及社会	中华学艺社 编译	大成出版公司	日本研究资料(6)
1948年3月	战后日本的社会	中华学艺社 编译	大成出版公司	日本研究资料(7)
1948年3月	投降前后的日本政局	中华学艺社 编译	大成出版公司	日本研究资料(8)
1948年3月	战后日本的政党与议会	中华学艺社 编译	大成出版公司	日本研究资料(9)
1948年3月	战后日本的宪法与皇室	中华学艺社 编译	大成出版公司	日本研究资料(10)

附录五　辑印古书摄影合同

立合同张元济　　郑贞文　汤岛写真场 户塚正幸因摄照书籍相片事商定契约如左:

一、书页照片由照相人制成阴纸(negative paper)计价八折(纵英尺六寸零分,横英尺拾寸零分)者,每张日金肆拾钱;四折(纵英尺拾寸零分,横英尺拾贰寸零分)者,每张日金柒拾钱,不另给工资。(半折每张日金壹圆叁拾钱)

注意:八折者有字之处最低不得过五英寸捌分之叁,最阔半页不得过四英寸八分之叁。

二、如在工场以外照相时,应由委托人另给照相人以下列各费:

甲、搬运照相机械每一处往返各一次之车资。

乙、东京府内外出照相每日一次之午膳费(以五十钱为度)。

丙、东京府内每日往返一次之电车费之实费。

丁、东京府外外出照相时必须之车费、宿费、膳费之实费。

三、照相人于照相时应十分慎重处理原书。如必须拆开时,经借书人许可,得拆开之。但应由照相人照原式装订,如有损伤情事,一切由照相人负责。惟遇天灾、不可抗力时,不在此限。

四、相片务求明晰,以所交样张为标准。如模糊不及原样时,得由委托人退还照相人再照,不再给费。

五、照相人每照二三百张相片时,应知会委托人代表长泽规矩也、马宗荣二君,约期到汤岛写真场当面点交,包裹完善,由代表人邮寄。邮费一切由委托人负担。

六、委托人于委托照相之时,应预计【付?】拟照片数价款之约半数于照相人。每次收到相片后,应再寄各该次之相片价款之半数于照相人。于最后之一次清算。至第二条各款费用,由照相人于每两个月之终开具清单,交委托人代表核定,寄沪后清算。

七、应照之书随时由委托人之代表偕同照相人前往书主处借书,点明册数、页数,交照相人,由照相人出具收据与代表,照毕即由照相人交与代表转还书主。不得有误。

八、本合同以双方签字之日发生效力,至委托人拟照之书完毕时为止。

中华民国十七年日本昭和叁年　拾壹月十八日午后于东京帝国ホテル。

委托人　张元济　郑贞文

委托人代表　长泽规矩也　马宗荣

照相人　汤岛写真场　户塚正幸

见证人　姜崎　宇野哲人

来源:《张元济全集(第10卷·古籍研究著作)》,商务印书馆,2010,第258—259页。

参考文献

(一)报刊

中国：
《晨报》
《大公报》
《东方杂志》
《公理日报》
《江苏教育公报》
《科学》
《青年杂志》
《申报》
《时报》
《外交公报》
《新闻报》
《醒狮》
《学艺》
《中华学艺社报》(后改名为《学艺通讯》)
日本：
《朝日新闻》
《大阪每日新闻》

(二)档案

1.日本外务省外交史料馆,收录于日本国立公文书馆所设日本亚洲历史资料中心(アジア歴史資料センター,JACAR;https://www.jacar.go.jp/)：

2-9-10-0-10_2,《汎太平洋会議雑件 附「ホノルル」通商会議／第三回汎太平洋学術会議》:Ref.B07080550200

B-10-6-0-5_001,《万国工業会議関係一件 第一巻》:Ref.B04122374100

B-10-6-0-69,《東 洋 工 業 会 議 関 係 一 件》: Ref. B04122411100, Ref.B04122411200,Ref.B04122411300,Ref.B04122411400

H-0-0-0-1_001,《東方文化事業関係雑件 第一巻》:Ref.B05015001600

H-1-3-0-1_002,《東 方 文 化 事 業 部 関 係 人 事 雑 件 第 二 巻》: Ref.B05015014800

H-2-1-0-2_001,《予算関係雑集 第一巻》:Ref.B05015071900

H-3-2-0-1_8,《上海委員会関係雑件／第一回委員会決議事項実施関係》:Ref.B05015181700

H-3-2-0-2_1_001,《上海自然科学研究所関係雑件／設置関係 第一巻》:Ref.B05015187600

H-4-2-0-7_001,《協会関係雑件 第一巻》:Ref.B05015310600

H-5-5-0-9_001,《駐 日 留 学 生 監 督 所 関 係 雑 件 第 一 巻》: Ref.B05015571500,Ref.B05015571600,Ref.B05015571700,Ref.B05015571800

H-5-5-0-9_002,《駐 日 留 学 生 監 督 所 関 係 雑 件 第 二 巻》: Ref.B05015572200

H-6-1-0-4_006,《満 支 人 本 邦 視 察 旅 行 関 係 雑 件 第 六 巻》: Ref.B05015733000

H-6-1-0-4_1_001,《満支人本邦視察旅行関係雑件／補助申請関係 第一巻》:Ref.B05015705700

H-6-1-0-4_2_001,《満支人本邦視察旅行関係雑件／補助実施関係 第一巻》:Ref.B05015740300

H-6-1-0-4_2_002,《満支人本邦視察旅行関係雑件／補助実施関係 第二巻》:Ref.B05015741000

H-6-1-0-4_2_003,《満支人本邦視察旅行関係雑件／補助実施関係 第三巻》:Ref.B05015742600

H-6-1-0-4_2_006,《満支人本邦視察旅行関係雑件／補助実施関係 第六

卷》：Ref.B05015746300

H-6-1-0-4_2_009，《満支人本邦視察旅行関係雑件／補助実施関係 第九卷》：Ref.B05015750100，Ref.B05015751500

H-6-1-0-4_2_010，《満支人本邦視察旅行関係雑件／補助実施関係 第十卷》：Ref.B05015752300，Ref.B05015752400

H-6-1-0-4_2_016，《満支人本邦視察旅行関係雑件／補助実施関係 第十六卷》：Ref.B05015763400

H-6-1-0-4_3_009，《満支人本邦視察旅行関係雑件／便宜供与関係 第九卷》：Ref.B05015793300

H-6-1-0-5_2_1，《在本邦留学生本邦見学旅行関係雑件／便宜供与関係／通関、拝観、観覧関係》：Ref.B05015840600，Ref.B05015840700

H-6-2-0-15，《中華学芸社ノ敷地購入及会館建築助成関係一件》：Ref.B05015960900，Ref.B05015961000

H-6-2-0-2_001，《助成費補助申請関係雑件 第一卷》：Ref.B05015847900

H-6-2-0-2_002，《助成費補助申請関係雑件 第二卷》：Ref.B05015860900

H-6-2-0-26_003，《寄贈品関係雑件 第三卷》：Ref.B05016026400

H-6-2-0-26_010，《寄贈品関係雑件 第十卷》：Ref.B05015986600

H-6-2-0-4_001，《研究助成関係雑件／出版助成関係雑件 第一卷》：Ref.B05015890500

H-6-2-0-4_002，《研究助成関係雑件／出版助成関係雑件 第二卷》：Ref.B05015891800

H-7-1-0-4_3_001，《文化施設及状況調査関係雑件／施設計画関係 第一卷》：Ref.B05016116600

H-7-1-0-6_001，《満支人日本語研究状況調査関係雑件 第一卷》：Ref.B05016121000

2.上海市档案馆

Q6-12-32，《上海市社会局（关于）中华学艺社、中华学艺通讯社（季刊）》，1946年

Y4-1-587，《第六次年会专号》

3.南京大学档案馆

全宗号01,案卷号6064,中华学艺社。

(三)文献资料

1.〔日〕片山正夫:《化学本论》,郑贞文、张定钊、陈之霖译,商务印书馆1939年版。

2.〔日〕橋川時雄:《中國文化界人物總鑑》,北京:中华法令编译馆,1940年

3.《张元济全集(第10卷)·古籍研究著作》,商务印书馆2010年版。

4.川部商会编:《皎亭文庫内野家並某家蔵品入札目録》,1936年版。

5.董康:《董康东游日记》,河北教育出版社2000年版。

6.房鑫亮:《忠信笃敬——何炳松传》,浙江人民出版社,2006年版。

7.傅正主编:《雷震全集 第十册》,桂冠图书公司1989年版。

8.郭沫若:《创造十年》,云南人民出版社2011年版。

9.郭沫若:《郭沫若全集:文学编 第十二卷》,人民文学出版社1992年版。

10.胡汉民著:《胡汉民回忆录》,东方出版社2013年版。

11.李俨:《中算史论丛(二)》,中国科学院出版社1954年版。

12.林辰:《我的父亲林炯先生》,政协福建省三明市委员会文史资料委员会编:《三明文史资料 第10辑 闽师之源》,中国文史出版社,1993年版。

13.马宗荣:《现代图书馆事务论》,世界书局1934年版。

14.魏肇基:《英语发音学》,商务印书馆1933年版。

15.许君远:《自传》,收录于《许君远文集 上》,百花文艺出版社2007年版。

16.张桂全:《黑格尔论集》,线装书局,2009年版。

17.张树年编:《张元济年谱》,商务印书馆1991年版。

18.张之洞著、李忠兴评注:《劝学篇》,中州古籍出版社1998年版。

19.中国人民政治协商会议福建省委员会文史资料研究委员会编:《福建文史资料·第十三辑》,1986年版。

20.中华学艺社编:《发刊旨趣》,大成出版公司1947年版。

21.中华学艺社编:《战后日本与盟国》,大成出版公司1947年版。

22.资耀华:《凡人小事八十年》,中国金融出版社1992年版。

（四）参考著作

1.〔美〕任达：《新政革命与日本》，李仲贤译，江苏人民出版社，2010。

2.〔日〕实藤惠秀：《中国人留学日本史》，谭汝谦、林启彦译，生活·读书·新知三联出版社，1983。

3.《山西省志·人物志》编写组，山西省图书馆：《山西人物志资料·第8辑》，山西省地方志编纂委员会办公室，1988。

4.北京大学校史研究室：《北京大学史料（第一卷）》，北京大学出版社，1993。

5.陈学恂、田正平：《中国近代教育史资料汇编·留学教育》，上海教育出版社，1991。

6.范铁权：《知识传播与学术转型：中华学艺社研究》，人民出版社，2019。

7.何志平、尹恭成、张小海：《中国科学技术团体》，上海科学普及出版社，1990。

8.黄福庆：《清末留日学生》，中央研究院近代史研究所，1975。

9.黄士嘉：《晚清教育政策演变史（1862—1911）》，心理出版社，2006。

10.黄义祥：《中山大学史稿：1924—1949》，中山大学出版社，1999。

11.刘勇、李怡总：《中国现代文学编年史第四卷》，文化艺术出版社，2017。

12.舒新城：《近代中国留学史》，上海书店出版社，2011。

13.孙大权：《中国经济学的成长：中国经济学社研究（1923—1953）》，上海三联书店，2006。

14.唐承德：《贵州近现代人物资料》，中国近现代史史料学会贵阳市会员联络处，1997。

15.吴定宇：《中山大学校史（1924—2004）》，中山大学出版社，2006。

16.杨翠华：《中基会对科学的赞助》，中央研究院近代史研究所，1991。

17.中国人民政治协商会议全国委员会文史资料研究委员会：《文史资料选辑·第五十三辑》，中华书局，1964。

18.中国社会科学院近代史研究所：《中华学艺社概况》，国家图书馆出版社，2015。

19.重庆市政协文史资料研究委员会，中共重庆市委党校；中国第二历史档案馆编；孟广涵主编；周永林，周勇，刘景修副主编：《民国参政会纪实（续编）》，重庆出版社，2016。

20.周川:《中国近现代高等教育人物辞典》,福建教育出版社,2012。

(四)代表性论文

1.何树远:《中华教育改进社与民国教育界(1919—1928)》,博士学位论文,中山大学,2008。

2.李喜所:《清末留日学生人数小考》,《文史哲》1982年第3期。

3.梁波,翟文豹:《日本在中国的殖民科研机构——上海自然科学研究所》,《中国科技史料》2002年第23卷第3期。

4.柳和成:《一部不该遗忘的古籍丛书——〈中华学艺社辑印古书〉考》,《出版史料》2009年第3期。

5.徐苏斌:《东京高等工业学校与柳士英》,《南方建筑》1994年第3期。

6.严海建:《从私立到党化:1930年前后中国公学的易长与改组》,《史林》2018年第6期。

7.张立:《〈日藏汉籍善本书录〉辨误二则》,《图书馆杂志》2013年第12期。

8.周武:《张元济赴日访书与民族记忆的修复》,《学术月刊》2018年第6期。

(五)外文著述

1.〔日〕阿部洋:《「对支文化事业」の研究—战前期日中教育文化交流の展開と挫折—》,汲古書院,2004。

2.〔日〕阿部洋:《中国の近代教育と明治日本》,龙溪书舍,2002。

3.〔日〕大里浩秋、孙安石:《留学生派遣から見た近代日中関係史》,御茶の水書房,2009。

4.〔日〕大里浩秋、孙安石:《中国人日本留学史研究の現段階》,御茶の水書房,2002。

5.〔日〕涩泽荣一:《渋沢栄一伝記資料》第55卷,东京渋沢栄一伝記資料刊行会,1964。

6.〔日〕山崎百治:《中華学芸社》,《支那研究》1926年第10号。

7.〔日〕孙安石、大里浩秋:《近现代中国人日本留学生の諸相:「管理」と「交流」を中心に》,御茶の水書房,2015。

8.潘吉玲:《上海学芸大学の設立と挫折——1920年代半ばの教育、政治、対日関係の挟間で》,《アジア教育》2015年第9号。

9.潘吉玲:《中華学芸社とその機関誌『学芸』について》,載孙安石、大里浩秋編:《中国人留学生と「国家」・「愛国」・「近代」》,东方书店,2019,第187-214页。

10.潘吉玲:《中華学芸社の設立:革命から学術救国へ－中国の近代的学術団体草創の一断面－》,《アジア太平洋研究科論集》2014年第27号。

　　2012年完成自己主编的2012年度国家出版基金资助项目"20世纪中国教育家画传"后,就策划启动新的研究项目,于是决定为曾在中国教育现代化过程中发挥巨大作用而又少有人知的教育社团写史,并在2013年3月拿出第一个包含8本书的编撰方案。当初怎么也没想到这一工作一再积累后延,几乎占用了我8年的主要时间,列入写作的社团一个个增加,参加写作的专家团队、支持者和志愿者不断扩大,最终汇成30本书和由50多位专家组成的团队,并在西南大学出版社鼎力支持下如愿以偿地获得2019年度国家出版基金资助。

　　1895年中日甲午海战中国战败后,中国社会受到强烈震动,有识之士勇敢地站出来组建各种教育社团,发展现代教育。1895年到1949年,在中国传统教育向现代教育转化、嬗变的过程中,产生了数以百计的教育社团。中华教育改进社等众多的民间教育社团在中国教育现代化进程中都曾发挥过重要的、甚至是无可替代的作用,到处留下了这些社团组织的深深印记,它们有的至今还在发挥着潜移默化的作用,它们是中国教育智库的先声。

　　但随着时间的推移,知道这段历史的人越来越少。教育社团组织与中国教育早期现代化既是一个有丰富内涵的历史课题,更是一个极具现实意义的实践课题。挑选"中国现代教育社团史"这一极为重大的选题,联合国内这一领域有专深研究的专家进行研究,系统编撰教育社团史,既是为了更好地存史,也是为了有效地资政,为当今及此后教育专业社团的建立、发展和教育改进与发展提供借鉴,为教育智库发展提供独具价值的参考,为解决当下中国教育管理问题提供借鉴,从而间接促进当下教育质量的提升和《中国教育现代化2035》目标的实现。简言之,为中国现代教育社团修史是一项十分有意义的工作。

在存史方面,抢救并如实地为这些社团写史显得十分必要、紧迫。依据修史的惯例,经过70多年的沉淀,人们已能依据事实较为客观地看待一些观点,为这些教育社团修史,恰逢其时;依据信息随时间衰减的规律,当下还有极少数人对70多年前的那段历史有较充分的知晓,错过这个时期,则知道的人越来越少,能准确保留的信息也会越来越少,为这些社团治史时不我待。因此,本套丛书担当着关键时段、恰当时机、以专业方式进行存史的重要责任。

在资政方面,为中国现代教育社团修史是一项十分有现实意义的工作。中国教育改革除了依靠政府,更需要更多的专业教育社团发展起来,建立良性的教育评价和管理体系,并在社会中发挥更大的作用。社团是一个社会中多种活力的凝结和显示,一个保存了多样性社团的社会才是组织性良好的社会,才是活力充足的社会。当时的各个教育社团定位于各自不同的职能,如专业咨询、管理、评价等,在社会和教育变革中以协同、博弈等方式发挥出巨大的作用。它们的建立和发展,既受到中国现代新式教育发展的制约,又影响了中国现代新式教育发展的进程。研究它们无疑会加深我们对那个时期中国新式教育发展过程中各种得失的宏观认识,有助于从宏观层面认识整个新式教育的得失,进而促进教育质量和品质的提升。现今的教育社团发展不是在一张白纸上画画,1900年后在中国产生的各种教育社团是它们的先声。为中国现代教育社团修史将会为当下及未来各个社团的建立发展和教育智库建设提供真实可信而又准确细致的历史镜鉴。

做好这项研究需要有独特的史识和对教育发展与改革实践的深刻洞察,本丛书充分运用主编及团队三十余年来从事历史、实地调查与教育改革实践研究的专业积累。在启动本研究之前,丛书主编就从事与教育社团相关的研究,又曾做过一定范围的资料查找,征集国内各地教育史专业工作者意见,依据当时各社团的重要性和历史影响,以及历史资料的可获取性,采用既选好合适的主题,又选好有较长时期专业研究的作者的"双选"程序,以保障研究的总体质量,使这套丛书不仅分量厚重,质量优秀,还有自己的特色。

本丛书的"现代"主要指社团具有的现代性,这样的界定与中国教育现代化进程相吻合。以历史和教育双重视角,对中华教育改进社等具有现代性的30余个教育社团的历史资料进行系统的查找、梳理和分析。对各社团发展的整体形态做全面的描述,在细节基础上构建完整面貌,对其中有歧义的观点依据史实客观论述,尽可能显示当时全国教育社团发展的原貌和全貌,也尽可能为当下教育社团与教育智库的建立和发展提供有益的历史镜鉴。

为此,我们明确了这套丛书的以下撰写要求:

全套丛书明确史是公器,是资料性著述的定位,严格遵循史的写作规范,以史料为依据,遵守求真、客观、公正、无偏见的原则,处理编撰中的各类问题。

力求实现四种境界:信,所写的内容是真实可靠的,保证资料来源的多样性;简,表述的方式是简明的,抓住关键和本质特征经过由博返约的多次反复,宁可少一字,不要多一字;实,记述的内容是有实际意义和价值的,主要体现为内容和文风两个方面,要求多写事实,少发议论,少写口号,少做判断,少用不恰当的形容词,让事实本身表达观点;雅,尽可能体现出艺术品位和教育特性,表现为所体现的精神、风骨之雅,也表现为结构的独具匠心,表达手法的多样和谐、图文并茂。

对内容选取的基本标准和具体要求如下:

(1)对社团的理念做准确、完整的表述,社团理念在其存续期有变化的要准确写出变化的节点,要通过史料说明该社团的活动是如何在其理念引导下开展的。

(2)完整地写出社团的产生、存续、发展过程,完整地陈述社团的组织结构、活动规模、活动方式、社会影响,准确完整地体现社团成员在社团中的作用、教育思想、教育实践,尽可能做到"横不缺项,纵不断线"。

(3)以史料为依据,实事求是,还原历史,避免主观。客观评价所写社团对社会和教育的贡献,不有意拔高,也不压低同时期其他教育社团。关键性的评价及所有叙述要有多方面的史料支撑,用词尽可能准确无歧义。

(4)凸显各单册所写社团的独特性,注意铺垫该社团所在时代的社会与教育背景,避免出现违背历史事实的表述。

(5)根据隔代修史的原则,只记述中华人民共和国成立之前的历史。对后期延续,以大事记、附录的方式处理,不急于做结论式的历史判定。

(6)各书之间不越界,例如江苏教育会与全国教育会联合会之间,江苏教育会与中华教育改进社之间,详略避让,避免重复。

写法要求为:立意写史,但又不写成干巴、抽象、概念化的历史,而是在掌握大量资料的基础上,全面、深刻理解所写社团的历史细节和深度,写出人物的个性和业绩,写出事件的情节和奥秘,尽可能写出有血有肉、有精气神的历史,增强可读性。写法上具体要求如下:

(1)在全面了解所写社团基础上,按照史的体例,设计好篇目、取舍资料、安排内容、确定写法。在整体准确把握的基础上,直叙历史,不写成专题或论文,语言平和,逻辑清晰。

(2)把社团史写得有教育性。主要通过记叙社团发展过程中的人和事展示其具有的教育功能;通过社团具有的专业性对现实的教育实践发生正向影响,力求在不影响科学性、准确性的前提下尽量写得通俗。

(3)能够收集到的各社团的活动图片尽可能都收集起来,用好可用的图,以文带图,图文互补,疏密均匀。图片尽可能用原始的、清晰的,图片说明文字(图题)应尽量简短;如遇特殊情况,例如在正文中未能充分展开的重要事件,可在图题下加叙述性文字做进一步介绍,作为一个独立的知识点。

(4)关键的史实、引文必须加注出处。

据统计,清末至民国时期教育社团或具有教育属性的社团有一百多个,但很多社团因活动时间不长、影响不大,或因资料不足等,难以写成一本史书。本丛书对曾建立的教育社团进行比较全面的梳理,从中精心选择一批存续时间长、影响显著、组织相对健全、在某一专业领域或某一地区具有代表性、典型性的教育社团进行深入研究,在此基础上做出尽可能符合当时历史原貌和全貌的整体设计,整体上能够充分完整地呈现所在时代教育社团的整体性和多样性特征,依据在中国教育现代化进程中所发挥的作用大小选择确定总体和各部分的研究内容，依据史实客观论述，准确保留历史信息。本丛书的基本框架为一项总体研究和若干项社团历史个案研究。以总体研究统领各个案研究，为个案研究确定原则、方法、背景和思路；个案研究为总体研究提供史实和论证依据，各个案研究要有全面性、系统性、真实性、准确性、权威性、实用性，尽量写出历史的原貌和全貌，以及其背后盘根错节的关系。

入选丛书的选题几经增减，最终完稿的共30册：

《中国现代教育社团发展史论》《中华教育改进社史》《中华平民教育促进会史》《生活教育社史》《中华职业教育社史》《江苏教育会史》《全国教育会联合会史》《中国教育学会史》《无锡教育会史》《中国社会教育社史》《中国民生教育学会史》《中国教育电影协会史》《中国科学社史》《通俗教育研究会史》《国家教育协会史》《中华图书馆协会史》《少年中国学会史》《中华儿童教育社史》《新安旅行团史》《留美中国学生联合会史》《中华学艺社史》《道德学社史》《中华教育文化基金会史》《中华基督教教育会史》《华法教育会史》《中华自然科学社史》《寰球中国学生会史》《华美协进社史》《中国数学会史》《澳门中华教育会史》。

本丛书力求还原并留存中国各现代教育社团的历史原貌和全貌，对当时各教育社团的发展历程、重要事件、关键人物进行系统考察，厘清各社团真实的运作情况，从而解决各社团历史上一些有争议的问题，为教育学和历史学相关领域的发展提供一定的帮助，拓展出新的领域，从而传承、传播教育先驱的精神，为当今教育改革和发展提供历史借鉴和智慧资源，为今后教育智库的发展提供有中国实践基础的历史参考，在拓展教育发展的历史文化空间上发挥其他著述不可替代的作用。在写作过程中严格遵守史的写作规范，以史料为依据，遵守求真、客观、公正、无偏见的原则，处理编撰中的各类问题。

这是一项填补学术空白的研究。这个研究领域在过去70多年仅有零星个别社团的研究，在史学研究领域对社团的研究较多，但对教育社团的研究严重不足；长期以来，在教育史研究领域没有对教育社团系统的研究；对民国教育的研究多集中于一些教育人物、制度，对曾发挥不可替代作用的教育社团的研究长期处于不被重视状态。因此，中国没有教育社团史的系列图书出版，只有与新安旅行团、中华职业教育社相关的专著,其他教育社团则无专门图书出版,只是在个别教育人物的传记等文献中出现某个教育社团的部分史实,浮光掠影,难以窥其全貌。但是教育社团对当时教育的发展发挥了倡导、引领、组织、管理、评价等多重功能,确实影响深远,系统研究中国现代教育社团是此前学术界所未有过的。该研究可以为洞察民国教育提供新的视角,在今后一段时期内具有标志性意义,发挥其他著述不可替代的作用。

这是一项高难度的创新研究。它需要从70多年历史沉淀中钩沉,需要在教育学和史学领域跨越,在教育历史与现实中穿梭,难度系数很高、角度比较独特,20多年前就有人因其难度高攻而未克。研究过程中我们将比较厚实的历史积累和对当下教育问题比较深入的洞见相结合,以史为据,以长期未能引起足够重视的教育社团为研究对象,梳理出每个社团的产生、发展、作用、地位。

这是一项促进教育品质提升的研究。中国当下众多教育问题都与管理和评价体制相关。因此,我们决定研究中国现代教育社团史,对中国教育现代化进程中发挥过重要作用的诸多教育社团的历史进行抢救性记述、研究,对中国教育体系形成的脉络进行详尽的梳理,记录百年中国教育现代化进程中教育社团所起的重大作用,体现教育现代化过程中的"中国智慧",为构建中国教育科学话语体系铺垫史料、理论基础,探明1898到1949年间教育社团在中国教育现代化发展中的作用,为改善中国教育提供组织性资源。

这是一项未能引起足够重视的公益性研究。本研究旨在还原并留存各教育社团的历史原貌和全貌,传承、传播教育先驱的精神,为当今教育改革和发展提供历史借鉴和智慧资源,拓展教育发展的历史文化空间,需要比较厚实的历史积累和对当下教育问题比较深入的洞见。本研究长期处于不被重视状态,但是其对教育的发展确实影响深远,需要研究的参与者具有对历史和现实的使命感。

这个研究项目在设计、论证和实施过程中得到业内专家的大力支持、高度关注和评价。中国教育学会教育史分会原会长田正平先生热心为丛书写了推荐信,又拨冗写了总序,认为:"说到底,这是当代中国教育改革的需要和呼唤。教育是中华民族振兴的根基和依托,改革和发展中国教育,让中国教育努力赶上世界先进水平,既是中央政府和各级政府义不容辞的职责,也必须依靠广大教育工作者的自觉参与和担当。从这个意义上讲,中国近代教育会社团体与中国教育早期现代化研究,既是一个有丰富内涵的历史课题,更是一个极具现实意义的重大问题。"中国现代教育社团史的课题,"从近代以来数十上百个教育社团中精心选择一批有代表性、典型性、产生过重大影响的教育社团,列为专题,分头进行了深入的研究。我相信,读者诸君在阅读这些成果后所收获的不仅仅是对教育社团的深入理解和崇高敬意,也可能从中引发出一些关于当代中国教育改革的更深层次的思考"。

北京师范大学教育学部原部长、清华大学教育学院院长石中英教授在推荐中道:"对那些历史上有重要影响的教育社团进行研究,既具有非常重要的学术价值,也具有非常强烈的现实意义。""当前,我国改革开放正在逐步地深入和扩大,激发社会组织活力,在整个社会治理体系建设中具有重要作用。现代教育治理体系的建设,也迫切需要发挥专业的教育社团的积极作用。在这个大背景下,依据可靠的历史资料,回溯和评价历史上著名教育社团的产生、发展、组织方式和活动方式等,具有现实意义和社会价值。""总的来说,这个项目设计视角独特,基础良好,具有较高的学术价值、实践价值和出版价值。"

1990年代,中央教育科学研究所张兰馨等多位前辈学者就意识到这一选题的重要性,曾试图做这一研究并组织编撰工作,终因撰写团队难以组建、资料难以查找搜集等各种条件限制而未完成。当我们拜访80多岁的张兰馨先生时,他很高兴地拿出了当年复印收藏的一些资料,还答应将当年他请周谷城先生题写的书名给我们使用,既显示这一研究实现了学者们近30年未竟的愿望,也使这套书更具历史文化内涵。

西南大学出版社是全国百佳图书出版单位、国家一级出版社、全国先进出版单位,承担了多项国家重大文化出版工程项目、国家出版基金资助项目、重庆市出版专项资金资助项目,具有丰富的国家、省市重点项目出版与管理经验。该社出版的多项国家级项目受到各级主管部门、学界、业内的一致好评。西南大学的学术优势为本书的出版提供了学术支撑。

本项目30余位作者奉献太多。他们分别来自中国人民大学、北京师范大学、华东师范大学、中山大学、首都师范大学、浙江师范大学等多所高校和研究机构,他们长期从事相关领域的研究,具有极强的学术责任感,具备了较好的专业基础,研究成果丰硕,有丰富的写作经验。在没有启动经费的情况下,他们以社会效益为主,把这项研究既当成一项工作任务,又当成一项对精湛技术、高雅艺术和完美人生的追求,以高度的历史使命感和现实的使命感投入研究,确保研究过程和成果具有较高的严谨性。他们旨在记录中国教育现代化过程中教育社团所起的重大作用,体现教育现代化过程中的"中国智慧",写出理论观点正确、资料翔实准确、体例完备、文风朴实、语言流畅,具有资料性、科学性、思想性,经得起历史检验的,有灵魂、有生命、能传神的现代教育社团史。

这套丛书邀约的审读委员主要为该领域的专家,他们大多在主题确定环节就参与讨论,提供资料线索,审读环节严格把关,有效提高了丛书的品质。

本人为负起丛书主编职责,采用选题与作者"双选"机制确定了撰写社团和作者,实行严格的丛书主编定稿制,每本书都经过作者拟提纲—主编提修改意见—确定提纲—作者提交初稿—主编审阅,提出修改意见—作者修改—定稿的过程,有些书稿从初稿到定稿经过了七到八次的修改,这些措施有效地保障了这套丛书的编撰质量。尽管做了这些努力,仍难免有错,敬希各位不吝赐正。

十分感谢国家出版基金资助。本丛书有重大的出版价值,投入也巨大,但市场相对狭窄。前期在项目论证、项目启动、资料收集、组织编写书稿中投入了大量的人力、物力。多位教育专家和史学专家经过八年的努力,收集了大量的资料,研究的深度和广度都大大超出此前这一领域的研究。各位作者收集了大量的历史资料,走访了全国各大图书馆、资料室,完成了约一千万字、数百幅图片的巨著。前期的资料收集、研讨成本甚高,而使用该书的主要为教育研究者、教育社团和教育行政人员。即便丛书主编与作者是国内教育学、教育史学领域的权威专家,即便丛书经过精心整理、撰写而成,出版后全国各地图书馆、研究院所会有一定的购买,有一定的经济效益,但因发行总数量有限,很难通过少量的销售收入实现对大量经费投入的弥补,国家出版基金资助是保障该套丛书顺利出版的关键。

教育在实现中华民族伟大复兴中发挥着不可替代的作用。完整、准确、精细地回顾过去方能高瞻远瞩而又脚踏实地地展望未来,将优秀传统充分挖掘展现、利用方能有效创造未来,开创教育发展新时代。在中国教育现代化进程中众多现代教育社团是促进者。中国人坚定的自信是建立在5000多年文明传承基础上的文化自信。中国现代教育社团的发起者心怀中华,在中华民族处于危亡之际奔走呼号,立足弘扬中华优秀文化传统提倡革新。本丛书深层次反映了当时中国仁人志士组织起来,试图以教育救国的真实面貌,其中涉及几乎全部的教育界知名人物,对当年历史的还原有利于挖掘中华优秀传统文化的强大生命力和在民族危亡关头的强大凝聚力,弘扬中华优秀传统文化,为构建中华优秀传统文化传承发展体系添砖加瓦。研究这段历史,对于推动中华优秀传统文化创造性转化、创新性发展,对于促进教育智库建设,发展中国教育事业,发挥教育在促进中华民族伟大复兴中的作用具有重要意义。

愿我们所有人为此的努力在中国教育现代化进程中生根、发芽、开花、结果。